現代哲学への招待
Invitation to Contemporary Philosophy
監修 丹治信春 Supervised by Nobuharu Tanji
Great Works

主観的、間主観的、客観的

Subjective, Intersubjective, Objective

ドナルド・デイヴィドソン
Donald Davidson

清塚邦彦＋柏端達也＋篠原成彦 訳
Translated by Kunihiko Kiyozuka, Tatsuya Kashiwabata and Naruhiko Shinohara

春秋社

マーシャ・キャヴェルに

主観的、間主観的、客観的

目次

収録論文の出典と謝辞

第1論文「第一人称の権威」はスイスのビールで開催されたヘンリ・ラウエナー主宰の「志向性」会議において読み上げられた。それ以前の段階での原稿は、イリノイ大学のシカゴサークル・キャンパス、スタンフォード大学、およびコロラド大学で読み上げられた。本論文は最初、*Dialectica*, 38（1984）, pp. 101–11 に掲載された。

第2論文「自分自身の心を知ること」は、一九八六年三月二八日にロサンゼルスで行われたアメリカ哲学会の第六〇回太平洋岸部会大会において会長講演として発表され、*Proceedings and Addresses of the American Philosophical Association*（1987）, pp. 441–58 に収録された。本論文の本書への収録についてはアメリカ哲学会の許可を得ている。エイキール・ビルグラミとアーニー・ルポアからは非常に有益な批判と助言をいただいた。また、タイラー・バージには、彼の哲学研究に関する私の誤解を正す労を取っていただいた。

第3論文「主観的なものの神話」は、意識、言語および芸術を主題としたウィーンにおける一九八六年の会議で読み上げられ、その会議録 Michael Benedikt and Rudolf Berger eds., *Bewusstsein, Sprache und die Kunst*, Edition S. Verlag der Österreichischen Staatsdruckerei, 1988 に収録された。

第4論文「心に現前するものは何か」は第二回フランス・ヴェベール（France Veber）国際会議で発表

された。会議の開催場所は、オーストリアのバート・ラトカースブルクと、「その対岸にある」当時ユーゴスラビアだった（現スロベニア）ゴルニャ・ラドゴナである。本論文は、私の哲学研究を主題とした論文集（そのほとんどは右記の会議の発表論文である）に収録された。それは *Grazer Philosophische Studien*（vol. 36, 1989）の特別号として出版された Johannes Brandl and Wolfgang Gombocz eds., *The Mind of Donald Davidson*（Amsterdam: Rodopi）である。

第5論文「不確定性の主張と反実在論」は一九九二年の初頭にサンタ・クララ大学で開かれた「実在論と反実在論」会議で読み上げられた。本論文は C. B. Kulp ed., *Realism/Antirealism and Epistemology* (Lanham, Maryland: Rowman & Littlefield, 1997）に収録された。

第6論文「自己の概念の還元不可能性」は、ディーター・ヘンリッヒの業績を称える記念論文集 (Marcelo Stamm ed., *Philosophie in synthetischer Absicht*, Stuttgart: Klett-Cotta, 1998）に寄稿するため、マーシャ・キャヴェルの援助と助言のもとで執筆された。

第7論文「合理的動物」は、スイスのビールで行われたヘンリ・ラウエナー主宰の会議で発表された。本論文は最初、*Dialectica*, 36（1982）, pp. 317–27 に掲載された。

第8論文「第二人称」は一九八九年にパリで開かれたウィトゲンシュタインに関する会議における講演として発表された。本論文は「言語の公共性はどこまでおよぶのか（Jusqu'où va le caractère public d'une langue)」という表題で J. Sebestik and A. Soulez eds., *Wittgenstein et la philosophie aujourd'hui*（Paris: Méridiens Klincksieck, 1992）に収録された（仏訳も編者による）。同年、若干の手直しを施した英語版が P. French, T. E. Uehling, and H. Wettstein（eds.）, *Midwest Studies in Philosophy*, 17（Indianapolis: University of Notre Dame Press）に掲載された。末尾近くの四頁ほどは論文「思考の条件（The Conditions of Thought)」から取ら

れた。その論文はブライトンで開催された哲学世界会議の全体会のために執筆・発表されたものである。それは *Le Cahier du Collège International de Philosophie*（Paris: Éditions Osiris, 1989）に掲載された。

第9論文「思考の出現」は一九九三年にフランクフルトで開かれた出現（emergence）についてのセミナーでの講演として発表された。それはT・マルシュナーによって独訳され、「思考の出現（Die Emergenz des Denkens）」という表題で、W. G. Saltzer, P. Eisenhardt, D. Kurth, and R. E. Zimmermann eds., *Die Erfindung des Universums? Neue Überlegungen zur philosophischen Kosmologie*（Frankfurt am Main: Insel Verlag, 1997）に収録された。本論文はその後、英語で、現在の表題を付されて *Erkenntnis*, 51（1999）, pp. 7–17 に掲載された。

第10論文「真理と知識の斉合説」は、一九八一年のシュトゥットガルト・ヘーゲル会議の一環としてリチャード・ローティが主宰したコロキウムへの私の寄稿論文だった。そのコロキウムへの参加者にはほかにW・V・クワインとヒラリー・パトナムがいた。われわれの原稿はその二年後に会議記録『カントかヘーゲルか（*Kant oder Hegel?*）』に収録された。シュトゥットガルトの後、われわれ四人はハイデルベルク大学で同じ話題に関してもっと時間をかけた意見交換を行った。アメリカ哲学会の太平洋岸部会が一九八三年三月に大会を開催したとき、ローティは「プラグマティズム、デイヴィドソン、真理」と題した原稿を読み上げた。その中で彼は、私が「真理と知識の斉合説」に書いた事柄のいくつかについてコメントした。彼の原稿はその後（訂正を経て）『真理と解釈――デイヴィドソンの哲学への展望（*Truth and Interpretation: Perspectives on the Philosophy of Donald Davidson*）』に収録された。私は「追記、一九八七年」でそれに応答した。それは「真理と知識の斉合説」のもとのままの本文と一緒に Alan Malachowski ed., *Reading Rorty*（Cambridge: Blackwell, 1990）に収録された。本書に収録した「追記」は、右に述べた若干の細かい書誌事項をのぞけば、「追記、一九八七年」の再録である。

第11論文の「経験的内容」は、ウィーンで開かれたモーリッツ・シュリックとオットー・ノイラートの生誕百年記念会議（それはウィトゲンシュタインが設計した建物で行われた）で読み上げられた。本論文はこの会議と同じ一九八二年に *Grazer Philosophische Studien*, 16–17（1982）に掲載された。

第12論文「認識論と真理」は、一九八七年九月にアルゼンチンのコルドバで開かれた第四回全米哲学会議（Panamerican Philosophy Conference）で読み上げられた。本論文は一九八八年に国立コルドバ大学から出版されたこの会議の議事録に収録された。

第13論文「認識論の外部化」の前身は一九八九年にブエノスアイレスでのＳＡＤＡＦ会議で発表された。翌年、本論文の形でスイスのビールでの会議で発表され、一九九一年に *Dialectica*, 45 2–3（1991）, pp. 191–202 に掲載された。

第14論文「三種類の知識」は、王立哲学協会（Royal Institute of Philosophy）主催のＡ・Ｊ・エヤー記念講演として一九九一年二月に発表すべく執筆された。講演の予定日が来たとき、南イングランドの交通網は吹雪で障害をきたし、講演は取り消さざるを得なかった。本論文は後に、他の記念講演ともども、A. Phillips Griffiths ed., *A. J. Ayer Memorial Essays: Royal Institute of Philosophy Supplement*, 30（Cambridge University Press, 1991）に掲載された。若干の変更を加えた上で、本論文はミュンヘンのニュンフェンブルク宮殿の特別室の一つでハイゼンベルク講演として発表され、本書と同じ表題で、ドイツ語で *Merkur* 誌に掲載された。

序論

本書に収録した論文の主題は三種類の命題的知識とその相互関係である。われわれはみな、自分の心に関する知識をもち、他人の心の内容に関する知識をもち、また共有された環境に関する知識をもっている。本書の下位区分は主観的、間主観的、客観的と題されている。これらの言葉は実在する区分に沿っている。第一人称の知識を他と区別するのは、われわれが、自分が何を信じ、欲し、意図しているかに関して（またその他の態度に関して）、自分に特別な権威があることを正当に主張しうるという事実である。そのような権威は、第二人称の知識や、自然界の他の部分に関する知識には見られない。他方、後二者の知識を区別するのは、他人の心に関する知識が、自然界の他の部分に関する知識には見られない形で、規範性をもつという事情である。しかし、三種類の知識はどれも、《それが真であることは、真であると信じられていることからは独立だ》という意味では客観的である。そのことは後二者については明白だが、それはさらに、自分自身の信念その他の態度を対象とするような信念の場合にも成り立つ。また、われわれの知識はみな次の意味でも客観的である。つまり、それらはふつう、人々が共有している概念によって表現できるのである。

さて、話し手が現在の自分に対して信念や欲求や意図を誠実に帰属させるときには、原則として話し手は正しいという推定が成り立つが、他方、他人が話し手に同じような信念や欲求や意図を帰属させるときには、そのような推定が成り立たない。**第1論文**「第一人称の権威」はこのような推定の理由がどこにあるかを問題にするものである。他人の心の問題に対する「解決」は、それが〔第一人称の知識と第二人称の知識とのあいだの〕非対称を再確認するだけのものにとどまるかぎり、懐疑論に余地をのこす、と私は論じた。私が本論文で提示した第一人称の権威についての説明は、当の権威の源を発話の解釈がもつ必然的な特徴に求めるものである。

第2論文「自分自身の心を知ること」が取り上げるのは、第一人称の権威にまつわる一つの見かけ上の困難である。つまり、《われわれの心の内容が部分的にはわれわれの関知しない外部的要因によって決定される》という事実は、《われわれが自分の心の内容を知るさいには（ふつうは）証拠を求めたり引き合いに出したりする必要がない》という主張と、どのようにして両立するのか。この問題に答えるには、何より、《「心に現前している対象」なるものが存在し、それがもつ属性は本人には完全にあきらかである》という考えを放棄する必要がある、と私は論ずる。

第3論文「主観的なものの神話」において私があきらかにしようとするのは、《感覚をもったり考えたりするときには、一群の対象が心に現前している》という点を否定することが、何を意味するのかという点である。未解釈の経験と、それを組織化する概念構造とのあいだに根本的な区別が立てられるべきだという考えは、主観的なものと客観的なものとのあいだに想定される二分法と、密接なつながりをもつ。これらの二元論は現代哲学のほとんどの問題を支配・定義してきた。その点は、認識論の問題ばかりではなく、言語哲学や心の哲学の問題も同様である。本論文で私は、これらの二元論において前提されている心の捉え方に対して、ひいてはまた、当の二元論やそれを基礎とした認識論的・形而上学的な立場に対して、激しい抗議を行う。本論文は、主観的なものが客観的な経験的知識の基礎だという見解を批判する。また、経験的知識には認識論的な基礎はないし、その必要もないと主張する。**第4論文**「心に現前するものは何か」は最前の二論文のテーマを引き継ぐものである。本論文では新たな事例を取り上げ、別の言い方で論証を提示する。

多くの哲学者は、命題的態度に関してそもそも「事の真相」が存在するかどうかを疑問視してきた。**第5論文**「不確定性の主張と反実在論」は、そのような疑念を終息させる試みである。私が問題視するのはとくに、《もしも（私のように）クワインの不確定性テーゼを受けいれるならば、第一人称の権威は放棄されたことになる》という主張である。

ところで、われわれが自分の現在の態度についてもっている信念には、主観性の神話をすて、その神話において想定されている心的対象をすてた後にも、なお一連の特徴が備わっている。**第6論文**「自己の概念の還元不可能性」は、そのような特徴を強調するものである。もちろん、そこには次のような特徴が含まれる。すなわち、自分の現在の態度に関する信念には特別な権威があること、そしてまた、指標的な文が他に代えがたい役割をもつことである。われわれとその発話を周囲の世界へと関係づけるのは、指標的な文が表現する思考である。私はまた、最終的な裁定の場となるのは合理性に関するわれわれ自身の尺度だという事実について手短に論じる。この点は第14論文でふたたび取り上げられる。

第7論文「合理的動物」は合理性の構成要素のいくつかを特定しようとする私の多くの試論の一つである。合理性ということで私が意味しているのは、命題的な思考と関わりをもつものすべてである。以前の論文（『真理と解釈（*Inquiries into Truth and Interpretation*）』の第十一論文〔邦訳書、第八章〕「思いと語り」）で私は、思考と言語とのあいだには相互依存関係があると論じた。多くの読者はその議論では納得しなかった。本論文は別の方針にもとづく再度の試論である。その方針は後続する諸論文でさらに展開されている。言語と思考とのあいだに緊密なつながりがあることを示すために私が引き合いに出す一連の考察は、論証や証明の体をなすものではない。その拠り所となっているのは、一つには、われわれが自分と似た生物についてもっている知識（と私が考えるところのもの）である。

第8論文「第二人称」は、言語が必然的に社会的だという考え方に、詳細な考察を加えるものである。相手に理解してもらうことが必要だ、と私は論じた。言語が必然的に社会的だというのがウィトゲンシュタインの主張だったとすれば、本論文の中心テーゼはウィトゲンシュタイン的である。しかし本論文は、思考をもち、さらに発話によって何かを意味するためには、相手（second person）を理解し、また相手に理解してもらうことが必要だ、と私は論じた。

第8論文「第二人称」は、言語が必然的に社会的だという考え方に、詳細な考察を加えるものである。思考をもち、さらに発話によって何かを意味するためには、相手（second person）を理解し、また相手に理解してもらうことが必要だ、と私は論じた。言語が必然的に社会的だというのがウィトゲンシュタインの主張だったとすれば、本論文の中心テーゼはウィトゲンシュタイン的である。しかし本論文は、コミュニケーションのためには他人と同様の話し方をする必要があるという点は否定する。むしろ、思考と言語のために必要な客観性は、複数の生物が、共通の遠位的な刺激や、それに対しておたがいが示す反応に対して、相互的かつ同時的に反応するという事実に依存している。二人の話し手と共通世界とのあいだのこの三方向の関係のことを私は「三角測量（triangulation）」と呼ぶ。この考えは、煎じ詰めれば、直示的な学習と同じくらいに単純なものだが、私の主張では、三角測量は、人がすでにできあがった意味を把握することなのではなく、むしろ一つの行為遂行であり、それによって（そこに完全な肉づけを施すことで）言語に内容が与えられるのである。このテーゼ、ならびにそれが心の哲学や言語哲学、認識論に対してもつ派生効果は、一九八二年（第7論文）以後の私の著作において再三にわたって登場する。キャロル・ロヴェイン、エイキール・ビルグラミ、マーシャ・キャヴェルはこの考え方に対する初期の批判者である。これらの人々の提案と率直な反問は、私の思想形成にとって大きな助けになった。

第9論文「思考の出現」が問題にするのは、幼児のもつ前言語的で前概念的な心から、言語を習得し信念その他の命題的態度をもつ子供への移行が、どのように記述されるべきかである。われわれはそのような発達の初期段階を記述するための語彙をもっておらず、また、そのような語彙が必要だと考える人々が何を求めているのかは明瞭ではない、と私は論ずる。本論文では、多様な言語のために必要な意味論的な理論の強度についての考察によって、発達の二、三の大きな歩みの区別が可能であることが示唆される。

第10論文「真理と知識の斉合説」が書かれたのは一九八一年である。それは第9論文までが執筆される以前である。私の書いた論文の中で、この論文以上に書き直しの欲求をそそるものはない。本論文が多くの批判を招いたのも当然といえば当然だった。本論文を修正なしで本書に収録するのはそのためである。ともあれ、本論文の執筆以後、実質的に私はその書き直しを続けてきた。本書の第9論文までは私が本論文執筆後に抱いた不満を部分的に証拠立てるものであり、また、第14論文はもう一つの証言である。私はまた、『ドナルド・デイヴィドソンの哲学（*The Philosophy of Donald Davidson*）』（これはルイス・E・ハーン編集の Library of Living Philosophers 叢書の中の一冊であり、オープン・コート社（シカゴ）から一九九九年に出版された）に収められた多彩な批判者に対する応答、ならびに『クリティカ（*Crítica*）』誌の第三十巻（一九九八年）に収められたバリー・ストラウド、ジョン・マクダウェル、リチャード・ローティへの「応答」の中でも、修正を試みている。私が何より訂正したかったのは、本論文が、私がまるで《世界についてのわれわれの信念の中で、経験や知覚は何の役割も演じていない》と考えているかのような印象を与える点である。「経験」と「知覚」は、われわれが周囲を見回し嗅覚や触覚や聴覚や味覚をはたらかせるときにわれわれの内部で起こっている事柄を表す申し分のない言葉である。私が伝えたかったのは、世界とわれわれの信念とのあいだに認識論的な仲介者を想定するのはまちがいだという考え（それがウィルフリッド・セラーズに負うものであることを私は明記すべきだった）だったのだが、そのことに熱を入れすぎたあまり、本論文は多くの読者に、あたかも私が世界と心とのあいだのすべての真摯な交流を非難しているかのような印象を与えてしまったのである。じっさいには、私のテーゼは、当時も今も、世界と心のつながりは因果的だというものであり、また、知覚の場合、そのつながりは直接的だというものである。雪が降っていることを知覚することは、私が、適切な事情の下で、現実の降雪からの（正しい仕方での）結果として、自分の感官を介して雪が降っていると信じることである。感覚にはそれにふさわしい役割があることはまちがいない。しかしそれは信念のための証拠を提供するという役割ではない。

第11論文「経験的内容」は第10論文のテーマの歴史的背景とそれについての注釈を述べるものである。ノイラートとシュリックは自分たちがたいへん古い論争に巻き込まれていることをあまり自覚していなかったが、哲学を過去の形而上学から救い出そうという彼らの意識は、おなじみの問題に興趣を添え、言語論的転回をもたらした。

第12論文「認識論と真理」は認識論と真理の関係を論ずる。これについてはよく、二つの立場が対立関係にあると考えられてきた。真理は「根本的に非認識論的」（これはパトナムの言葉である）だという立場と、真理はわれわれが（実際上、あるいは理論上、あるいは理想的に）知りうる事柄にもとづいて理解されるべきだという立場である。これらの対立見解はどちらも妥当ではない、と私は論ずる。真であることを決定できる（できた）事柄だけが真理だと考えることはできないが、しかしまた、真理を真なる信念と何らかの形で結びつけるべきたしかな理由も存在する。本論文では二つの立場を部分的に調停する案を略述する。それは第10論文で探求された考え方にもとづくものである。

デカルトの時代以来、多くの場合に認識論は第一人称の知識を基礎としてきた。通例の叙述に従えば、われわれが出発点とすべきなのは最も確実な事柄であり、しかも、最も確実な事柄とは自分自身の感覚と思考についての知識である。われわれはそこから、客観的な外部世界に関する知識へと、何とか歩みを進める（かりにそれが可能だとしてだが）。そして最後に、他人の心に関する知識への最後の頼りない一歩が踏み出される。**第13論文**「認識論の外部化」で私は、このような描像の全面的な改訂を擁護した。すべての命題的思考は、積極的なものであれ懐疑的なものであれ、また内的なものであれ外的なものであれ、客観的な真理という概念をもつことなしには成り立たないが、そのような概念をもつことができるのは、他人とコミュニケーションをとる生物だけである。それゆえ、第二人称[1]の知識——他人の心に関する知識——は、他のすべての知識にとって不可欠である。しかし、第二人称[2]の知識は、共有された時間と空間の中にある共有された対象世界に関する知識なしには不可能である。それゆえ、知識の獲得は主観的なものから客観的なものへの前進にもとづくものではない。それは全体論的に出現するのであり、最初から複数の人称にかかわっている（interpersonal）。本論文では外部主義のいくつかの形態を検討し、その欠陥をあきらかにする。本書の他の多くの論文に登場した三角測量は、一定の形態の知覚的外部主義と、一定の形態の社会的外部主義の両方に対して訂正を加え、かつそれらを補完するものだ、というのが本論文の論点である。

第14論文「三種類の知識」は本書の主要な考え方を取りまとめるのにいちばんふさわしい。もしも、本書に収めたすべての論文が、私の思想が明確になった後に書かれていたならば、「三種類の知識」はまちがいなく本書の巻頭を飾っていたはずである。全体の見通しを得たい読者は本論文から読み始めるのがいいかもしれない。

本書に収めた諸論文には、語法や文体を直したり、ときにはまた、繰り返しや、今では小さな誤りと思われる部分を削除したりするため、簡単な訂正を加えた。他にも多くのまちがいが残されているにちがいないし、一部の立論に関しては論述がくどいところもあろう。大幅な書き直しも考えたが、結局、私の過去の論文をほぼそのままの形で再現するか、それとも丸ごと最初から書き直すか、どちらかしかないことが分かった。また、後者のためには何年もかかることも。私はこんなふうに考えて自分を慰めている。最初から書き直す仕事は、実質的に、人と社会と共有された環境とからなる三角形と取り組む私の企ての歴史を、清算することを意味するだろう、と。それはまた、私の批判者から、お好みの標的を奪うだろう。

批判者の中で、私が最も感謝しなければならないのはリチャード・ローティである。彼は何年ものあいだ、これらの論文を集めて出版するよう私にけしかけ続けてきた。アーネスト・ルポアは、寛大にも、本書ならびに後続する二巻に収録する予定の論文を、分類・整理する仕事に、一週間も付き合ってくれた。アリエラ・ラザーからは、私の論文の配列に関して以前に明敏な助言をいただき、また、アーピー・カチリアンからは、多くの論文に関して綴りと語法と考え方を訂正していただいた。オックスフォード大学出版のピーター・モンチロフは、終始、私を励まし、親切で寛大な編集者であり続けてくれた。彼の助けのおかげで、当初は気乗りのしなかった仕事が、思いのほか辛抱しやすいものになった。

多くの人々、講演制度、大学、その他の機関が、本書に収めた論文の考え方の多くを鍛え上げる機会を提供してくれた。またバークレー校での学生たち、さらにはメキシコ（一九九二年）、ローマ（一九九三年）、ミュンヘン（カント講演、一九九三年）、ヘローナ（フェラター・モーラ講演、一九九四年）、ルーヴァン（フランキ講演、一九九四年）、そしてブエノスアイレス（一九九五年）の各地で行なった講演に参加した聴衆からも、ありがたい感想・意見をいただいた。最後に、私がカーンとパリで行なったジャン・ニコ講演（一九九五年）からは、私は、本書のあちこちに散在している一連の考え方について、もっとまとまりのある詳しい説明を展開できるのではないかと期待している。

私は私の思想に付加、削除、訂正を施していただいたすべての人びとに恩義を負っている。特に的確な示唆をして下さったのがどなただったか、私は記録を残していないため、私が作成するどのようなリストもあいにく不完全である。しかし、そこにはまちがいなく次の人々が載るはずである。ロザリオ・エジディ、パスカル・アンジェル、ダグフィン・フェレスダール、オルベス・ハンスバーグ、ディーター・ヘンリッヒ、ピエール・ジェイコブ、キャロル・ロヴェイン、またジェノバでの十回の講義とセミナーに来て下さった人々、とりわけW・V・クワイン、バートン・ドリブン、エイキール・ビルグラミ、アーネスト・ルポア、バリー・ストラウド、ブルース・ファーマゼン。マーシャ・キャヴェルは、私が自分の考えを鍛え上げる場となった講演の多くに出席したばかりでなく、ここ数年を通じての知的な同伴者でもあり、私の座椅子での思弁を、もっと経験にそくし、精神分析の素養を踏まえた物の見方と調和させるよう、丁重に調整を試みてくれた。

訳注

［1］原文にある‘third person’はあきらかに‘second person’の誤植である。
［2］同右。

第1部　主観的

第1論文

第一人称の権威

1984

自分はある信念、希望、欲求、意図をもっている、とある話し手が断言するときには、彼に誤りはないものと推定される。そのような推定は、彼が類似の心的状態を他人に帰属させる場合にまではおよばない。態度を現在の自分に帰属させる場合と、同じ態度を他人に帰属させる場合とのあいだに、このような非対称があるのはなぜだろうか。この種の第一人称現在時制の主張に権威が認められ、第二、第三人称の主張には認められないのは、なぜだろうか。

このような指摘は、そしてまた設問は、言語との関連でも、また認識論との関連でも成り立つ。なぜなら、われわれが特別な権威をもって語りうるなら、われわれの知識もそれに見合う身分をもつのでなければならず、また他方、もしもわれわれの知識が何らかの系統的な相違を呈しているなら、知識主張もその相違を反映していなければならないからである。そこで、本稿では、次のように仮定する。つまり、もしも発言の場合の第一人称の権威が説明されうるならば、認識論的な事実を特徴づけ説明するためになさねばならない事柄の（すべてではないまでも）多くがなされたことになるはずである、と。

第一人称の権威の問題が伝統的な他人の心の問題と関連するのはあきらかだが、それは私が提起する形での第一人称の問題とは二つの重要な点で異なる。第一人称の権威はもっと範囲の狭い問題である。なぜなら、私はそれを、もっぱら信念、欲求、意図といった命題的態度に関わるかぎりで考察するからである。命題的態度というのはたとえば、何ごとかが成り立つことを喜ぶこと、恐れること、誇らしく思うこと、知っていること、覚えていること、知覚すること、あるいは何ごとかが成り立つことに驚くこと、気づくことなどである。[1] しかし、本稿では、他人の心の問題にとって中心的と目されることの多い次のような事例は扱わない。それは痛みその他の感覚であり、また、人々や街路や町や彗星その他の非命題的な存在者を対象とする知識、記憶、注意、知覚などである。命題的態度について成り立つことは感覚その他にとっても重要であるにちがいないと思われるが、本稿では、そのつながりには立ち入らない。

すべての命題的態度は第一人称の権威を呈するが、その程度と種類はさまざまである。信念と欲求はどちらかといえば単純明快な例だが、意図や知覚や記憶や知識の場合は、やはり事情はもっと複雑である。たとえば、家が燃えていることに気がついた、というある人の主張を評価する場合、すくなくとも三つの点を考慮しなければならない。家が燃えているかどうか、家が燃えていると話し手が信じているかどうか、そして火事からその信念にいたる因果的な経緯、である。第一の点については話し手は特別な権威をもたない。第二の点については権威をもっている。第三の点については、責任の所在は複数にわたり、複雑である。ある人が鍵を回しているのは、ドアの錠をかけようと意図してのことなのかどうか、という問いは、一つには、《その人はドアの錠をかけたいと思い、鍵を回せばドアの錠がかかるだろうと思っていたのかどうか》という事情に関わるが、また、《鍵を回そうという欲求は、右の信念と欲求から正しい仕方で生じた結果なのかどうか》にも関わっている。特別な権威は、欲求と信念に関する主張には直接に付随するが、必要な因果的つながりに関する主張にはそれほど直接には付随しない。第一人称の権威が命題的態度に適用される仕方に関わるこれらの違いは重要であり、探求してみる価値がある。しかし、第一人称の権威はすべての事例と関連をもつ。そして、私がいま考察したいのは一般的な事例である。すべてとは言わないまでも、ほとんどすべての事例において、第一人称の権威は、すくなくとも部分的には、信念の成分に依拠している。それゆえ、以下では信念の事例に考察を集中する。

信念その他の命題的態度には第一人称の権威が存在するが、誤りは可能である。そのことは、態度がさまざまな形で一定の期間にわたってあらわになる傾性だという事実からの帰結である。誤りと同様、疑いも可能である。それゆえ、われわれは自分の態度に関して、かならずしもつねに疑問の余地のない（確実な）知識をもつわけではない。また、自分自身の態度に関するわれわれの主張も訂正不可能ではない。他人が入手しうる証拠が本人の判断をくつがえすこともありうる。

第一人称の権威の特徴づけに近づく一歩として、次の点に注目しよう。すなわち、自己帰属者はふつう、自分の主張を証拠や観察にもとづかせはしないこと、そしてまた、自己帰属者に、自分がしかじかの信念や欲求や意図をもっていると思う理由をたずねても、通常は意味をなさないことである。自己帰属のこの特徴を指摘したのはウィトゲンシュタインである。「イメージの赤さの規準は何か。赤いのが他人のイメージであるときには、私にとってのその規準は他人の言動である。赤いのが私のイメージであるときには、当の私にとってその規準は何もない(1)」。たいていの哲学者はこの点でウィトゲンシュタインに従っており、以下に述べるように、「規準」の概念を命題的態度にまで拡張している。

第一人称の権威がもっているこの特徴は、示唆的ではあれ、その権威を説明する助けにはならない。それは一つには、一連の例外事例のためである。われわれの自己帰属は、「ふつうは」証拠にもとづかないが、しかし、もとづいていることもある。なぜ彼は自分が一定の信念・欲求・意図をもっていると思うのか、という問いは、「ふつうは」意味をなさないが、それが意味をなす場合もある。とはいえ、例外的な事例においても第一人称の権威はのこる。自己帰属が疑わしかったり、反論が適切である場合でさえ、態度をもつ当人がその態度について行なう発言には特別な重みがある。

しかし、例外の存在はけっして、第一人称の権威が、自己帰属が証拠にもとづかないという事実によっては説明されないことの、主要な理由ではない。主要な理由はたんに、証拠にもとづかない主張は、一般には、証拠にもとづく主張にくらべ、権威がおとり、正しいものである公算が低いことにある。

第一人称の権威について論じた現代の哲学者たちは、なぜ自己帰属が特権をもつのかという問いについては、ほとんど答えようとしていない。自己知識を内観（introspection）にもとづいて説明するのは、ずいぶん前から時代遅れになっている。そして、その理由は容易に理解できる。なぜなら、そのような説明は、次のような疑問を招くだけだからである。すなわち、われわれが自分自身の心を調べるときの方が、他人の心を調べるときよりも、認識が確かであるのはなぜなのか。

二、三の哲学者は非対称の存在を否定した。ライルがその頑強な一例である。『心の概念（*The Concept of Mind*）』でライルは、われわれが「特権的接近法（privileged access）」と解しているものが、じつは、われわれが自分自身の観察に関して概して他人よりもよい立場にいるという事実を越えるものではない、とする見方を提唱している。ライルによれば、「……実際上は別としても、原理上、ジョン・ドウがジョン・ドウについて発見を行なう仕方は、ジョン・ドウがリチャード・ロウについて発見を行なう仕方と同じである」。さらにこう言われる。

……両者のちがいは程度のちがいであって種類のちがいではない。自分の行為に関する話し手の知識が聞き手の知識にまさることは、けっして、聞き手にはどうしても接近できないタイプの事実への特権的接近法を話し手がもっていることを示すものではない。それはたんに、話し手がある事柄を知る上でたいへん有利な立場にいるのに対し、聞き手がその点でたいへん不利な立場に立っていることが多い、ということを示しているのにすぎない。会話における唐突な話題の変化は話し手の婚約者を驚かせたり当惑させたりするだろうが、話し手が既婚者である場合には、彼の妻を驚かせたり当惑させたりすることはない。また、親しい級友同士は、自分が考えていることをたがいに説明しあう必要はないが、新しい生徒に対しては、自分が考えていることを説明しなければならない。(2)

態度に関する第一人称現在時制の主張と、他の人称ないし他の時制の主張とのあいだの非対称を、特別な知り方や特殊な知識によって説明する試みが懐疑論的帰結を招かざるをえないという点に関して、私はライルに同意する。そのような説明はどれも、非対称を受けいれなければならないが、しかし、非対称を説明することができない。しかし、ライルは、非対称を、受けいれもしないし説明もしない。彼はそれが存在することを端的に否定する。私は非対称の存在はあきらかだと考えるから、特別な知り方や、特別な様式や種類の知識が存在しないことを理由に、特別な権威が存在しないことを推論するのは、私には誤りだと思われる。むしろ、非対称の別の源を探すべきである。

エヤーは一時期、ライルに似た立場を取った。彼は『人物の概念（*The Concept of a Person*）』で、第一人称的な帰属が誤りうることを力説し、しかも、それらが特権的であることを認めた[3]。しかし、自己帰属の権威について述べる段になると、彼はそれを、われわれが二次情報との対比において認める目撃者の権威になぞらえる。私見では、この類比には二つの理由から不備がある。第一に、それは、人がなぜ自分自身の心的な状態・出来事に関して目撃者になることができ、他人はなることができないのかを、あきらかにしない。第二に、それは、第一人称の権威がどんなものであるかについて、正確な記述を与えない。なぜなら、第一人称的な帰属は、よりよい証拠にもとづくものではなく、多くの場合、そもそも証拠にもとづかないからである。目撃者の権威はたかだか、帰納的確率にもとづいているにすぎない。そして、帰納的確率は、特殊な事例においてはあっさり無効となることがある。たとえば、偏見や近視のために目撃者が頼りにならないときには、目撃者は信用を失い、その証拠は採用されない。しかし、人は、その主張が疑問視されたり、くつがえされたりした場合でさえ、けっして、自分自身の態度に関して正しいという特別な権限を失わない。

意外なことに、ジョセフ・アガシは、われわれが、自分自身の心の中の心的状態や出来事よりも、他人の心の中のそれらのほうを、よりよく知っているのだと主張している。彼は、特権的な接近法を、「すべての人は、その人にしか手に入らない一定の情報への接近法をもっており、その種の情報の中には自己、すくなくとも目撃者としての自己が含まれている」という常識的な真理から区別する。続けて言うには、

特権的接近法の学説は、私が私自身のすべての経験に関する権威だというものである。……このテーゼは、フロイトによって（私はあなたよりもよくあなたの夢を知っている）、デュエムによって

（私はあなたの科学的発見の方法をあなたよりもよく知っている）、マリノフスキによって（私はあなたの風俗習慣をあなたよりもよく知っている）、そして知覚理論によって（私はあなたに、ないものを見せることができ、あなたにできるよりもうまくあなたの知覚を記述することができる）論駁された。(4)

フロイトの事例を除けば、第一人称の権威を脅かすものはここにはほとんどない。フロイトの見解は、意図や信念や欲求その他の概念を拡張して、そこに無意識的なものも入れることで、人が一部の命題的態度に関して直接の権威を失うことをたしかに含意している。それどころか、権威の喪失こそ、無意識の心的状態を際立たせる主要な特徴である。〔しかし、〕もちろん、前フロイト的な態度は、依然として、第一人称の権威に服する。だがもっと興味深いのは、精神分析が行なわれるさいに、しばしば、態度に関する権威の回復が、態度がその持ち主によって非推論的に気づかれる以前からそこに存在していたことに関する唯一の堅固な証拠と見なされるという点である。こうして、フロイト以前にも非体系的な形でその存在が認められていた無意識の心的状態の事例は、精神分析のおかげで、間接的に、第一人称の権威がおよぶ範囲内に編入される。それゆえ、私は、無意識的な態度の存在が第一人称の権威の重要性を脅かすものだとは思わない。

今度は、第一人称の権威が存在することを認め、しかも第一人称的な帰属と第三人称的な帰属のちがいに関するウィトゲンシュタインの記述を受けいれた哲学者に話を進めよう。

ストローソンは他人の心に関する懐疑論に答える中で第一人称の権威を論じている。ストローソンによれば、懐疑論者が自分の問い（「いかにして他人の心の中で起こっていることを知りうるのか」）の意味を理解しているなら、彼は答えも知っている。なぜなら、もしも懐疑論者が、心とは何かを知っているならば、彼は次の点も知っていることになるからである。つまり、心はある身体の中にあらねばならないこと、そして心は思考をもつこと、である。懐疑論者はまた次の点も知っていることになる。われわれが思考を他人に帰属させる基礎になるのは観察された行動だが、思考を自分自身に帰属させるときにはそのような基礎がないこと、である。ストローソンは言う。

このタイプの〔心的性質の〕概念をもつためには、そのような〔心的性質を帰属させる〕述語の自己帰属者であると同時に他者帰属者でもある必要があり、またすべての他人を自己帰属者とみなす必要がある。このタイプの概念を理解するためには、述語の主語〔対象〕についての観察にもとづく帰属と、そのような基礎にはもとづかず、主語〔対象〕についての観察とは独立な帰属と、その両方を適切なものとして許容し、なおかつ多義性に陥ることがないような種類の述語が存在することを、認めなければならない[5]。

これは懐疑論者への満足のいく回答とは見なしがたい。懐疑論者はこう応えるだろう。すなわち、ストローソンは心的述語の第一人称的な帰属と他人称的な帰属とのあいだの非対称を正しく記述しているかもしれないが、しかし、そのような非対称が成り立つ理由の説明を、まったく行っていない、と。理由説明がないかぎり、懐疑論者には、その記述が正しいことがなぜ分かるのかを、さらにたずねる権利がある。とりわけ、観察にもとづいて帰属させられることもあればそうでないこともあるような述語が、多義的でないと考えるべき理由はどこにあるのか。ストローソンはこの問いを取り上げていないが、これこそが他人の心に関する知識についての懐疑論の源である。(心的述語の見かけ上の多義性については第2論文を参照のこと。)

リチャード・ローティは説明を試みている。ローティはわれわれに次のような想像を求める。すなわち、自己帰属は元来、他人への帰属と同様に、観察や行動的証拠にもとづいて行われていたのだ、と。しかしやがて、人々は観察や行動的証拠を使わないでも心的性質を自分に帰属させることができることに気づいた。そして、そのような仕方で帰属させられたものが、通常の観察にもとづく帰属と異なっているときには、自己帰属者の方が長い目で見て行動のよりよい説明を与えることがあきらかになった。そこで、自己帰属を特権的に扱うという言語的取り決めが生じた。「いまや行動の説明には、人々が〔第一人称的に〕報告するすべての思考や感覚を、当の説明によって与えられる全体像の中に適切に織り込むべしという制約が課されることとなった(6)」。

ローティは、われわれがこの説明を素朴人類学として真面目に受け取ることを意図しているわけではない。しかし、この説明は、われわれが自己帰属に特別な権威を帰するということに、合理的な見かけを与えようとするものではある。しかし疑問はのこる。いったいローティは、証拠にもとづかない自己帰属が、観察や証拠にもとづく同じ心的述語の帰属と同じ状態や出来事に関わっていることをあきらかにする、どのような理由を与えているだろう。二種類の帰属は異なる種類の仕方で行われ、それらが行動を説明する仕方にもちがいがある。証拠にもとづかない自己帰属が行動をよりよく説明するという発見、としてローティが記述している事実は、懐疑論者からすれば、帰属させられているものがあらゆる点であきらかに異なるという事実、として記述されるだろう。

意外に思われるかもしれないが、私が取り上げてきた哲学者たちは、ほんとうのところは、古来からの他人の心に関する知識についての懐疑論の問題を扱っていない。しかし、その理由は容易に説明できると思う。歴史的に、懐疑論の問題は、デカルト的な、あるいは経験主義的な観点から見られてきた。どちらの立場でも、各人は自分の心の中に何があるかを知っているものと想定されている。そのため、問題はもっぱら、他人の心に関する（またもちろん、外部世界に関する）知識の基礎を与えることにあると思われた。今日の哲学者は、次のことを認識している。すなわち、心的な概念（あるいは述語）を理解するとは、部分的には、どんな種類の観察可能な行動がそれらの概念の他人への帰属を正当化するかを知ることにある、ということである。しかし、懐疑論者に対するこの回答は、第一人称の権威を説明するものではないし、自己帰属と他人帰属とのあいだの非対称を説明するものでもない。これら二種類の帰属が同じ主題に関わるものだと信じるべき理由はどこにあるのか、——そのように問う余地がまだ残されている。そしてこの問題は、それが伝統的な懐疑論の末裔であることを認めると否とにかかわらず、立派な問題である。

おそらくここで次の点を指摘しておくべきだろう。それは、感覚や命題的態度や四肢の位置に関わる概念以外のいかなる概念も、いま論じている種類の非対称を示さないことである。複数の規準にもとづいて適用されうるような概念は数多いが、しかし、特定の場面において、帰属者たちがたがいに異なる規準を使わなければならないような概念は他にはない。この変則事例を説明し、かつ懐疑論への誘いを避けたければ、その説明は、他の観察者とわれわれとのあいだの自然な非対称を指摘するものとならねばならない。たんに問題解決のために考案された非対称では役立たない。

解決への第一歩は、第一人称の権威がどのような存在者に当てはまるかという点の明確化にかかっている。ウィリアム・オルストンは、自己帰属の特別な身分を特徴づけるために、次のような原則を提案している。

各人は、当面の心的状態を自分自身に帰属させる命題に対して、次のような関係をもっている。すなわち、彼がその命題を真と信じていながら、なおかつ、その信念を抱くことが正当化されていないようなことは、論理的にありえないのである。他方、他の人は誰も、問題の命題にたいして、このような関係をもっていない(7)。

この提案が説得力をもつためには、ジョーンズが文「私はワーグナーが幸福な死をとげたと思っている」によって表現する命題が、スミスが文「ジョーンズはワーグナーが幸福な死をとげたと思っている」によって表現する命題と、同じ命題だと考えなければならない。［しかし］もちろん、これはかなり疑わしい想定である。今度もまた、認識論的な対比は説明されていない。そして、この点の説明がないために、次のような問題が生じる。すなわち、われわれは、特定のどのような事例においてであれ、ジョーンズとスミスが抱いている命題が同じ命題であると信じるべきどのような理由をもっているのか、という問題である。与えられているものが認識論的な違いの記述だけだとすれば、そこからの自然な結論は、二人が抱いている命題は異なる命題だというものである。

次にシドニー・シューメイカーの定式化に移る。それははっきりと言語に言及するものである。

訂正不可能（incorrigible）な言明のなかには、……心的出来事に関わる言明がある。たとえば……思考の報告がそれである。……それらが訂正不可能なのは、次のような意味においてである。つまり、もしもある人が誠実にそのような言明を主張するなら、彼がまちがっている（つまり彼の言うことが偽である）という想定は意味をなさず、何ものも彼のまちがいの証しとは見なされないということである。(8)

以下では、訂正不可能性という条件は無視し、それをもう少し弱い条件、つまり第一人称の権威に相当するものと置き換える。（この措置はおそらく正当である。なぜならシューメイカーが問題としているのは主に痛みといった感覚だが、私はもっぱら命題的態度を主題にしているからである。）ここで重要なのは、シューメイカーが、正しさの推定を、知識の種類にではなく、発話クラスに割り当てていることである。このアイデアは第一人称の権威の説明につながるかもしれないが、そのためには、問題の発話クラスを統語論的に特定することができなければならない。しかし、残念ながらそれはできない。シューメイカーが正しければ、ある一定の種類の文を誠実に使用する話し手は、正しいことを言ったものと推定されねばならない。しかしもちろん、このことが成り立つのは、話し手が、自分が特権的な種類の文を用いていることを知っている場合にかぎられる。そうでなければ、話し手は言語を誤用していることになるだろう。〔ところで〕この場合、誤用とは何だろうか。それは何より、それを主張する特別な権威のない文を誠実に主張することだ、とわれわれは言いたくなる。おそらくそれは正しいだろう。しかし、そのように言っても、自己帰属を特別に尊重することは言語の慣習だ、という無内容で未説明の主張を繰り返すことにしかならない。これは、解釈者の観点から見れば、次のことを含意する。つまり、自己帰属に関しては、それが真となるような解釈を行なわねばならないこと、あるいは、自己帰属はとくに優先的に真と見なさねばならないことである。シューメイカーの原則に立脚するなら、われわれの取りうる唯一の観点は、解釈者の観点だが、その結果、シューメイカーの原則は、論点先取をまぬがれないことになる。すなわち、話し手は特別な権威をもつ場合がある、というふうに言うべきわれわれの唯一の理由は、われわれが彼の発話を自己帰属として扱う用意があるということにほかならない。換言すれば、自己帰属は特別な権威をもつ。たしかにそのとおりだが、それはわれわれの出発点だった。

態度の第一人称的帰属と他人称的な帰属とのあいだの非対称に関しては、まだ満足のいく説明が現れていない。しかし、命題や意味の代わりに文や発話に着目することは、有望な方向への第一歩である。その理由は比較的単純である。問題が、ある命題（あるいは一定の解釈を与えられた文）に対するある人物の態度に関する主張について、われわれがどんな種類の保証や権威をもっているかという形で立てられているかぎり、相違の説明は、たんに異なる種類の情報や、異なる情報源の存在を要請するものとならざるをえないと思われる。あるいはその代わりに、鍵となる概念や語（「と信じる」「しようと意図する」「と望む」等々）の適用に関して、異なる規準を要請することになるかもしれない。しかし、見てきたように、このような方策は、問題の述べ直しにしかならず、他人の心（あるいはわれわれ自身の心）に関する知識についての懐疑論を招く。しかし、人物と発話の関係にそくして問題を立てれば、袋小路を避けることができる。

いまや、二つの、関連はするが異なる非対称を区別する必要がある。一方には、同じ人物に同じ態度を帰属させるさいの、自己帰属と他人帰属とのあいだのおなじみの違いがある。たとえば、私がワーグナーは幸福な死をとげたと思っているという私の主張と、私がワーグナーは幸福な死をとげたと思っているというあなたの主張とのあいだの。これらの主張が言葉で言い表された場合には難題が生じる。すなわち、二つの主張が「同じ内容」であることを保証するような、適当な関係をもつ発話のペアは、どうすれば決定できるのか、という難題である。他方、私は自分による文「私はワーグナーが幸福な死をとげたと思っている」の発話を取り上げたうえで、私が言ったことが正しいことに関して私がもつ保証と、私が言ったことが正しいことに関してあなたがもつ保証とを対比することもできる。これら二つの非対称のあいだにはもちろんつながりがある。なぜなら、「私はワーグナーが幸福な死をとげたと思っている」という私の発言が真実を語っている、と考えるさいのあなたの理由（保証）は、「デイヴィドソンはワーグナーが幸福な死をとげたと思っている」とあなたが発言すれば真実を語るものになる、と考えるさいのあなたの理由と、密接に関係していなければならないと思われるからである。しかし、まもなくあきらかになる理由から、以下では第二の形態の非対称を論ずる。

すると問題はこうなる。「私はワーグナーが幸福な死をとげたと思っている」という私の発言が正しいことに関してあなたがもつ種類の確信と、私がもつ種類の確信とのあいだのちがいは、何によって説明されるのか。すでに分かっているように、私が自分自身の信念に関して、あなたにはない接近法をもっていると言っても、助けにはならない。また、信念の概念（あるいは「思う（believes）」という言葉）を適用するさいにあなたと私が異なる規準を用いていると言っても、助けにはならない。そこで、単刀直入に、私のもっと短い発話を考えてみよう。つまり「ワーグナーは幸福な死をとげた」という私の発話を。あきらかに、この発話のさいに私がこの文を真と見なしていることを知り、かつ、その発話機会に私がこの文によって何を意味したかを知っている人は、その人があなたであれ私であれ誰であれ、私が何を信じているかを知っている。つまり、私が表現した信念を知っている。

〔ところで、〕基本的な非対称を説明するために、〔第一に、〕《私がいましがた発話した文を私が真なる文と見なしていること》に関するあなたの確信と私の確信とのあいだに非対称を想定しても、ふたたび説明が循環するだけだろう。そのような非対称が存在しなければならないのはもちろんだが、そのことは、求められている説明に貢献しうるものではない。とはいえ、われわれの知識の源泉や本性がどのようなものであれ、われわれ二人が、《私が自分の発話した文を真と見なしていること》を知っているという仮定は、何ら論点を先取りするものではない。同様に、〔第二に、〕基本的な非対称を説明するために、《いま発話された私の文が何を意味するかを私が知っている》という事実に関する二人の知識のあいだの何らかの非対称を持ち出すことは、論点先取になろう。それゆえ、この点についても、源泉はともかく、われわれ二人がこの事実を知っているということだけを仮定しよう。

　すると、これまでのところでは、われわれはいかなる非対称も要請あるいは仮定していない。仮定されているのはただ、私が発話にさいして「ワーグナーは幸福な死をとげた」という文を真と見なしていることを、あなたと私が知っていること、そしてまた、私がその発話機会におけるその文の意味を知っていることを、あなたと私が知っていることだけである。そして、いまや、われわれのあいだには、説明を要する次の相違がある。つまり、これらの仮定の下では、私は自分の信じている事柄を知っているが、あなたは知らないかもしれない。

　もちろん、この相違は次の事実に由来する。つまり、私が自分の意味した事柄を知っているという仮定は、私が自分の発話によってどのような信念を表現したかについての知識を、私には必然的に与えるが、あなたには与えない、という事実である。あきらかにしなければならないのは、自分の言葉が意味する事柄について誤らないのが、話し手であって解釈者ではないという推定が、なぜ成り立たなければならないのかである。この推定は解釈――われわれが話し手の発話を理解するプロセス――の本性にとって不可欠のものである。このプロセスは、発話者にとってと聞き手にとってとでは、同じものではありえないのである。

最も単純な形で言えば、問題はこうなる。聞き手が話し手を正しく解釈しているという一般的な保証はありえない。聞き手がどれほど簡単に、自動的に、無反省に、成功裏に話し手を理解しようと、聞き手は深刻な誤りをおかしうる。この特別な意味において、聞き手はつねに、話し手を解釈しているのだと言える。話し手は、それと同じ仕方では、自分自身の言葉を解釈することはできない。聞き手は（ふつうなら考えることもためらうこともなく）多くの手がかりにもとづいて解釈を行なう。手がかりとなるのは、話し手の行為や他の言葉であり、また、話し手の受けた教育や出身地、機転、職業、話し手とさまざまな対象とのあいだの関係、等々についての仮定である。たしかに、話し手が話をするときにも、これらの事柄の多くを心に留めていなければならない。なぜなら話し手は理解してもらう努力をしなければならないからである。しかし、話し手はけっして、一般に自分が、自分の語る事柄を意味しているかどうかについて、疑問を抱くことはありえない。

自分の言葉に関する話し手の解釈については疑問の余地がないものと仮定する場合には、自己帰属者が彼の自己帰属に関してもつ根拠と、解釈者が同じ帰属を受けいれることに関してもつ根拠とのあいだのコントラストは、くっきりとしたものとなろう。しかしもちろん、自分の言葉に関する話し手の解釈にも疑問の余地はありうる。なぜなら、話し手が意味する事柄は、部分的には、話し手が解釈者に与える手がかりに（あるいは、話し手が解釈者の手元にあるものと信じてしかるべき他の証拠に）依存するからである。話し手は自分自身の言葉の意味に関して誤ることがありうる。これが、第一人称の権威が完全に不可謬ではない理由の一つである。しかし、誤りが可能であっても、非対称は除去されない。非対称は次の事実にもとづいている。つまり、解釈者は、話し手を解釈するにあたって、明言的に述べれば困難な推論の形になるようなものに依拠しているのに対し、話し手はそのようなものには依拠しないという事実である。

話し手も聞き手も、話し手の言葉の意味について、何も特別な（あるいは神秘的な）方法で知識を得るわけではない。そして、どちらも誤りをおかしうる。しかしちがいがある。話し手は、自分の言葉が何を意味するかを語るために持ち前の知識と技能のかぎりを尽くしても、次のような種類の言明にまさるものを与えることはできない。「私による『ワーグナーは幸福な死をとげた』の発話が真であるのは、ワーグナーが幸福な死をとげたとき、そのときにかぎる」。しかし、解釈者には、これが話し手の発話の真理条件を述べる自分にとっての最良の方法だと考えるべきいかなる理由もない。

このちがいを理解する最良の方法は、たがいに縁のない言語を話す二人の人が、おたがいの言語を知らないまま、二人だけでコミュニケーションを図るような事例を想像してみることである。新しい言語の解読は第一言語の習得とは大きく異なる。なぜなら、第一言語の習得者は、右に想像した状況の当事者が依拠しなければならない推論能力や一群の概念を、もっていないからである。しかし、そのことは、私が強調したい点には影響をおよぼさない。なぜなら、右に想定した解釈者が意識的に証拠として扱いうるものは、第一言語を学ぶ人がその言語の使用者へと鍛え上げられるための一連の条件に当たるものにほかならないからである。いま、右に想定した二人のうちの一人が話し、他方がそれを理解しようとするとしてみよう。話し手が彼の「母」語を使うかどうかは重要ではない。なぜなら過去における彼の社会的状況は問題外だからである。（ここでは、話し手には、聞き手を訓練して、話し手の元来の言語共同体に対処できるようにしてやろうという気はないものと仮定する。）話し手にできる最善のことは、解釈されうる状態になることである。つまり、有限個の識別可能な音声を、聞き手にも明白だと思われる対象や状況に対して、首尾一貫した形で適用することである。あきらかに、話し手はときにはこの企てをやりそこなうこともある。そうした場合、お望みなら、話し手は自分の言葉が何を意味しているのかを知らないのだと言ってもよい。しかし、それにおとらずあきらかなのは、解釈者に与えられているものが、話し手が他の一連の出来事といっしょに提示した音声パターンだけだということである（他の一連の出来事のうちには、もちろん、話し手や聞き手による他の一連の行為も含まれる）。このような状況で、話し手が全般的な事実誤認に陥っていないかどうかと思案するのは、無意味である。話し手の行動が端的に解釈不可能なものであることもありうる。しかし、彼の行動が解釈可能であるかぎり、彼の語が意味する事柄は（一般に）彼がそれらの語に意味させようと意図している事柄である。話し手の話す「言語」には他には聞き手がいないから、話し手が彼の言語を誤用しているという考えはこの事例には当てはまらない。解釈の本性の内に組み込まれた不可避の推定として、話し手は、通常は自分の意味する事柄を知っているものと推定される。それゆえ次のような推定が成り立つ。すなわち、もしも話し手が、自分がある文を真と見なしていることを知っているならば、話し手は自分が何を信じているのかを知っている、という推定である。

原注

（1）Ludwig Wittgenstein, *Philosophical Investigations*, §377.

（2）Gilbert Ryle, *The Concept of Mind*, pp. 156, 179.〔邦訳、二五七～八頁〕

（3）A. J. Ayer, 'Privacy'.

（4）Joseph Agassi, *Science in Flux*, p. 120.

（5）Peter Strawson, *Individuals*, p. 108.〔邦訳、一三一頁〕アニタ・アヴラミデスは、この問題へのストローソンの貢献は私が認める以上に大きいと論じている。彼女の 'Davidson and the New Sceptical Problem' を参照。

(6) R. Rorty, 'Incorrigibility as the Mark of the Mental', p. 416. ローティの説明は、ウィルフリッド・セラーズの論文「経験主義と心の哲学（Empiricism and the Philosophy of Mind）」に由来する。当面の争点に関するかぎり、セラーズの説明はローティの説明と異ならない。

(7) William Alston, 'Varieties of Privileged Access', p. 235.

(8) Sidney Shoemaker, *Self-Knowledge and Self-Identity*, pp. 215–16.〔邦訳、二四二〜三頁〕

訳注

[1] ここでデイヴィドソンが例にあげている動詞の順序は原文では「喜ぶ」、「驚く」、「恐れる」、「誇らしく思う」、「知っている」、「覚えている」、「気づく」、「知覚する」の順だが、訳文では日本語の構文上の都合から順序を変えた。

第2論文

自分自身の心を知ること

1987

他人が何を考えているかを決定するためにわれわれわれが用いる証拠の本性に関しては何の秘密もない。われわれは他人の行為を観察し、他人の書いた手紙を読み、他人の表情を注意深く眺め、他人の言葉に耳を傾け、他人の来歴を学び、社会に対する他人の関係を心に留める。しかし、これらの素材を寄せ集めて心について納得の行く描像を得るにはどうしたらいいかという点は、また別の問題である。われわれはそのための方法を身につけているが、かならずしも、その方法を頭で知っているわけではない。ときには、私は自分が何を信じているかを知るために、他人と同じように、私の言動に注意する。そうしなければ自分の考えが分からない場合もあるだろう。グレアム・ワラスはこう言っている。「その娘は詩人の才能をもっていて、言いたいことを確かめてから話しなさいと言われると、『言ってもみないうちにどうして自分の考えがわかるのよ』と言った(1)」。ロバート・マザウェルもこれと似た考えを表明している。「私に言わせれば、優れた画家はたいていてい、絵を描くまでは自分が何を考えているのかを知らない」。

ギルバート・ライルはこの問題に関して全面的に詩人と画家の側を擁護した。われわれが自分自身の心を知る仕方は、われわれが他人の心を知る仕方と同じであり、われわれが言い、行い、描くものを観察することによるのだ、とライルは果敢に主張した。ライルはまちがっていた。自分が信じている事柄を知るために、証拠や観察に訴える必要があるのは稀である。通常、私は、発言や行為に先立って自分の考えを知っている。証拠がある場合ですら、それを活用することはめったにない。私は自分の考えについて誤りをおかしうるから、公的に確認できる事柄を持ち出すのは的外れではない。しかし、われわれが自分自身の考えについて誤ることがあるとしても、そのことはけっして、《人は自分の信じていることを知っている》という最優先の推定を無効にするものではない。一般に、自分がある考えをもっているという信念は、その信念を正当化するのに十分である。とはいえ、たしかにそれはほんとうであり、またほとんどの人々にとって明白でさえあるが、それが事実である理由を説明することは、私の知るかぎり、けっして容易ではない。他人の考えを推測するには何をしなければならないかという点は、すくなくとも概略的には十分にあきらかだが、それにひきかえ、われわれが自分の場合に関して、非常に多くの場合に、自分が何を考えているかを、証拠を持ち出したり観察を行ったりすることなしに知ることができる理由は、不明瞭である。

われわれはふつう、自分が信じている（また欲したり疑ったり意図したりしている）事柄を、（たとえ証拠が手元にあるときでも）証拠を必要としたり使用したりすることなしに知っているから、われわれの現在の心の状態に関する誠実な表明は、証拠にもとづく結論につきものの欠陥を免れている。それゆえ、思考に関する誠実な第一人称現在時制の主張は、なるほど不可謬でも訂正不可能でもないが、第二・第三人称の主張や、第一人称の別の時制の主張がもちえないような権威をもっている。とはいえ、この事実を認識することは、その理由を説明することではない。

ウィトゲンシュタイン以来、使い慣わされてきた論法では、「他人の心に関する知識」についての懸念を和らげるために、次の点が指摘される。つまり、ある種の心的述語の場合には、他人には行動的証拠にもとづいて適用され、自分にはそうした助けによらずに適用されることが、述語の用法の本質的な特徴をなしているという点である。これは正しい指摘であり、これを適切に敷衍すれば、いかにして他人の心を知りうるかを思案している人への答えになるにちがいない。しかし、懐疑論者への応答としては、ウィトゲンシュタインの洞察（かりにそれがウィトゲンシュタインのものだとして）はあまり満足の行くものではない。なぜなら、第一に、証拠や観察による裏づけのない主張が、そのような裏づけのある主張よりも優先されるべきだというのは、奇妙な考えである。もちろん、ある主張を裏づけるために証拠が引き合いに出されることがないならば、その主張が、証拠の真偽や当否を疑問視するという形で非難されることもありえない。しかし、それを言うだけでは、一般に証拠による裏づけのない主張の方が裏づけのある主張よりも信頼がおけると考えるべき理由として、とうてい十分ではない。第二の、そして主要な困難はこうである。われわれはふつう、ある概念の適用のための証拠と見なされるものは、その概念を定義する助けになるか、すくなくともその概念の特定に制約を課するはずだと考える。もしも二つの概念が、適用のさいに、異なる規準、あるいは異なる種類の裏づけ証拠に依存するのが通例であるならば、それらは別々の概念でなければならない。それゆえ、もしも、外見上は同じ表現のように見えるものが、あるときにはある種類の裏づけ証拠にもとづいて正しく使用され、別のときには別の種類の裏づけ証拠にもとづいて（あるいはいかなる裏づけ証拠もなしに）正しく使用されるならば、誰もがそこから引き出す結論は、問題の表現は多義的だというものだと思われる。ではなぜ、「xはラズ・ダッシャンがエチオピアで最高の山だと思っている」のような述語は、行動的証拠にもとづいて適用されることもあればそうでないこともあるのに、多義的ではないと想定されるのか。もしもこの述語が多義的ならば、それが自分自身に適用された場合に、他人に適用された場合と同じ意味をもつと考えるべきいかなる理由もない。いま、次の点は認めるとしよう（実際、これらの点は認めなければならない）。つまり、他人に対するこれらの述語の適用が多くの場合に正しいことは、言語が必然的に、人々が共有する公的なものという性格をもつことによって保証されているということ、したがってまた、われわれは現に多くの場合に、他人が何を考えているかを知っているということである。これらの点を認めた場合、当然、次のような問題が生じてくる。すなわち、いったいわれわれ各人は、自分が何を（他人の場合と同じ意味において）考えているかを知っている、と考えるべきどのような理由をもっているのか。ウィトゲンシュタイン流の回答は、他人の心の問題は解決してくれるかもしれないが、しかし、それと対応する問題を、自分自身の心に関する知識について作り出す。とはいえ、この対応関係は完全なものではない。元来の他人の心の問題は、《いかにしてわれわれは、そもそも他人が心をもつことを知るのか》という問題を惹起するものだった。われわれがいま直面している問題は、以下のような形で表現しなければならない。すなわち、私は、思考を他人に帰属させるときには、何を探せばいいかを知っている。私はそれとはまったく異なる規準を用いて（あるいはいかなる規準も用いることなく）、同じ述語を自分に帰属させる。そのため、私が自分に帰属させているものが思考であると考えるべき理由は何なのか、という懐疑論的な問題が生じる。しかし、私が他人の場合に関して用いる証拠は誰もが接しうる性格のものだから、私が、グレアム・ワラスやロバート・マザウェルやギルバート・ライルの流儀で、他人に思考を帰するときと同じ仕方で自分自身に思考を帰していけない理由は何もない。換言すれば、私は、自分自身の心的状態を、他人の心的状態と同じ仕方で扱ってはいないが、しかし、同じ仕方で扱いうる。しかし、人が自分の考えを問題とするさいにもっているように見えるのと同じ種類の権威を、他人の考えに関してでも捜し求めようとする人は、この種の戦略を取ることはできない。それゆえ、二つの事例のあいだの非対称は依然として問題である。そして、その問題を生み出しているのは第一人称の権威である。

私は本書の第1論文でこの問題への解答を提案した。私はその中で、われわれが思考と意味を他人に帰属させる仕方に留意すれば、懐疑論的な疑いを招くことなく、第一人称の権威が説明される、と論じた。しかし、最近、私が第一人称の権威を擁護するために依拠した、態度の帰属に関する当の事実のいくつかを援用して、第一人称の権威を否定する論者が現れた。彼らは、彼らの考えでは新しい論拠にもとづいて、《第三人称的な解釈者の方法は、われわれがふつうに人の心の状態と見なしているものを決定するが、そのようにして決定された内容は、当人には知られていない可能性がある》と論じた。本稿で私は、それらの議論のいくつかに考察を加え、それらが第一人称の権威を真に脅かすものではないことを主張する。私の見るところ、態度の第一人称的な帰属と他の人称での帰属とのあいだの非対称について私が以前の論文で提示した説明は、すくなくとも当を得ていると思われる部分に関しては、この新たな考察によっても、補強されることはあれ、そこなわれることはないと思われる。

再度強調しておかなければならないが、私が扱う問題は、われわれが自分の当座の心の状態についてもつ信念が不可謬ないし訂正不可能であることを要求するものではない。われわれは自分が何を信じ、欲し、是認し、意図しているかについて誤りをおかすことがありうるし、現におかしている。また自己欺瞞の可能性もある。しかしそれらの事例は、少なくないとはいえ、標準的ではないし、またありえない。この点は、いまのところは論証を行なうことはせず、むしろ、説明されるべき事実の一つと解しておく。

そこで、自己欺瞞やその他の変則的あるいは境界線上の現象を除外すると、問題は、はたしてわれわれが、不合理や矛盾や混乱に陥ることなく、端的かつ率直に、自分がもっていない信念をもっていると考えたり、自分がもっている信念をもっていないと考えたりすることが、ありうるのかどうかである。最近では、多くの哲学者や、哲学に関心をもった心理学者が、こうしたことがおそらく起こりうること――それどころか、つねに起こっていること――を含意あるいは示唆するような見解を取っている。〔このような動向の〕予兆はラッセルの命題観の中にあった。ラッセルによれば、真であることが知られうるような命題の中には、知る人の心によって直認されていない「構成要素（ingredients）」を含んでいるようなものがある。そして、事物関与的（*de re*）な態度についての研究が進展するにつれて、〔このような命題観が孕んでいる〕危険性はいっそう深刻なものとなった。

しかし、とどめを刺したのはヒラリー・パトナムである。意味が（彼の言い方では）「そもそも頭の中になどない（just ain't in the head）」ことを示す一九七五年のパトナムの論証を取り上げてみよう(2)。彼は、語が何を意味するかは「頭の中にあるもの」以外のものにも依存することを、説得的に論じている。彼が語っている多くの物語から得られる教訓は、人がある語の用法をどのように学んだかという自然的な来歴の諸相が、必然的に、語が意味する事柄に影響をおよぼす、というものである。この教訓からは、二人の人が物理的に同じ状態におかれていながら、同じ言葉によって異なる事柄を意味することがありうる、ということが帰結するように思われる。

ここから出てくる帰結は広範にわたる。なぜなら、もしも人々が（通常は）自分の考えを正確に言葉で表せるとすると、人々の考え——人々の信念、欲求、意図、希望、期待——もまた、部分的には、その人の外部の出来事や対象によって同定されねばならないことになるからである。もしも意味が頭の中になどないなら、信念や欲求その他もまた頭の中になどないことになると思われよう。

パトナムの双子地球上の分身の話は少々聞き飽きたという向きもあるだろうから、私自身が作ったSF物語を話そう。それがSFだとしての話だが。私の物語はパトナムの物語に出てくるいくつかの余計な難点を避けているが、新たにいくつかの固有の問題を持ち込むものでもある。(3)（地球と双子地球にはもう少し先で触れる。）いま、雷が沼地の枯れ木に落ちるとしよう。私はその枯れ木の傍らに佇んでいる。私の体が粉々になる一方で、まったく偶然の一致として（しかもまったく異なる分子から）、木が私の物理的な複製に変化する。私の複製、スワンプマンは、以前の私とまったく同じような動きをする。彼はごく自然な素振りで、沼地を立ち去り、私の友人たちに出会い、彼らを見てそれと分かっているように見受けられるし、彼らの挨拶に英語で答えているように見える。スワンプマンは私の家に入り、根本的解釈についての論文を書いているように見える。誰にも違いが分からない。

しかし違いはたしかにある。私の複製は私の友人を見てもそれと分からない。スワンプマンは何を見てもそれと分かる（再認する recognize）はずがない。なぜならスワンプマンはそもそも何も認知したことがないからである。スワンプマンが私の友人の名前を知っているはずはなく（もちろん、知っているようには見えるが）、私の家を思い出すこともできない。スワンプマンは、私がたとえば「家」によって意味することを意味できない。なぜなら、スワンプマンが発する「家」という音声は、それに正しい意味を——否、そもそもいかなる意味も——与えるようなコンテキストの中で学ばれてはいないからである。それどころか、私には、スワンプマンがそもそも何かを意味するとか、何かを考えるとかと言えるとは思われない。

パトナムはこの最後の主張には合意しないかもしれない。なぜなら彼は、もしも二人の人（あるいは二つの対象）が重要な点で類似した物理的状態におかれているならば、両者の心理状態が「わずかなりとも異なる」と考えるのは「ばかげている」と述べているからである。(4) とはいえ、パトナムと私がこの点で意見を異にしていると決め込むのはまちがいである。なぜなら、「心理状態」という文句がどんな使われ方をしているかという点がまだあきらかではないからである。

パトナムによれば、多くの哲学者は、信念や、言葉の意味を知ることといった心理状態が、どちらも次の二つの条件を満たすというまちがった想定を立ててきた。つまり、それらは(I)その状態が帰されている人以外のいかなる個体の存在も前提しないという意味において「内的」であり、しかも、それらは(II)われわれが通例、信念その他の命題的態度として同定し個別化している当の状態である、と。われわれは通常、心的状態や意味を、部分的には当人以外の対象や出来事との関係にもとづいて同定し個別化しているから、パトナムの考えでは、(I)と(II)は乖離する。彼によれば、両方の条件を満たしうるような状態は存在しない。

パトナムは(I)を満たす心理状態を「狭い（narrow）」と呼ぶ。彼はそうした状態を独我論的なものと考え、それを心的なものに関するデカルトの見解と結びつける。パトナムはこれらを唯一の「本物の」心理状態だと見なしているのかもしれない。（パトナムの意味での）狭い心理状態は普通に同定される意味での命題的態度には対応しないが、パトナムの論文ではたいてい、「狭い」という限定句が省かれている。狭い心理状態（あるいは、よく使われる別の言い方をすれば、内的、デカルト的、個体主義的な状態）と、（社会的その他の）外部的事実にもとづいて同定される心理状態（かりにそのようなものがあるとして）とのあいだに、理解可能な区別が成り立つという点は、かならずしもすべての人が認めているわけではない。たとえば、ジョン・サールは、われわれの通常の命題的態度は条件(I)を満たし、だから条件(II)を満たす状態は不要だと主張しており、他方、タイラー・バージは、条件(I)を満たすような命題的態度は、興味をそそりうるいかなる意味においても存在しないと主張している。(5) しかし、両方の条件を満たす状態が存在しないという点は、一般に受けいれられているものと思われる。

本稿のテーゼは、通常の心的状態が条件(I)と(II)の両方を満たすことを否定すべき理由はない、というものである。私の考えでは、通常の心理状態は、身体の状態と同一であるがゆえに、身体の外部のいかなる対象や出来事にも言及することなく同定できるという意味において、「内的」である。しかし、それらは別の意味では同時に「非個体主義的」でもある。つまり、それらは部分的には、それらが所属する当の人の外部にあるような出来事や対象に対する因果関係によって同定されることがありうるし、また通常はそのようにして同定されている。後ほどあきらかになるように、本稿のテーゼには次のような副次的帰結が伴う。つまり、よく行なわれている想定には反することだが、第一人称の権威は、問題の人の外部の出来事や対象への関係によって同定されるのが通例であるような状態にも、何の矛盾もなく適用できる、ということである。

この副次的帰結から話を始めよう。条件(II)を満たす状態が、その状態におかれた人物に知られていないかもしれないと考えることが、なぜ自然なのか。

ここでパトナムの双子地球に触れなければならない。彼は、身体的にも、（したがってまた）すべての「狭い」心理状態の点でもそっくりな、二人の人を考えるように求める。地球の住人であるその片割れは、水を示されたり水の話を読んだり聞いたりして、「水（water）」という語の使い方を覚えている。双子地球の住人であるもう一人の片割れは、それと見かけ上は異ならないような条件下で語「水」を習い覚えているが、その条件下で彼女が直面している物質は水ではなく、「双子水（twater）」とでも呼ぶべき瓜二つの物質である。これらの条件の下では、第一の話し手が「水」と言うときには水が指示されているが、第二の話し手が「水」と言うときには双子水が指示されている、とパトナムは主張する。それゆえ、この事例では、「狭い」心理状態は同じだが、話し手たちは同じ言葉で別の事柄を意味しているように思われる。

　では二人の話し手の考えの方はどうか。第一の話し手は、一杯の水を前にして「一杯の水がある」とつぶやき、第二の話し手は、一杯の双子水を前にしてまったく同じ響きの言葉をつぶやく。どちらも真である。なぜなら、二人の言葉は別々の事柄を意味しているからである。そして、二人とも誠実だから、二人は別々の事柄を考えていると見るのが自然である。つまり、前者は、自分の面前に水があると考えており、後者は、自分の〔後者の〕面前に双子水があると考えているのだと。しかし、二人は自分らの考えている事柄を知っているのだろうか。二人の言葉の意味、ひいては二人がそれらの言葉を用いて表現した信念が、部分的に、当人の知らない外部的要因によって決定されるのだとすると、二人の信念と意味は、パトナムの意味で「狭い」ものではない。それゆえ、問題の二人には、自分がどんな状態におかれているのかを知るための拠り所がない。なぜなら、その違いを知る手がかりは、内部的にも外部的にも、手に入らないからである。それゆえ、どちらの話し手も、自分が意味し信じている事柄を知らない、と結論しなければならないように思われる。多くの哲学者はこの結論を明言しており、パトナムもその一人である。パトナムに言わせれば、彼は、「もしも意味に違いがあるなら……われわれの概念の内にも（あるいはわれわれの心理状態の内にも）何らかの違いがなければならないという考えを、完全に放棄する」のだという。意味と外延を決定するものは、「一般には、話し手には完全には知られていない」[6]。ここで「心理状態」は狭い心理状態の意味であり、その意味での心理状態だけが完全に知られるというのが議論の前提である。ジェリー・フォーダーは、通常の命題的態度は（ほぼ完全に）「頭の中に」あると考えるが、しかし、もしも命題的態度が部分的に当人の外部の要因によって決定されるとすれば、それらは頭の中にはなく、当人にはかならずしも知られていない、という点には同意している[7]。ジョン・サールも、理由はフォーダーとは異なるものの、意味は頭の中に存在する（「それ以外に意味のありかはない」）とするが、しかし見受けるところ、もしも意味が頭の中にないならば第一人称の権威は失われる、という推論は受けいれている[8]。この立場のおそらく最も明快な言明は、思考の対象を主題とした論文集に付されたアンドリュー・ウッドフィールドの序文の中に見られる。ある人の心の内容が、その人にとっては外部的で、おそらくその人には知られていないような要因によって決定されるという主張に触れて、彼はこう述べている。「外部的な関係は主観的には決定されないから、主観は外部的な関係に関して権威をもたない。ある人の思考がどの対象に関わっているか、またそれがどのような思考であるかについて、その人よりも第三者の方がよりよく知りうるようなことも、十分にありうる」[9]。命題的態度の内容が部分的に外部的要因によって決定されるというテーゼを受けいれる人々は、われわれが「外部」世界に関して完全に誤っているかもしれないと考える懐疑論者と、類似の問題に直面していると思われる。目下の事例では、世界に関する思考の内容は、おおむね世界そのものによって正確に決定されるものと仮定されているため、感官に関する通常の懐疑論は回避されている。（これは水だと思う話し手は恐らく正しい。なぜなら彼は水のある環境で「水」という語を学んだからである。これは双子水だと思う話し手がおそらく正しいのも、その人が双子水のある環境で「水」という語を学んだからである。）しかし懐疑論は論駁されない。それはたんに、われわれ自身の心に関する知識へと場所を移すだけである。外部的世界に関するわれわれの通常の信念は（目下の見解では）世界に向けられているが、われわれは自分が何を信じているのかを知らない。

もちろん、水と双子水には違いがあり、その違いは、発見されるかどうかは別として、通常の手段によって発見可能である。それゆえ、人は、水と双子水の違いを発見することによって、かつまた、その両者に対する自分の関係について十分な知識をもつことで、自分の語りや信念がどちらに関わっているかを決定することによって、自分が何を信じているのかを発見することができる。われわれが立ち至ったかに見える懐疑論的結論は、第一人称の権威のおよぶ範囲に関わるものである。それはわれわれが想定しているよりもはるかに狭い。世界に関するわれわれの信念は大方が真だが、われわれは自分が信じている事柄に関しては過ちをおかしやすい。これはデカルト的懐疑の倒立像である。

われわれの思考の内容と、われわれの言葉の意味が、われわれの知らない要因によって決定されることがよくあると考える人々は、その見解が私の力説したような帰結をもつように見えるという点を、あまり気にしてこなかった。もちろん彼らは次の点には気づいている。つまり、彼らが正しければ、自分の心の内容はわれわれが確信しうる事柄の一つだというデカルト的な考えや、意味の完全な「把握」というフレーゲ的な考えが、まちがいでなければならないことである。しかし、私の知るかぎり、彼らは、彼らの見解と、第一人称の権威が存在するという強力な直観とのあいだにあるように見える葛藤を解消することには、さしたる努力を払ってこなかった。

関心が欠如してきた一つの理由は、一部の論者が、この問題をかなり少数の事例に限定されたものと見ている点にあるだろう。つまり、概念ないし言葉が、固有名や指標語や自然種語によって選出された対象に結びつけられるような事例に。しかし、他の論者が論ずるところによれば、一方における言語および思考と、他方における外部的な事柄とのあいだの絆は、たいへん広範囲におよぶものであり、その影響はふつうに理解されている意味での思考のすべての側面にまでおよぶ。たとえばダニエル・デネットは、「信念をもっているといわれてしかるべき資格をもつためには、われわれは世界全般について、また世界の中にある事物や性質について、豊富な情報をもち、それらと親密なつながりをもっていなければならない」と言う。[10] デネットはさらに、あらゆる信念の同定が、これまで見てきた事例で働いているような、外部の、非主観的要因の影響を被っているのだと主張する。バージもまた、われわれの信念がいかに広範に外部的要因に影響されるかを力説している。ただし、見受けるところバージは、理由ははっきりとは説明されていないものの、このことが第一人称の権威を脅かすとは考えていない。[11]

この主題をめぐる論議には、気がかりな方向転換が見られる。かつては、人が他人の心の中にある事柄を知ることがいかにして可能かをあきらかにするために、行動主義が引き合いに出された。その後、行動主義は退けられた。それは一つには、行動主義が、心的状態のもつ最も明白な特色の一つを説明できなかったからである。それは、一般に心的状態が、その状態におかれた人には、行動的な証拠によることなしに知られているという事実である。最近の流行は、厳密には行動主義的ではないが、心的な状態をふたたび社会的その他の外部的要因にもとづいて同定し、そのかぎりでは、心的な状態を公的に発見可能なものと見なしている。しかし同時に、こうした流行は第一人称の権威をいかに説明するかという問題を再燃させる。

［この問題に対して、］通常の仕方で同定され個別化される意味での思考の内容が外部的側面をもつこ

とを確信している人々の対応は、さまざまである。一つの応答は、一方における、主観的かつ内部的に確定される心の内容と、他方における、われわれが普通は社会その他の外部とのつながりにもとづいて帰属させる通常の信念、欲求、意図とを、区別するというものだった。パトナムの議論はあきらかにこの方向に傾いている（「水」には異なる〔二つの〕意味があり、それを使って水と双子水が指示されるときには異なる信念が表現されているが、このように異なる目的のために「水」を用いる人々は「同じ心理状態」におかれていることがありうるのだとされる）。ジェリー・フォーダーは、一定の目的のためにこの区別を受けいれるが、しかし、心理学が「方法論的独我論」のスタンスを取るべきことを論じている。つまり、心理学はもっぱら内的な状態、すなわち外部世界との関係には何も負うことのない真に主観的な心理状態を扱うべきだというのである[12]。

スティーヴン・スティッチも本質的には同じ区別を立てるが、そこからもっと手厳しい教訓を引き出している。フォーダーは、通常の意味での命題的態度に少々の手直しさえ加えれば純粋に主観的な要素を抽出できると考えているのに対して、スティッチは、われわれが現在考えている意味での心理状態は粗雑で混乱した「素朴心理学」に属し、それは将来発明されるべき「認知科学」に置き換えられねばならないのだと主張する。彼の最近の著作の副題は「信念への反論」である[13]。

あきらかに、この種の区別を行なう人々からすれば、第一人称の権威の問題、すくなくとも私が提起した形での問題が、解決不可能であることはまちがいない。理由は以下のとおりである。私が立てた問題は、ある人が自分の現在の心的状態を知る仕方と、他人がその心的状態を知る仕方とのあいだの非対称を、いかにして説明するかというものである。そこで問題とされている心的状態は、通常の意味での信念、欲求、意図等である。パトナムの区別に類するものを受けいれる人々は、これらの状態に関する第一人称の権威を、そもそも説明しようと企てることさえしない。いやしくも第一人称の権威があるとすれば、それはこれらとはまったく別の状態に付随するものだからである。（スティッチの場合には、第一人称の権威が付随するようなものがそもそもあるのかどうかあきらかではない。）

私の考えでは、パトナム、バージ、デネット、フォーダー、スティッチらは、通常の心的状態、すくなくとも命題的態度が、部分的には社会その他の環境への関係——それはある面では、その状態におかれている当人には知られていない——によって同定されるという事実に注意を促した点では正しい。また、私の考えでは、彼らは、このことを理由に（これが唯一の理由だとしても）、「素朴心理学」の諸概念が、物理学が求めているような整合的で包括的な法則の体系には組み込まれえないと主張している点でも正しい。これらの概念は、人間の行動を記述・解釈・説明する常識的な理論の一部をなすものである。そして、この常識的な理論は、いささかフリースタイルながら、（私が思うに）不可欠のものである。人々の思考と行為を主題としていながら、「素朴心理学」を含んでいないような科学というものも想像可能だが、そのような科学の取り柄がどこにあるかは私には考えつかない。とはいえ、この点は本稿の主題ではない。

ここでの主題は、どうやらわれわれが、自分の考えている事柄を知らないようだ——すくなくとも、われわれが考えている仕方では——という謎めいた発見である。これは、私のように、外部的要因が部分的に思考の内容を決定すると信じ、かつまた、一般にわれわれは自分の考えている事柄を他人にはできない仕方で知っていると信じる人にとっては、本物のパズルである。問題の発端は、外部的な要因が〔われわれの考えを〕同定し個別化する役割を演ずることを認めると、そこから、われわれの考えがわれわれに知られていない可能性があるという結論に導かれるように思われる、という点にある。

しかし、はたしてこのような結論が帰結するのだろうか。答えは、心的内容の同定が外部的な要因に依存する仕方をどう考えるかによる。

この結論はたしかに、たとえば次のような理論に関しては例外なく帰結する。つまり、命題的態度が、心の中ないし「面前」にあるような、そして当人の外部にある対象や出来事を（「構成要素」として）含む対象（命題や命題トークンや表象）によって同定される、とするような理論である。なぜなら、あきらかに、どんな外部的対象にも、われわれが知らないような特徴が無数にあるからである。これらの仮定から先の結論が出てくることは、広く認められている(14)。しかし、後ほど述べるような理由から、私は、いまの場合に先の結論が依拠している一連の仮定を退ける。

タイラー・バージによれば、外部的要因はさらに別の仕方でも発言や思考の内容の決定に関与する。偶然ながら、彼の「思考実験」の一つはことのほか私に合っている。最近まで私は、関節炎とはカルシウム不足に起因する関節の炎症のことだと思っていた。関節の炎症なら何でも（たとえば痛風でも）関節炎と呼ばれるとは知らなかった。そのため、医者が私に（これはまちがいであることが後で分かったのだが）痛風を宣告したとき、私は自分が痛風だとは思ったが、自分が関節炎だとは思わなかった。さてここで、バージは次のような世界を思い描くようわれわれに求める。その世界では、私は身体的には〔現実の世界においてと〕同じままだが、「関節炎」という語は〔現実世界での用法とは違って〕実際にカルシウム不足に起因する関節の炎症だけに適用される。その世界では、「痛風は関節炎の一種ではない」が偽ではなく真だろう。そして、私がこの文によって表現した信念は、痛風が関節炎の一種ではないというまちがった信念ではなく、関節炎以外の病気に関する真なる信念であるだろう。にもかかわらず、この仮想世界において、私のすべての物理的性質、すべての「内的な経験の質（internal qualitative experience)」、すべての行動と行動傾性は、現実世界においてと同様である。私の信念は変わるだろうが、変わったと考えるべき理由は私にはなく、それゆえ私は自分が信じている事柄を知っているとは言えない。

バージは、彼の論証が「命題的態度をもっていながら、その内容に含まれる概念を完全に習得していない」可能性に依拠するものであることを力説している。「もしもこの思考実験が有効なら、われわれはある局面では、人がある内容を信じていながら（あるいは、ある内容によって特徴づけられる命題的態度をもっていながら）、その内容を完全には理解していない、ないし誤用しているという事態に、直面せざるをえない[15]」。

バージが正しければ、われわれが言葉の意味についてまちがえ、混乱し、部分的に誤解しているときにはいつも、われわれはその言葉を用いて表現される（であろう？）すべての信念に関してまちがえ、混乱し、部分的に誤解していることになると思われる。そうした「部分的理解」は、バージによれば、「われわれの語彙に属する多くの表現に関してよくある、というより通常のもの」であるから、われわれが自分の信じている（またもちろん、恐れたり望んだり、事実に反して願望したり、疑ったりする、等々の）事柄についてまちがえることも、同じようによくある、というより通常のことでなければならない。

見受けるところ、バージはこの結論を受けいれている。すくなくとも、「一般に内容の完全な理解がその内容を信じることの必要条件である」ことをバージが否定していることを、私はそのように解釈する。彼ははっきりと、「人は自分の思考の内容を直接に見知っているか、直接的に把握していなければならない、とする古いモデル」を退けている。「……人の思考内容は、その人の内部で起こっている事柄、あるいはその人が丁寧に注意さえすれば知りうる事柄によっては、決定されない[16]」。

これらの主張をどう理解したらいいか、私にはよく分からない。なぜなら、内容を「直接に見知る」とか、「直接的に把握する」とかの言い方を、どこまで真に受けるべきなのか、私にはよく分からないからである。しかし、いずれにしろ次の点はまちがいないと思われる。もしもわれわれが意味し考える事柄が、われわれを取り巻く人々の言語習慣によって、バージが信じるとおりの仕方で決定されるのならば、第一人称の権威はたいへん深刻な打撃を受ける、ということである。その打撃の度合いと性格は、われわれが自分の心についてどんな種類の知識をもっているか、という点に関してわれわれがもっている知識とは、両立しないと思われる。それゆえ、私はバージの議論の前提のどれかを退けねばならない。〔ところで、〕私は、私が意味し考える事柄が、私の中で起こっている事柄（だけ）によっては「決定」されないという点には同意している。それゆえ、私が退けるべきなのは、社会的その他の外部的要因が人の心の内容に課する制約についての、バージの説明である。

私は多くの理由から、態度の帰属に関してバージが注目した一連の特徴を、あまり重要視したくない。いま、「関節炎」という語がカルシウム不足に起因する関節の炎症だけに適用されると考えている私と、正しい用法を知っている私の友人アーサーとが、どちらもスミスに向かって「カールは関節炎だ」という言葉を誠実に発話するとしよう。この場合、バージに従えば、大きな特殊事情がないかぎり（アーサーと私がどちらもおおむね日本語に熟達していて、どちらも本物の関節炎の事例に「関節炎」という言葉を適用したことが何度もあり、等々であるかぎり）、二人の言葉はいまの場合同じことを意味するのだという。つまり、アーサーと私はそれぞれの言葉で同じことを意味し、同じ信念を表現しているのだという。問題の言葉の辞書的な意味に関する（あるいは、関節炎とは何かに関する）私の誤りは、この場合に私が意味し信じる事柄には影響をおよぼさないというのである。そのように主張するさいのバージの証拠は、誰もが（哲学に毒されていないかぎり）アーサーと私の発言をそのような仕方で報告するだろうという確信にあると思われる。私はこの点に関するバージの所見の正しさには疑問がある。だが、かりにそれが正しいとしても、それが彼の主張の裏づけになるとは思われない。意味や態度の帰属はふつう、帰属者と帰属を受ける者と帰属者の聞き手のあいだで（言語やその他の事柄について）何が共有され何が共有されていないかに関する、非常に多くの漠然とした仮定にもとづいている。それらの仮定の一部にまちがいが見つかれば、われわれは報告に使う言葉を変え、しかもその修正はかなり大きなものとなることも多い。修正してもしなくても差し障りがないときには、われわれはえてして安易な方法を取りがちである。つまり、話し手の思考や意味のある側面が正確に反映されないことを承知で、話し手が用いた言葉をそのまま〔報告の中で〕用いるのである。しかし、それはけっして、われわれが目下の問題に関して規則一点張りであらざるをえないからではない（法廷の場は別としても）。現に多くの場合に、われわれは規則にはこだわらない。もしも（哲学に毒されていない）スミスが、さらに別の人々（それはことによれば、電話での報告をもとに診断を行おうとしている遠隔地の医者かもしれない）に、アーサーと私がともに、カールが関節炎だと言い、かつ信じていると報告するなら、スミスは報告相手の誤解に手を貸すことになりかねない。誤解される危険がある場合には、スミスは、事実に留意して、けっして単純に「アーサーとデイヴィドソンはどちらもカールが関節炎だと思っている」とは言わないだろう。彼はたとえば、「しかし、デイヴィドソンは、関節炎はカルシウム不足に起因するものでなければならないと思っている」といった言葉を付け加えるだろう。私の理解では、このような補足発言が必要なのは、単純な形での帰属がかならずしも正しくないからである。「カールは関節炎だ」

と言ったときにアーサーと私が表現した思考には重要な違いがあったのである。もちろん、この議論はバージに立場の変更を強いるものではない。バージには、こんなふうに言い抜ける余地がある。つまり、報告というものは、文字通りには正確でも、報告の常として、誤解を招くことがありうるのだ、と。しかし、私の考えでは、そのような応答は、信念の内容が他の信念の内容に必然的に依存する、その相互依存関係がおよぶ範囲を過小評価している。思考はたがいに独立した原子ではないから、ある一つの思考を正しく帰属させることに関して、単純で固定的な規則などありえないのである[17]。

バージによれば、人の言葉にはその言葉がその人の属する言語共同体においてもつ意味を与えなければならず、人の命題的態度の解釈も、それと同じ原則にもとづいて行なわなければならない。私はバージのこの主張を退けるが、しかし、私の考えでは、社会的な要因は、それとはやや異なるが、しかし非常に重要な意味において、話し手が彼の言葉によって意味しうる事柄にたしかに制約を加える。話し手は、理解されたければ、自分の言葉が一定の仕方で解釈されることを意図しなければならず、それゆえ彼の聞き手に、意図された解釈にいたるのに必要な手がかりを提供する意図をもたねばならない。このことは、聞き手が話し手の知る言語に熟達している場合にも、第一言語を習いかけである場合にも成り立つ。学習可能性と解釈可能性の要求こそが、他に還元しがたい社会的な要因をもたらす。他人から正しく解読されえないような事柄を言葉で意味することができないのも、そのためである。（バージ自身、後の論文ではこの点を指摘しているように見受けられる[18]。）

ここでパトナムの双子地球の事例に話を戻したい。この事例はけっして、社会的な言語用法が、（おおむね標準的な条件下では、）話し手が言葉によって意味する事柄を決めるとか、ましてや、話し手の（狭い）心理状態を決めるとかという考えには、依存していない。すでに述べたように、私はパトナムの議論が正しいことには納得している。われわれの言葉が意味する事柄は、部分的には、われわれがその言葉を学び、使用した環境によって決定される。この点を確実なものとするには、パトナムがあげた一例（水）だけでは不十分かもしれない。なぜなら、「水」は水と同じ分子構造をもつ物質だけに適用されるのではなく、水と構造が似ていて、無臭で飲用に適し、泳いだり漕いだりできる物質にも適用できる、と主張する余地があるからである。（いま気がついたが、この所見は、この論文の他の多くの所見ともども、私が固定指示子の見分け方を知らないことの表れかもしれない。じっさい、私はそのようなものを知らない。）問題はこの種の特殊な事例に依存するものではなく、またこの特殊な事例をわれわれがどのようにして解決するか（すべきか）に依存するものでもない。問題はひとえに、言葉と事物、あるいは思考と事物とのあいだの基本的なつながりが、どのようにして確立されるかという点にかかっている。私の理解が正しければ、私はバージやパトナムともども、そのつながりを確立するのは人々と世界の諸部分・諸側面とのあいだの因果関係だと考えている。こうした因果関係により、対象や出来事に応じてめりはりのある反応をする傾性が確立されていることが、人の思考と発話を正しく解釈する上で、中心的な役割を演ずる。そうでなければ、われわれは他人が考えている事柄、他人が言葉で意味している事柄を、発見するすべがないだろう。「それを発見するさいの」原則は、次のような単純明快なものである。すなわち、月を見たときに、しかもそのときにかぎって人が真と見なす気になる（そのように促される）ような文は、「月が出ている」に類する事柄を意味している公算が高い。また、そのときに表現された思考は、月が出ているという思考である公算が高い。そして、月を見たときに、しかもそのときにかぎって人が抱く気になるような思考は、月が出ているという思考である公算が高い。公算が高いと言うのは、無理もないような誤りや、又聞きの報告、等々を考慮に入れてのことである。もちろん、けっしてすべての語や文が、話題となっている対象に対してこれほど直接的に条件付けられているわけではない。月を見たことがなくても立派に「月」を学ぶことはできる。私が言いたいのは、すべての思考と言語が、このような直接的な歴史的つながりに基礎をもつことであり、それらのつながりが思考と発言の解釈に制約を課することである。おそらくここで次の点も強調しておくべきだろう。つまり、この主張は、一定の反事実的条件文が真だとした場合にわれわれがどのようなことを言うかという点に関する直観には、依拠していない。SFも思考実験も不要なのである[19]。

こうして、私は次の点でパトナムとバージに同意する。つまり、（バージの言葉を借りれば、）「通常の命題的態度の志向的内容は、けっして、……非志向的に特定可能な、しかも物理的および社会的な環境から切り離された個人のみにもとづいて定義できるような、物理的・現象的・因果的–機能的・計算的・統語的な状態や過程によっては、説明できない[20]」。残される問題は、はたしてこの事実が、第一人称の権威を脅かすものであるのかどうかである。バージはそう考えているように見受けられるし、パトナムをはじめとする人々はまちがいなくそう考えている。私はすでに、もしも正しければ第一人称の権威を脅かすことになるバージの議論の一つを退けた。しかし、前段落で述べた立場がまだある。他人はどうあれ、私はその立場を支持している。なぜなら私は、言語の学ばれ方や、言葉や態度が解釈者によって同定される仕方を説明するには、その程度の「外部主義」が必要だと考えるからである。

パトナムは、もしもある語の指示が、（ときとして、）その語の習得経緯に関する自然的な来歴によって決定されるとすれば、その語の使用者は第一人称の権威を失うかもしれない、と考えている。しかし、なぜそう考えるのだろうか。パトナムが（私見では正しく）主張しているところによれば、二人の人がすべての重要な物理的（化学的、生理学的、等々）側面に関しては同じでありながら、その言葉によって異なる事柄を意味し、また異なる命題的態度（ふつうに命題的態度として同定される意味での）をもつということがありうる。これらの違いは、環境の違い――二人の人はそれを漏れなく知っているわけではない――に由来する。〔さて、〕こうした状況において、なぜわれわれは、《二人は自分の意味し思考した事柄を知らないかもしれない》と考えなければならないのだろうか。彼らと話してみても、そのことは容易には分からないだろう。すでに述べたように、どちらも、一杯の水や双子水を示されれば、誠実に「一杯の水がある」と言う。彼らがどちらも故郷の環境におかれているなら、どちらも正しい。環境が入れ替わっていれば、どちらもまちがっている。両人に、「水」という言葉で何を意味しているのかを問うなら、二人とも正しい答えを与えるだろう。もちろん、二人とも同じ言葉を用いてである。二人に、何を信じているのかを尋ねても、二人とも正しい答えを与える。それらの答えが正しいのは、彼らが、言葉は同じでも、別様に解釈されねばならないからである。とすると、いったい、彼らが自分自身の状態を（通常の権威ある仕方では）知らないというのは、どういうことなのか。すでに見たように、パトナムは、われわれがいま論じている状態を、その状態におかれている当人以外のものの存在を前提しないような「狭い」心理状態から区別する。いまやわれわれには、パトナムがなぜ狭い心理状態に関心をもつのか、不審に思われてくる。もちろん、答えの一部は、パトナムが、それらの状態こそ、その状態におかれた当人によって特別な仕方で知られるという「デカルト的」な性質をもつと考えていることにある。（答えの他の一部は、「科学的心理学」の構築と関わるが、いまはその点は問題にしない。）

私の考えでは、パトナムの推理は二つのあまり問題視されることのない仮定にもとづいている。それは、

(1) もしもある思考が、頭の外にあるものとの関係によって同定されるならば、それは完全には頭の中にない。(それは頭の中になどない。)

(2) もしもある思考が完全には頭の中にないならば、心がそれを、第一人称の権威が要求するような仕方で「把握」することはありえない。

これがパトナムの推理であることは、パトナムが、《もしも二つの頭が同じなら、狭い心理状態も同じでなければならない》と主張していることから窺われる。たとえば、二人の人物が「分子レベルにいたるまで」同じ――「二本のネクタイが『同じ』だと言われる場合のような意味において」。お望みなら、二人の人がそれぞれ「同じ言語化された思考を抱き、……同じセンスデータをもち、同じ傾性をもつ、等々」という条件を付け加えてもよい――だと仮定するならば、その場合には、「〔一方の〕心理状態が〔他方の心理状態と〕わずかなりとも違うと考えるのは馬鹿げている」。もちろん、ここで言われているのは狭い心理状態であり、われわれがふだん帰属させている心理状態ではない。後者は頭の中になどないからである。(21)

言語化された思考やセンスデータや傾性が、正確にどんな仕方で同一でありうるかを語ろうとすると、どうしても先のネクタイに話を戻さねばならない。そこで、ネクタイに話を戻そう。すると、問題となるのは次のような考えである。つまり、二人の人の狭い心理状態が同じなのは、彼らの物理状態がたがいに区別できない場合である、と。これを論難しても意味がないだろう。なぜなら狭い心理状態はパトナムが定義すべきものだからである。私が問題視したいのは、先の仮定(1)である。この仮定からは、通常の命題的態度は頭の中にはなく、それゆえ第一人称の権威はそこには当てはまらないという結論が導かれるからである。

　はっきりさせておかなければならないが、意味が頭の中にはないという結論はけっして、意味が部分的に頭の外にある対象への関係によって同定されるという事実だけからは、帰結しない。それが帰結すると考えるのは、私の日焼けが太陽の存在を前提していることを理由に、私の日焼けが私の皮膚の状態であることを否定するようなものだろう。私の日焼けした肌は、別の手段で焼かれた他の人の肌と区別がつかないかもしれない（二人の皮膚は先の「ネクタイの場合の意味で」同じかもしれない）。それでも、二人の内の一人はたしかに日焼けしており、もう一人は日焼けしていない。このことからも十分にあきらかなように、心的状態を同定する通常の方法の中に外部的な要因が関与していることが正しく理解されても、心的なものと物理的なものに関する同一説の威信は何らそこなわれない。アンドリュー・ウッドフィールドは、同一説の威信がそこなわれると考えているように見受けられる。彼によれば、「ある人の脳の外部にある対象に関わっているいかなる事物関与的状態（*de re* state）も、その脳の状態と同一ではありえない。なぜなら、いかなる脳状態も、外部の対象の存在を前提しないからである[22]」。個別的な状態や出来事は、それら自体としては、概念的には何ごとも前提しない。しかし、それらの状態や出来事についての記述の中には、何ごとかを前提するものもありうる。私の父方の祖父は私を前提していなかったが、しかし、ある人を私の父方の祖父として記述できるためには、私の祖父に加えて、私を含む数人の人が存在していなければならない。

　バージも次の一節でこれと似たまちがいをおかしているのかもしれない。

　いかなる思考の生起も……異なる内容をもちながら、なおかつまさに同じ出来事トークンであるようなことは、ありえない……それゆえ……ある人が何かを考えたという思考出来事は、けっして、その人の内部にあって、生理学や生物学や化学や物理学によって記述されるいかなる出来事とも、同一ではない。なぜなら、いま、右にあげた物理的な科学の一つにもとづいて記述された任意の出来事、しかも、問題の人が問題の思考を思考するさいにその人の内部で起こっている任意の出来事を、bとしよう。「b」は、先の反事実的な状況において問題の人の内部で起こっているのと同じ物理的出来事を表示するのだとしよう。……bは〔先の思考出来事の内容には変化をおよぼさない〕反事実的な違いからは影響を受ける必要がない。それゆえ……b〔物理的出来事〕は、問題の人の顕在的な思考と同一ではない(23)。

バージはこの論証の前提が、ひいてはまた結論が、確立されたとは主張していない。しかし彼は、その前提を否定することが、「直観的には非常に説得力を欠く」と主張している。彼はさらに次のように述べている。「唯物論者の同一説は、心的出来事が同じままであってもその心的出来事の内容は変動しうるという空想的な考え方を説いた。しかし、そのような想像がありうる事実なのか、哲学的空想にすぎないのかは、別問題である」。バージが、「唯物論者の同一説」はそれ自体が「非個体主義的な思考実験によって説得力を失う」と主張するのは、彼が、前提の否定が成り立つ可能性を非常に低く見積もっているがためである(24)。

私はバージの前提を受けいれる。私の考えでは、それを否定することは、説得力を欠くばかりか、不合理である。もしも二つの心的出来事が異なる内容をもつなら、もちろんそれらは相異なる出来事である。私の考えでは、バージやパトナムの仮想事例があきらかにしているのは（そして、私のスワンプマンの事例がもっと率直に示していると思うのは)、すべての関連する物理的側面に関してたがいに類似した(あるいは先のネクタイの場合の意味で「同じである」)人々が、異なる事柄を意味したり、考えたりすることがありうるという点である。それはちょうど、それらの人々が、祖父であったり日焼けしていたりという点に関して異なることがありうるのと同じ事情である。しかし、もちろん、彼らのあいだには、物理的な世界の内部においてさえ、何らかの相違がある。すなわち、彼らの因果的な来歴はたがいに異なり、彼らは別々の物理的対象である。

それゆえ私は、通常の心的状態や出来事が外部世界への関係によって個別化されるという事実は、それだけでは、物心同一説そのものを退けるものではけっしてないと結論する。私の考えでは、一定の心的な状態や出来事に関する「外部主義」は、そこに他の一群の(穏当な)仮定を付け加えるならば、タイプ–タイプ同一説を疑問視すべき理由になりうる。しかし、それは、トークン–トークン同一説に関しては、裏づけにこそなれ、それを疑問視すべき理由とはならない。(私はすべての同一説を「唯物論」と呼ぶのは理屈に合わないと思う。ある心的な出来事が物理的な出来事であるからといって、その出来事が心的ではなく物理的だということにはならない。同一性は対称的な関係である。)

パトナムとウッドフィールドは、二人の人が(「ネクタイの場合の意味」で)物理的に同一でありながら、二人が置かれている通常の意味での心理状態が異なることがありうると考えるのは「馬鹿げている」と主張しているが、それが誤りであることは以上によってあきらかである。バージもまた、本質主義的な想定を彼が実際に活用しているよりもはるかに大規模に活用する気があるのでないかぎり、すべての同一説が説得力を欠くことをあきらかにしたと考えている点で、まちがっている。それゆえわれわれは、物理的にまったく同じ(「ネクタイの場合の意味」で同じ)二人の人が、心理的にたがいに異な

る場合があると考えても差し支えない。実際それは私が別のところで論じた「非法則論的一元論」の立場である。(25)

いまや、自分自身の通常の命題的態度に関する《証拠にもとづかない知識》に対する一つの障害は取り除かれた。なぜなら、もしも通常の信念その他の態度が、たとえ部分的には、頭の中にないものにもとづいてそれとして同定されるのであっても、依然として「頭の中に」ありうるのだとするならば、態度の同定に外部的な要因が関与するという事実だけでは、第一人称の権威を脅かすものとはなりえないからである。

しかし、困難がまだ残っているように見える。たしかに、私の日焼けは、太陽との関係を抜きには日焼けとして記述できないものの、そうした外部的な要因への言及なしにも記述できる私の肌の状態である。しかし、もしも私が、すべての物理科学に通じているが、私の肌にしか接することができず、肌の条件の来歴について知識がないとすれば、仮定により、私には自分が日焼けしていることを知るすべがない。そうすると、ことによれば、人が自分の心の内容に関して第一人称の権威をもつのは、それらの内容が外部的要因への言及なしに記述できる場合にかぎられるのかもしれない。内容が外部的要因にもとづいて同定されているかぎりで、第一人称の権威は必然的に失われる。私は自分の肌を調べて、私のプライベートな、あるいは「狭い」条件がどのようであるかを知りうるが、このかぎられた領域内で私が知りうるものは、私が日焼けしていることを教えてくれない。水を指示し水について考えることと、双子水を指示し双子水について考えることとのあいだの違いは、日焼けしていることと、別の原因から私の肌がそれと同じ状態になっていることとのあいだの違いと、類似のものである。意味論的な相違は外部世界にあり、主観的な知識の領域を越えている。そう論じられることだろう。

皮膚科医のかぎられた観察と、視野の狭い心の目とのあいだの以上のような類比は、根本的にまちがっている。この類比の魅力はひとえに、心についてのまちがった見解に由来している。それは、通常の心理状態の主観的性格を攻撃する人が、攻撃される側と共有している見解である。もしもわれわれがこの見解を放棄する気になれれば、もはや第一人称の権威は問題とは見なされないだろう。それどころか、第一人称の権威は、それを覆すと目されていた社会的・公的な要因に依存し、それによって説明されることがあきらかになるだろう。

われわれの哲学的伝統に深く染み込んでいるために、その最悪の欠陥が認められ攻撃されているときにすら、その影響を免れることが困難であるような、心についてのある描像がある。その一つの粗雑ながらよく知られた形態は、次のようなものである。心は一種の劇場であり、その中で意識的な自己が、移り行く出し物（壁に映された影）を見ている。出し物は「現れ」、センスデータ、クオリア、経験への所与からなっている。舞台に現れるものは、外部に向けられた目が記録し、心が愛好するような世界内の通常の対象ではなく、その代理と称されるものである。われわれが外部の世界について知る事柄はどれも、われわれが内部の手がかりから収集できるものに依存している。

心的なものについてのこうした記述に関して最初からあきらかな困難は、内部から外部にいたる信頼のおける通路を切り開くことがどうして可能なのかが分からないことである。もう一つの顕著な、しかし理解されることが比較的少ない困難は、この描像の中での自己の位置づけである。なぜなら、一方において、自己は、劇場と舞台と俳優と観客とを含んでいるように思われるが、他方において、知られ記録されるものはもっぱら観客に属しているからである。この第二の問題は、心の対象の位置づけの問題、と言い換えることもできる。心の対象は心の中にあるのか、それとも心によって見られるだけなのか。

私がここで論じたいのは、センスデータといった（現在では大方の人が否認している）心の対象ではなく、判断と関わるその従兄弟、つまりいわゆる《命題的態度の対象》である。それを命題と考えるか、命題のトークン、表象、「メンタリーズ（心語 mentalese）」の断片と考えるかの違いは、ここでは問題ではない。私が攻撃したい中心的な考え方は、それらが心によって「抱かれ」「把握され」「面前に置かれ」「直認され」うる存在者だというものである。（次のようなメタファーが有益かもしれない。のぞき見趣味の人は心の目の前に表象をもつことを望むだけだが、もっと強引な人は、それをものにする。イギリス人なら心の内容を察するだけでとどめるところで、もっと人なつこい人は同じ思いを心に抱く。）

以上に述べたような心の描像にとって、外部的な要因が心の状態の個別化に関与するという発見がいかに不都合なものであるかは、容易に見て取れる。理由は以下のとおりである。もしも、心がある状態におかれることが、心がある対象に対して一定の関係をもつことであるならば、その対象がどんな対象であるかを決定する助けとなるものはどれも、心が自分のおかれている状態を知るさいにも把握されていなければならない。こうした事情がとりわけあきらかなのは、外部の対象が、心の面前にある対象の「構成要素」となっている場合である。しかし、いずれにしろ、問題の心的状態におかれている人は、自分がどんな心的状態におかれているのかを知らないことがありうる。

ここまでくると、主観的なもの——心の状態——という概念が分解するように見える。一方には、真に内的な状態があり、心がそれに関して権威を保持している。他方には、信念、欲求、意図、意味といった通常の意味での状態があるが、これらは社会的で公的な世界との必然的なつながりによって汚染されている。

こうした事情とよく似ているのが、皮膚を調べても、それが日焼けなのかその他の原因をもつそれと

「同じ」状態なのかを見分けられない日焼けの専門家の問題である。日焼けの問題を解くには、日焼けと日焼けもどきを区別すればよい。日焼けもどきというのは、日光に起因しているかどうかを問題としない点を除けば日焼けとそっくりな状態のことである。専門家は、ただ見るだけで日焼けもどきを識別できるが、日焼けを識別することはできない。このような解決法が有効なのは、皮膚の状態が、心の対象とは違って、問題の状態が成り立っているかどうかをたんに見るだけで識別できる特別な人の存在を要求しないからである。

　心的な状態の場合の解決はそれとは異なり、もっと単純である。つまり、心の面前にある対象というメタファーを除去すればいいのである。心に「与えられた」ものとしての知覚、センスデータ、経験の流れといった観念をほとんどの人が放棄したのは、もうずいぶん前のことである。命題的対象もそれと同様の扱いを受けるべきである。もちろん、人々は信念や願いや疑い等々をもつ。しかし、それを認めることはけっして、信念や願いや疑いが心の中や面前にある存在者であるとか、それらの状態に置かれるためにはそれに対応した心的対象が存在しなければならないとかという見方を促すものではない。

　この点は以前からさまざまな言い回しで指摘されてきたが、私の場合の理由はそれとは別のところにある。たとえば、存在論上の懸念は私の関心事ではない。信念のような態度を記述し同定するには、つねに無数の対象の助けが必要になるだろう。いまのところ私は、信念文や、他の態度を帰属させる文が、関係的な性格をもたないと言うつもりはない。私が提案しているのは、われわれがある人の態度を記述するためにその人と関係づける対象が、いかなる意味においても心理的な対象――記述されている態度をもつ当人によって把握され、知られ、抱かれているべき対象――である必要はないということである。

　この点もまた、おなじみの論点である。クワインは、われわれの言語を知らない人の考えを記録するさいにはわれわれ自身の文を用いてもよいという見方を述べるとき、右と同様の論点を提示している。クワインの関心は意味論にあり、この文脈では態度の認識論的および心理学的な側面には触れていない。われわれはこれらの多様な関心を統合する必要がある。態度に関する文は関係的である。それゆえ、意味論的な理由から、態度をもつ人と関係づけられるべき対象が存在しなければならない。しかし、態度をもつことは、心の面前に存在者をもつことではない。なぜなら、強力な心理学的および認識論的な理由からして、心の対象が存在することは否定しなければならないからである。

困難の源は、思考をもつとは心の面前に対象をもつことだというドグマにある。パトナムとフォーダー(また他の多くの人々)は二種類の対象を区別した。真に内的で、「心の面前に」あり心によって「把握される」対象と、思考を通常の仕方で同定する対象である。これら二つの目的に適うような対象が存在しえないという点には私も同意する。パトナム(および私が触れた他の哲学者たちの一部)は、困難の源を、部分的には外部的な関係によって同定される対象が、心の面前にある対象と一致するとは見なしがたいという事実に求めた。心はその外部的な関係を知らないかもしれないから、というわけである。それはおそらくそのとおりだろう。しかし、だからといって、ここで求められている一致を保証するような他の対象を見いだしうるということにはならない。なぜなら、もしも問題の対象が世界とつながりをもたないならば、われわれは心の面前に対象をもっていても、それによって世界について学ぶことはできず、また、同じことの裏返しとして、他人の内にそのような思考を探り当てることもできないだろう。それゆえ、心の面前にあるものは、外部とのつながりを——つまり意味論を——内蔵したものではありえないと思われる。他方、もしも問題の対象が世界とつながりをもつなら、それはいま問題となっている意味において完全に心の面前にあることはできない。しかし、もしも意味論的な対象がその意味論的側面に関して心の面前にありうるのでないとすると、そのような対象にもとづいて理解された思考は、センスデータと同じ運命を免れない。

　基本的な困難は単純である。もしも思考をもつことが、「心の面前に」対象をもつことであり、また、その対象の同一性が思考の何たるかを決めるのだとしたら、自分が考えている事柄について誤りをおかすことはつねに可能なのでなければならない。なぜなら、問題の対象に関するすべての事柄を知っているのでないかぎり、われわれは、つねにある意味では、それがどんな対象であるかを知らないことになるからである。人と対象とのあいだに次のような関係を見いだそうとする多くの試みが行なわれてきた。すなわち、どのような文脈においてであれ、問題の人が問題の対象の何であるかを知っているという言い方が直観的に正しいときに、しかもそのときにかぎって成り立つような、人と対象とのあいだの関係、である。しかし、それらの試みはどれも失敗に終わった。そして、私見では、その理由はあきらかである。「心の面前に」あることと、思考の内容を決定すること、という一組の要求を満たす唯一の対象は、ヒュームの観念や印象のように、「見かけどおりにあり、かつあるとおりに見えるもの」でなければならない。そのような対象は、公的にも私的にも、抽象的にも具体的にも、存在しない。

　バージ、パトナム、デネット、フォーダー、スティッチ、カプラン、エヴァンズらをはじめとする多くの人々の議論は、命題が、思考の内容を決定すると同時に主観的に確実であることはできないことをあきらかにしているが、私の考えでは、それらの議論はどれも、右に略述した単純で一般的な議論の変奏である。その任務を果たせないのは命題ばかりではない。どんな対象にもそれは果たせない。

　思考が神秘的な対象をもたねばならないという仮定から解放されさえすれば分かるように、常識的な意味での心的状態が部分的にその自然的な来歴によって同定されるという事実は、心的状態の内的な性格をそこなうものではなく、第一人称の権威を脅かすものでもない。そして、それは第一人称の権威の説明に道を開くものでもある。説明の端緒となるのは次のような認識である。すなわち、人の言葉が意味する事柄は、最も基礎的なケースでは、その人がその言葉を適用可能だと考えるきっかけとなった原因に当たる種類の対象や出来事に、依存しているということである。人の思考の主題に関しても同様のことが成り立つ。他人の言葉や思考を解釈する人は、他人を理解するにあたって、断片的な情報や、運よく持ちあわせている技能や、想像的な推測に頼らなければならない。しかし、当の本人は、自分がそれらの言葉を概して正しい対象や出来事に適用しているかどうかを思い迷える立場にはいない。なぜなら、何であれ、その人がそれらの言葉を規則的に適用するものが、その人の言葉に意味を与え、その人の思考に内容を与えるのだからである。もちろん、特定のどのケースを取っても、その人が世界について信じている事柄にはまちがいの可能性がある。不可能なのは、その人がほとんどの場合にまちがっていることである。理由はあきらかである。すなわち、話し手が自分の意味している事柄を知っている、つまり自分の言語を正しく把握しているという推定が成り立たなければ、解釈者が解釈すべきものも存在しないことになる、ということである。別の言い方をすれば、自分の言葉の適用を規則的に誤るということは、ありえないのである。第一人称の権威、言語の社会的性格、思考と意味の外部的決定の三者は、主観的なものの神話、つまり思考には心的な対象が必要だという考えを放棄しさえすれば、自ずと調和するのである。

原注

（1） Graham Wallas, *The Art of Thought.*

(2) Hilary Putnam, 'The Meaning of "Meaning"', p. 227.〔邦訳、一六七頁〕

(3) 私はここで独創性を主張するつもりはない。スティーヴン・スティッチは 'Autonomous Psychology and the Belief-Desire Thesis', p. 573ffでこれとよく似た例を使っている。強調しておかねばならないが、私は偶然的ないし人為的に作られた対象が思考能力を持ちえないと言うつもりはない。スワンプマンも、時が経ちさえすれば、彼が世界内の事柄について話したり、それを記憶したり同定したり、それについて考えたりしているという主張を有意味なものとするような因果的な来歴を手に入れる。（この点には後ほど改めて触れる。）

(4) Hilary Putnam, 'The Meaning of "Meaning"', p. 227.〔邦訳、一六七頁〕

(5) John Searle, *Intentionality*; Tyler Burge, 'Individualism and Psychology'.

(6) Hilary Putnam, 'The Meaning of "Meaning"', pp. 245–6.〔邦訳、一九八〜九頁〕

(7) Jerry Fodor, 'Cognitive Science and the Twin Earth Problem', p. 103.〔邦訳、二二五〜六頁〕また彼の論文 'Methodological Solipsism Considered as a Research Strategy in Cognitive Psychology', pp. 63–73も参照のこと。

(8) John Searle, *Intentionality*, ch. 8.

(9) Andrew Woodfield, 'Introduction', in Woodfield (ed.), *Thought and Object*, p. viii.

(10) Daniel Dennett, 'Beyond Belief', p. 76.〔邦訳、二一六頁〕

(11) Tyler Burge, 'Other Bodies', 'Individualism and the Mental', 'Two Thought Experiments Reviewed', pp. 284–93.

(12) Jerry Fodor, 'Methodological Solipsism Considered as a Research Strategy in Cognitive Psychology'.

(13) Stephen Stich, *From Folk Psychology to Cognitive Science*.

(14) 例えば次を参照のこと。Gareth Evans, *The Varieties of Reference*, pp. 45, 199, 201.

(15) Tyler Burge, 'Individualism and the Mental', p. 83.〔邦訳、一九〇頁〕

(16) Ibid., pp. 90, 102, 104.〔邦訳、二〇四頁、二三〇頁、二三六頁〕

(17) われわれがふつう、ある人がその言葉によって意味する事柄を、その人の属する言語共同体の他の人々が意味する事柄にほかならないと解し、問題の人が他の人々の意味する事柄を知っているかどうかを問題にしないのは、バージによれば、「人々は誤用や誤解が問題であるときには自他を共同体の標準に合わせることが多い」

ためなのだという。バージはまた、この種の事例は「共同的な実践への一定の責任に依存している」とも言う(ibid., p. 90)。私はそのような現象が存在することは疑問視しないが、しかし、それがバージの想定している結論に貢献するかどうかは、私には疑問である。(a)人には自分の言葉が意味する事柄を知っている責任があるという見方は、多くの場合には理に適っている。そのような場合には、その人を、当人は知らないような立場、当人は自分がそのような立場を取っているとは思っていないような立場に立っていると見なすこともできよう。このことは、彼らがその言葉によって意味した事柄や、彼らが信じていた事柄とは、(直接には)何の関係も持たない。(b)よき市民、よき親であろうとするかぎり、われわれは、コミュニケーションが成功する公算を高めるような実践を促そうと望む。そして、他人と同様と思われる仕方で言葉を用いるならば、コミュニケーションが促進される。このような考えは(正しいかどうかは別として)、一部の人々が規則一点張りの態度で意味と信念を帰属させがちである理由を説明する助けになるかもしれない。そのような人々は従順な態度を促しているのである。(c)理解されることを望む話し手は、自分の言葉が一定の方針に沿って解釈されること(したがってまた解釈されうること)を意図していなければならない。他人と同様と思われる仕方で言葉を使うことは、このような意図を実現する一つの手段である(ただし、そうはならないことも多いが)。同様に、話し手を理解したいと望む聞き手は、話し手の言葉を、話し手が意図した仕方で解釈しようと意図していなければならない(その解釈が「標準的」なものであるかどうかは別として)。こうした相互的な意図が道徳的に重要であるような状況は数かぎりなく存在するが、それらの状況は、人が心に抱いている事柄の決定とは何ら必然的つながりを持たない。

(18) Tyler Burge, 'Two Thought Experiments Reviewed', p. 289.

(19) バージは言語とはまったくかかわりを持たない思考実験を記述している。彼はそれらの思考実験の一つに促されて、アルミニウムのない環境で育った人は「アルミニウムについての思考」を持ちえないだろうと主張している('Individualism and Psychology', p. 5)。バージはそのように考えるべき理由を述べていないが、しかし、この論点を提示するために、反事実的な仮定が必要だという点は、けっしてあきらかなことではない。いずれにしろ、この新しい思考実験は、論文「個体主義と心的なもの(Individualism and the Mental)」で引き合いに出された直観とはまったく異なる直観にもとづくものだと思われる。新しい実験において社会的な規範がどのような役割を演ずるのかはあきらかではなく、また、共同体の言語習慣はあきらかに〔この実験とは〕無関係である。この点に関しては、バージの立場は私の立場に近いのかもしれない。

(20) Tyler Burge, 'Two Thought Experiments Reviewed', p. 288.

(21) 'The Meaning of "Meaning"', p. 227.〔邦訳、一六七頁〕

(22) Andrew Woodfield, in *Thought and Object*, p. viii.

(23) 'Individualism and the Mental', p. 111.〔邦訳、二四九〜五〇頁〕

(24) 'Individualism and Psychology', p. 15 n. 7. Cf. 'Individualism and the Mental', p. 111.〔邦訳、二五〇頁〕

(25) 'Mental Events', in Donald Davidson, *Essays on Actions and Events*.〔邦訳『行為と出来事』の第八章「心的出来事」〕

第3論文

主観的なものの神話

1988

この論文が扱うのはある古い話題である。すなわち、人間の心と自然のその他の部分との関係や、あるいは——われわれはその二つのあいだの関係をこう考えるようになったのだが——主観的なものと客観的なものとの関係といった話題である。そうした二元論は、かなり疑いようもなくあきらかなことだと思うが、われわれの伝統において、関連する多くの諸観念を、非常に大きなかならずしもそれにふさわしくない重荷として背負わされてきた。それらの観念のうちのいくつかはいまや批判的検討の対象となり、その結果は、現代の哲学的思潮における大きな変化の目印となりつつある。この論文は、懐疑論者を改宗させることを第一の目的とするものではない（その傾向があることはたしかだが）。本稿の主たる目的は、心の内容に関して近年の思潮において起こった非常に広く知られたある展開について、一つの観点から記述することである。そして、その展開の結果生じると私が考えるいくつかの帰結を示すことである。

心は多数であり自然は一つである。われわれはみな世界の中で自分の居場所をもち、世界に対して自分自身の眺望を持っている。だがわれわれは、この些末な真理から容易に道を踏み外し、概念相対主義というある種混乱した考えへと流れてしまう。前者の無害な相対主義は、時間と空間における位置に関するおなじみの相対主義にすぎない。われわれはみな、時空間のある一画を占拠しているため、二人の人間が同時にまったく同じ場所に存在することはできない。われわれの居場所のあいだの関係が理解可能であるのは、われわれがそれぞれの人間を、単一の共通世界と共有された時間枠の内部に位置づけることができるからなのである。

概念相対主義もそれに似たものに思えるかもしれないが、そのじつアナロジーはほとんど成り立たない。そもそも、それぞれの枠組みがそれに対し相対的になるような共通の参照点あるいは座標系とは、いったい何なのだろうか。この問いに対する適切な答えがないかぎり、われわれの誰もがあるいみでそれぞれ自分自身の世界に住んでいるという主張は、理解可能なものとならない。

この点や他のいくつかの理由から、私はずっと、個人の思考の体系や社会的な思想体系間に存在しうる相違には一定の限度があると考えてきた。もし概念相対主義ということで、われわれの概念枠や道徳の体系やそれらと結びついた言語がきわめて大幅に——すなわち、互いに理解不可能であったり、共約不可能であったり、合理的な解決が永遠に不可能であったりするほど大幅に——異なりうるという考えが意味されているのだとすれば、私は、概念相対主義を退ける。[1] もちろん、時代ごとに、文化ごとに、あるいはそれぞれの個人ごとに、相違はある。そのような相違は、われわれの誰もが認識し、日々格闘している相違である。しかしそれらの相違は、共感と努力によって、説明され、理解されうるものである。困難が生じるのは、それより包括的な相違がありうるという考えをわれわれが抱こうとしたときである。というのも、その考えは、（不条理にも）われわれ自身の思考の外部に位置するような立場を取ることをわれわれに要求すると思われるからである。

そのような真に外部的な枠組みという観念は、理解できないものである。われわれは、心の状態とはどのようなものであり、それらがどのようにして正しく同定されるかについて知っている。心の状態とはまさに、その内容がよく知られた方法で発見できるような種類の状態である。もし他の人々や他の生命体がそうしたなじみの方法で発見されないような状態にあるならば、それは、われわれの方法がうまく機能していないからではありえない。そうではなく、それらの状態が、正しく「心の状態」と呼びうるようなものでないからである。つまりそれらは、信念でも欲求でも希望でも意図でもないのである。永遠にわれわれの把握を超えた概念枠という観念の無意味さは、そのような枠組みを理解する能力の欠如や、あるいは人間のその他の限界などに由来するわけではない。それはまさに、概念体系ということでわれわれが何を意味するのかに由来しているのである。

このような論法には多くの哲学者が満足しないだろう。というのも、彼らは概念相対主義を理解可能にしうる別の道があると考えるからである。つまり、心の中に、何らかのまだ概念的解釈にさらされていない要素を見つけることがもしできるなら、そのような概念相対主義にも意味が与えられるように思えるわけである。そのとき、多種多様な枠組みはその共通要素に相対的であると見なされ、それぞれが共通要素を組織化する役割を与えられることになる。ここで言う共通要素とは、もちろん、カントの直観、ヒュームの印象と観念、センスデータ、解釈されていない感覚、感覚的な所与といったものの一変種である。カントは、ただ一つの枠組みだけが可能であると考えた。しかし枠組みと内容という二元論がひとたび明示されれば、別の代替的枠組みの可能性というものがあきらかになってくる。複数の枠組みの選択肢があるという考え方は、C・I・ルイスの著作において明示されている。「われわれの認知的経験には二つの要素がある。一つは、直接的な所与、すなわち感覚における所与のような、心に現前したり与えられたりする所与であり、もう一つは、思考の活動を表現する形式、構成、ないしは解釈である。」(2)

概念枠の機能をこのような仕方で理解できるとすれば、非常にかけ離れた枠組みをどう解読すればよいのかについて疑問があるにしても、相対主義が抽象的には可能であるように見えるだろう。すなわちそのように理解された場合、相対主義とは、異なる枠組みないし言語が、経験に与えられたものを組織化する異なった仕方を構成する、というものになるだろう。そうした説明に従えば、それらの枠組みを見渡せる一つの観点というものは存在せず、またおそらくそれらを一般的に比較したり評価したりする仕方も存在しないだろうということになる。それでも、枠組みと内容の二分法が理解できると考えるかぎり、われわれは、さまざまな心や文化によってさまざまに加工される前の、汚されていない経験の流れなるものを想像することができる。そのような仕方で概念相対主義に対し、いくつもの代替的枠組みが関係づけられる一つの要素を与えることができる、と考えられるかもしれない。その要素とは、解釈されていない所与であり、カテゴリー化されていない経験の内容である。

心とその自然の中での位置づけに関する以上の描像が、近代哲学が解決すべきとされる多くの問題を規定することとなった。それらの問題の中には知識に関する問題がある。つまり、われわれは外部世界をどのようにして知るのか、他人の心をどのようにして知るのかといった問題がそれであり、さらには自分自身の心の内容をどのようにして知るのかという問題さえそうした種類の問題であるだろう。だがわれわれは、道徳的な知識の本性の問題や、知覚の分析の問題、そして心理学の哲学や意味の理論における多くの難問もまた、そこに含めなければならない。

こうしたさまざまな問題のカタログに対応して、枠組みと内容の対比と見なされるものを定式化するさまざまな仕方の長いリストがある。枠組みはたとえば、イデオロギー[1]、つまり、経験を物体や出来事や状態やそれらの複合体へと組織化するのに適した一群の概念と見なされることがある。あるいはまた、枠組みは、そうしたイデオロギーに仕えると解される、述語や関連する道具立てをおそらく伴った、言語であるかもしれない。枠組みの内容は、特殊な種類の対象でありうるだろう。たとえばセンスデータや、知覚像や、印象や、感覚、現象といったような。あるいはそうした対象は、経験の副詞的修飾へと解消されるかもしれない。すなわち、われわれは「赤く現象されている」といった具合に。哲学者はこれまで、所与の内容を言葉にするやり方を見つけだすためにいろいろな工夫を凝らしてきた。その中にはたとえば、「赤、ここ、いま」といった動詞のない奇妙な文もあれば、論理実証主義者たちが争ったプロトコル文の多種多様な定式化などもある。

内容を言葉で表現することはかならずしも必要ではないし、いくつかの見解に従えば、可能でもない。枠組みと内容の区別は、分析的と総合的の区別や、センスデータや、あるいは理論から自由な思考や経験がありうるという仮定が取り除かれた環境でも、生き延びることができる。私が正しければ、それはW・V・クワインが提供した環境である。クワインの「自然化された認識論」によれば、われわれが知識の哲学に求めるべきであるのは、たかだか、われわれが基づくべき証拠があったとして、そこからいかにして世界についての満足のいく理論を形成できるかについての説明だけである。この説明は、われわれが手にしている最良の理論、すなわち現在の科学に依拠する形で行なわれる。文の意味やわれわれの知識のすべてが最終的に依存する証拠とは、われわれの感覚器官における刺激過程によって与えられるものである。「周囲で起こること」についての唯一の手がかりをある人に与えるのは、これらの刺激過程にほかならない。クワインはもちろん還元主義者ではない。「われわれは概念的装具を文単位で取り外すことができない」。にもかかわらずクワインによれば、変わることのない内容とさまざまに変わりうる概念的装具のあいだには——つまり「報告と発明、実質と様式、手がかりと概念化」のあいだには——、明確な区別が立てられなければならないのである。というのも、

われわれは世界を、そしてその一部としての人間を研究し、人間の周りで起こることについてかれがどんな手がかりを手にしうるかを見出すことはできる。かれの世界観から手がかりを差し引くと、その差として人間の純寄与物が得られる。人間の概念的主権の及ぶ範囲、すなわち、所与をそのままにしつつ理論を改訂しうる範囲は、まさにこの差にはっきりと見られるのである。(3)

世界観と手がかり。理論と所与。これらは、私が述べてきた、枠組みと内容にほかならない。

それゆえ問題は、データを、中立的で理論から自由な語彙によって記述できるかどうかではない。問題なのは、何のための証拠であるかに言及することなく十全にその性格を特定できるような証拠の究極の源が、存在するかどうかである。たとえば、刺激過程のパターンは、センスデータと同様、「われわれの周囲で何が起こっているか」に言及することなく同定され記述されうる。もし世界についてのわれわれの知識がこの種の証拠に完全に由来するのだとすれば、われわれの感官がときにわれわれを欺きうるというだけではない。系統的かつ全般的に、われわれが欺かれているということもありうることになるのである。

何がこうした見方を促進しているかは容易に思いつくであろう。すなわちそれは、主観にとっての証拠の権威を保証するために、究極的な証拠源を外部世界から隔離する必要がある、という考え方である。心の外部の世界がどのようなものであるかについてわれわれは確実でありえないので、主観的なものは、世界による汚染から防護することによってのみ、その美徳――純潔性や、われわれにとっての確実性――を維持することができるというわけである。おなじみの難問は、もちろん、この隔離によっていかなる推論や構成によってももっともな仕方で架橋できないギャップが作りだされるというものである。ひとたびこのような出発点が選ばれたならば、証拠が何のための証拠であるかを述べる方法は存在しない。もしくは、存在しないように思われる。こうして、観念論や、経験主義の還元主義的形態、あるいは懐疑論の影が無気味に迫ってくる。

以上はよく知られた話である。だが大急ぎでもう一区切りだけ話を続けさせていただきたい。もし枠組みや理論のための究極の証拠、つまり枠組みや理論の基礎となる生の素材が、私が述べたような仕方で主観的であるとするならば、それに直接的に依拠するものもまた、何であれ主観的である。つまり、われわれの信念や欲求や意図、そしてわれわれの言葉で意味されるものもまた主観的なのである。それらのものはいずれも、われわれの「世界観」が産み出す子供たちなのであるが――それどころかそれらが一体となってまさにわれわれの世界観を構成しているのだが――、にもかかわらず、それらが関わっているとされるものからのデカルト的な独立性を保持することになる。それは、それらが依拠している証拠がそうした独立性をもつのと同様である。つまりそれらのものは、感覚と同様に、世界がどれだけ違っていようと、現にあるとおりのものでありつづけることができるのだ。われわれの信念は客観的な何かを表象していると言われる。しかしその一方で、信念の主観的な性格が、信念によって表象されているかに見えるものと信念とが対応しているのかどうかを決定するための第一歩を、われわれに踏み出させないようにしてしまうのである。

したがって、近代哲学の問題を支配し、かつ規定しつづけてきたのは枠組みと内容の二元論なのだと言う代わりに、客観的なものと主観的なものの二元論を捉えるその仕方がそのような支配と規定を行なってきたのだ、と述べても同様にかまわない。なぜならそれらの二つの二元論は共通の起源をもつからである。すなわち、私秘的な状態と対象をもった心という概念である。

たどり着こうとしていたポイントにようやく話がたどり着いた。というのも、今日の哲学において起こっている最も有望で興味深い変化は、これらの二元論があらたな仕方で疑問視され、根底的に作りなおされようとしている点にあると、私には思われるからである。それらが放棄される公算は大きい。すくなくとも現在の形での二元論は放棄されるだろう。われわれが見届けようとしているのは、心と世界との関係についての改訂された見解の出現である。

話は主観性——すなわち「心の中」にあるもの——の概念を中心に動いてきた。まず、われわれが語や文の意味を知るときに何を知り、何を把握するかから始めてみよう。経験主義の伝統において次のことは平凡な常識になっている。われわれは、最初の単語（出発点においては文の機能をもつ）——「リンゴ」、「人」、「犬」、「水」といった言葉——を、公共空間の中のひとかたまりの適切な物体に対する言語行動や音声の条件づけを通して学習する。条件づけが最もうまくいくのは、対象が学習者の興味をひき、かつ教師や生徒に見落されたりしにくい場合である。だが重要なのは次の点である。以上のストーリーは、たんにわれわれが言葉の使い方をどのようにして学ぶかについての話であるだけでなく、同時に、言葉が何を指示し何を意味するのかについての適切な説明の本質的な部分をなすものでもなければならない。

言うまでもなく全体の話がこれほど単純なわけはない。しかし他方で、言語使用者と公共の出来事や物体とのあいだのこの種の直接的な相互作用が、話全体の基礎的部分——学習者の言葉がどのように物に関わるのかを、直接的または間接的に、大部分決定するような部分——でないということも信じがたいだろう。一つの帰結は、話し手から話し手への、そして話される対象、話し手、言語学習者へとつながる因果連鎖を構成するメカニズムの細部が、それ自体意味や指示にとって重要ではない、ということである。意味の把握は、条件づけ過程の末端要素によって決定づけられ、そしてその最終的産物によってのみテストされる。最終的産物とはつまり、適切な対象や状況と噛み合った言語使用である。このことを理解するには、おそらく次の点に注目するのがいちばんよいだろう。つまり、ある表現で「同じことを意味する」二人の話し手が共有していなければならないのは、せいぜい適切な言語行動に対する傾向性以外にない、という点である。神経ネットワークなどは互いに大きく異なっていてもよいのだ。論点は逆向きに述べることもできる。すなわち、二人の話し手が「関連する」物理的な点でそっくりだったとしても、言葉を学んだときの外的状況が異なっていれば、二人は同じ言葉で異なることを意味しているかもしれない。したがって、主観的あるいは心的なものが人間の物理的な特徴にスーパーヴィーンし、それ以外のものにスーパーヴィーンしないと考えられるかぎり、意味は、純粋に主観的あるいは心的なものとなりえない。ヒラリー・パトナムの（誤解を招く）言い方によれば、「意味は頭の中にはない」のである(4)。ポイントは、話し手が意味することの正確な解釈が、話し手の頭の中にあるものだけによって決定されない、ということである。つまり頭の中にあるものの自然的な来歴にも依存するということである。パトナムの論証はかなり精巧に組み立てられた思考実験に依拠しており、何人かの哲学者はその思考実験に納得していない。だがこの論点は、言語習得に関するいくつかの明白な事実と、なじみのない言葉や言語をわれわれがどう解釈するかに関する諸事実に直接訴えることで、最もうまく論証することができる。(5) 論証に関連する事実については上ですでに言及されている。最も単純かつ基礎的なケースでは、語や文は、その意味を、語や文が学ばれるさいに存在している対象や状況から得る。たとえば、火の存在によって真と見なすことが促されるよう学習過程を通じてわれわれが条件づけされている文は、火が目の前に存在するときに（通常）真であるだろう。また蛇の存在によってそれを適用可能だと考えるようになるよう条件づけされている語は、蛇を指示するだろう。もちろん、非常に多くの語や文はこのような仕方では学習されない。しかし言語を世界へと錨留するのは、こうした種類の語や文なのである。

もし文の意味が命題であり、命題が信念や意図や欲求といった態度の対象であるならば、意味について以上で述べたことは、すべての命題的態度についても真であると見なさなければならない。だがこの要点は、命題や、態度の対象とされるその他のものに頼らずとも述べることができる。というのも、話し手が一般に自分の思考を言語で表現できるという事実から、意味の主観性が疑わしいのと同程度に、思考一般の主観性も疑わしいということが帰結するからである。

知識の理論に対しこれらの考察からもたらされるものは革命的である。最も基礎的なケースにおいて、言葉と思考が、必然的に、通常それらの原因となるような種類の物体や出来事についてのものであるのだとすれば、そのような物体や出来事の存在の独立性についてデカルト的な懐疑が生じる余地はないことになる。もちろん疑いはありうるだろう。しかし、世界の本性についてわれわれがおおむね正しいことを確信するのに、疑いの余地なく正しい何かが存在する必要はない。ときとして懐疑論は、単純な誤謬に基づいているように思われる。単純な誤謬とは、われわれがそれについて誤りえない何かなど存在しないという事実から、あらゆることについてわれわれが誤っていることが可能であるという結論へと推論してしまう誤謬である。この結論の可能性は次の点を受けいれれば排除されるだろう。すなわち、最も単純な文に意味を与えるのは、一般にわれわれがその文を真もしくは偽と見なすことの原因となるような状況である。そしてそれは、自分が理解する文を真もしくは偽と見なすことが、信念をもつということだからである。この線に沿って進むなら、感官の触発についての全般的な懐疑論は、そもそも定式化することすらできない。なぜなら、心の内容が、態度と世界のあいだのとにかく何であれ因果関係に依存しているのであれば、感官もその触発もそもそも信念や意味や知識の説明において重要な理論的役割を演じないからである。もちろんこれは、知識や言語獲得における感官の因果的役割の重要性を否定するものではないのだが。

われわれの耳、目、味蕾、触覚、嗅覚器官が世界についての諸信念を形成するさいに媒介的役割を果たすということは、経験的な偶然である。思考と世界内の物体や出来事とのあいだの因果的つながりは、知覚的な信念の内容や信憑性について哲学的に重要な違いを生みだすことなく、まったく異なる仕方で確立されていたということが可能なのである。ようするに真実は、感覚的経験がひき起こすある特定の信念は、しばしば真であり、それゆえさらなる信念のための適切な理由をしばしば提供する、ということである。

以上のことが正しければ、認識論（ただし、今日では認識論と遠いつながりしかもたないと見なされるようになった知覚研究は、ここで言う認識論からおそらく除外すべきだろう）は、純粋に私秘的で主観的な「心の対象」を基本的に必要としない。それは、「心の対象」を、解釈されていないセンスデータや経験であるとしても、完全に解釈された命題であるとしても、同じである。C・I・ルイスからの引用の中にも述べられていたように、内容と枠組みは一つの対をなしている。それゆえ両者はいっしょに手放してしまってよいのである。ひとたびこの一歩を踏み出せば、表象の問題をひき起こしかねない対象はいっさい残らないだろう。信念は、真であるかまたは偽であるかだが、何も表象しない。表象は排除されてしかるべきであり、またそれとともに真理の対応説も排除されるべきである。なぜなら、相対主義の暗示を生みだしているのは、まさにこの、表象が存在するという考え方だからである。(もちろん、世界の在り方のゆえに真なる信念や思考は真なのだとか、それらは世界を正しく「表象」するといった言い方は、無害である。)

感覚と知覚をめぐっては非常にたくさんの難問がある。だがそれらの難問は、すでに述べたように、認識論の基礎に関わるものではない。感覚において直接的に経験されるものとは何か、またそれが知覚判断とどのような関係をもつのかといった問題は、依然として答えることが難しいが、しかし知識の理論における中心的な問いであるとはもはや考えられない。理由はすでに述べたとおりである。すなわち、たしかに感覚は信念を世界に結びつける因果過程の中で決定的に重要な役割を果たすのであるが、しかし、それらの信念の内容を決定するさいに感覚が認識論的な役割を果たすと考えるのは誤りだからである。この結論を受けいれることによって、われわれは、私がかつて経験主義の第三のドグマと呼んだ、伝統的経験主義の鍵となるドグマを放棄することになる。だがそれは予想された展開である。経験主義とは、主観的なもの(「経験」)が客観的な経験的知識の基礎であるとする見解だからである。私は次のように提唱する。経験的知識にはいかなる認識論的基礎も存在せず、また基礎が存在する必要もない(6)。

信念や欲求やその他の命題的態度が従来考えられてきたような仕方では主観的でないということを認

識すると、そのことによって形を変えるおなじみの問題がもう一つある。それは、人がいかにして他人の心を知るのかという問題である。おそらく次の点は明白であろう。すなわち、もし、われわれの言語理解と、言語理解と思考の内容との関連について私が素描した説明が正しいのであれば、他人の心への接近可能性は最初から保証されていることになる、という点。他人の心を知りうるかどうかついての懐疑論は排除される。もちろん以上のことを認識したとしても、次の問いに答えたことにはならない。すなわち、われわれが思考のパターンに課するどのような概念的条件が、解釈者が他の人間の観察された行動から志向的態度についての知識へと前進することを可能にするのか、という問いである。しかしながら、この問いに答えがあることは、言語と思考が解釈可能であるような本性をもつという事実によって保証されるであろう(7)。

枠組みと内容あるいは主観と客観という二分法に一喜一憂することをやめたからといって、認識論の問題がすべて消滅するなどと考えるべきではない。とはいえ、どの問題が人目を引くかには変化が生じるだろう。全面的な懐疑論者への回答はもはや取り組む価値のある課題ではなくなり、認識論の基礎を前概念的な経験に求めることは的外れと見なされるようになり、そして概念相対主義は魅力を失うはずである。しかし、同じかそれ以上に興味深い問題が数多く残るだろうし、またこの新しいスタンスによって生み出されるだろう。以前に考えられていたような主観的なるものが消滅すれば、われわれは知識の基礎をもたないことになり、基礎づけの必要性からも解放されるが、しかしこんどは誤謬の本性をめぐる新しい問題群に直面することになる。というのも、誤謬というものは、非基礎づけ主義的アプローチに伴われる全体論が何らかの形で制約されるのでないかぎり、同定することも説明することも困難だからである。世界についての知識や他人の心についての知識がそもそも可能であるのかどうかは問題にならない。だが、そうした知識がどのように獲得されるのかといったことや、信念が知識と見なされるために満たさねばならない条件などは、問題として残る。それらの問題は、伝統的な認識論の問題というよりはむしろ、合理性の本性に関する問題である。それらもまた、それらが取って代わった認識論の問題と同様、最終的な答えのない問題である。しかし、それらが取って代わった問題とは異なり、答えようと試みる価値のある問題なのである。

以上に提示してきた論点の多くは、昨今ではかなり広く知られたものとなっている。だが、そこから帰結するわれわれの哲学観の革命が及ぶ範囲については、十分な理解がなされていない。そうした無理解の理由の一部は、新しい反主観主義（そう呼んでよいだろうが）の本性に関するある誤解に求められるかもしれない。以下にそのような誤解を三つ取りあげよう。

1　頭の外部にある要因への意味の依存を、人々は、一般的な論証によってではなくいくつかの例によって納得してきた。そのため、その依存関係は、例の中にくり返し出てくる種類の表現――つまり固有名や、「水」、「金」といった自然種語、あるいは指標詞――に限定されたものだと考えられてしまいがちである。[8]しかし実際にはこの現象は遍在的である。なぜならそれは言語の社会的性格と不可分だからである。その現象は、意味論的トリックによって解決されるローカルな問題ではない。それは思考と発話の本性に関わる完全に一般的な事実なのである。

2　もし信念や欲求や意図や意味といった心的状態が、行為者の物理的状態のみにスーパーヴィーンするのでないとすれば、心的な状態や出来事を身体内部の物理的な状態や出来事と同一視する理論は間違っているはずだ、と論じられてきた。「意味は頭の中にはない」というパトナムの主張はそれを示唆しており、またタイラー・バージとアンドリュー・ウッドフィールドはそれを明示的に主張している。[9]

それらの議論は次のことを前提にしている。すなわち、ある状態や出来事が身体外部のものに言及することによって同定されるなら（心的な状態や出来事についてはおそらく必然的にそうだろうが）、当の状態や出来事自体、部分的に身体の外部にあるのでなければならない。あるいは、すくなくとも身体内部のいかなる出来事とも同一であってはならない。だがこれは単純な誤りであろう。というのもその論法を使うなら、日焼けした皮膚の部分が日焼けした本人の身体に位置しないことさえ論証できるからである（皮膚のその状態は太陽に言及することによって同定されているので）。同様に、心的状態は当人の外部にある出来事や物体との関係によって部分的に特徴づけられるのだが、そのことは、心的状態が当人を越える何かの状態であるということを示すものではないし、また、心的状態が物理的状態と同一でないということを示すものでもない。

3　第三の誤解は第二の誤解と密接に関連している。次のように考える人がいる。もし、ある行為者の思考についての正しい決定がすくなくともある程度それらの思考の因果的な歴史に依存し、かつ、当の行為者がその歴史を知らないことがあるならば、自分が何を考えているのかをその行為者自身が知らないということがあるはずだ（そして同じことは、必要な変更を施せば、行為者が何を意味しているのかや何を意図しているのか等についても言える）。このように新しい反主観主義は、第一人称の権威を脅かすものと見なされる。すなわち、自分自身が何を考え、望み、意図しているかを、人々は一般に、証拠からの推論によらずに、それゆえ他人にはできない仕方で、知っているという事実を、脅かすものと見なされている。そしてそれに対する反応は、心的状態をふたたびその外的な決定要因から隔離するという戦略に頼るというものであった。

しかしそのような戦略は不要である。なぜなら第一人称の権威は脅かされてなどいないからである。

私はハリモグラとヤマアラシの違いを知らないかもしれない。そしてその結果、私は遭遇するすべてのハリモグラをヤマアラシと呼ぶかもしれない。それでも、「ヤマアラシ」という語を私が学んだ環境のゆえに、私の言葉「ヤマアラシ」は、ハリモグラではなくヤマアラシを指示する。つまりヤマアラシこそが、私がその言葉の指示対象だと思っているものであり、また、私が「あれはヤマアラシだ」と正直に肯定するさいに自分が眼前に見ていると信じているところのものである。環境は私が何を意味し何を考えているかを決定するのだが、環境に対する私の無知は、自分が何を意味し何を考えているかを私が知らないということを示す傾向をもつものではない。もしそうでないと考えるならば、世界の他の部分や歴史から独立に現にあるようにありつづけられる主観的な心的状態という観念に、強く執着していることをみずから露呈することになる。

われわれの真の内的生活が脅かされているとする虚想に対するもう一つの反応として次のようなものがある。すなわち、われわれが通常同定している信念やその他の心的状態はたしかに主観的でないということを認めつつ、同時に、それと類似した真に主観的な内的（あるいは「狭い」）心的状態が存在することを主張する、という反応である。その考え方はたとえば次のようなものであろう。私の内的状態も私のふるまいもヤマアラシとハリモグラを区別しないのだから、私がハリモグラ（あるいはヤマアラシ）を見るときにほんとうに信じていることとは、自分の目の前にいるのはある一般的な特徴を備えた一匹の動物だということなのである。ここで言われる一般的な特徴とは、ヤマアラシとハリモグラが実際に共有している特徴のことである。こうした考え方の難点は次のようなものである。すなわち、私の言葉「ヤマアラシ」がヤマアラシだけを指示するということからすれば、私が「あれはヤマアラシだ」と言うとき、私は自分が何を意味しているかを知らないことになるように見えるのである。だがこの魅力的でない解決策は不要である。というのもこの解決策は、何が「内的」であるかに関する誤解に基づいているからである。私の現実の状態と、私がかりに「ヤマアラシ」ではなく「ハリモグラまたはヤマアラシ」や「これこれの性質を備えた動物」のことを意味していて、そしてそのように自分が意味しているものがまさにいると信じているとしたときに、私が置かれていたであろう状態とのあいだに、重要な物理的な違いは存在しない。にもかかわらずそのことから、それらのあいだに心的違いが存在しないという結論は出てこない。(日に焼かれた人の皮膚と太陽灯で焼いた人の皮膚のあいだに物理的に重要な違いはないかもしれない。だが一つの違いがある。一方の状態は太陽にひき起こされたものだが、他方はそうでないのである。心的状態はこの点において日焼けに似ている。)たとえ私がハリモグラをヤマアラシから識別できなくても、私が「ヤマアラシ」の語を使うときに自分が何を意味しているのかを知ることができ、また私がヤマアラシについての思考をもつときに自分が何を信じているのかを知ることができる、と述べることを妨げるものはない。心的な違いとはまさに、目の前にヤマアラシがいるということを意味したり信じたりすることと、ヤマアラシとハリモグラに共通の特徴を備えた生物がいるということを意味したり信じたりすることとの違いなのだが、この心的違いこそが、自分が何を意味し何を考えているのかを私自身が知っているということを保証するために必要な違いなのである。パトナムをはじめ何人かの人々が示したのは、けっきょくこの違いが脳の物理的状態に反映されなくてもよいということにすぎない。

というわけで、真に「内的な」あるいは「狭い」心理状態という新セットを考案したところで、心的なものへ第一人称的権威を取り戻すことにはならない。むしろまったく逆である。とはいえ次のような主張は残るだろう。つまり、心理についての体系的な科学は、行為者の歴史や行為者と外部世界とのその他のつながりに言及することなく同定しうる行為者の状態を必要としている。もしそのような状態がないなら、私が、自分の言葉「ヤマアラシ」によってヤマアラシだけを指示できるにもかかわらず、かりにそうではなく私が「ヤマアラシまたはハリモグラ」のことを（物理的には何の違いもなく）意味しているとしたときとまったく同じように、ヤマアラシとハリモグラを区別できないという事実が、説明不可能になるだろうというわけである。

科学的な心理学の展望はこの論文の話題と直接には関連しない。それゆえ、日常的な信念や欲求よりも行為者の行動をうまく説明するような行為者の内的状態が存在するかどうかといった問題は、ここでは無視できる。しかし、ふつうに理解され同定されている意味での命題的態度よりも主観的と呼ばれるにふさわしい心の状態が存在するかどうか、ということを考えるのは重要である。

二つの提案がこれまでにあった。より穏健な提案（たとえばジェリー・フォーダーの著作に見られるような）は、通常の態度の中から選び出されたある状態群およびその修正物を、真に内的または独我論的な状態と見なそうというものである。ヤマアラシやハリモグラについての思考はそこから除外されるだろう。それらの思考の内容は外部世界との関係によって同定されるものだからである。しかし他方、ある一般的な規準（つまりまさにあるものがたとえばヤマアラシであるかどうかを決定するさいに使われるような規準）を満たす動物についての思考は、そうした状態の一つとして認められるであろう。(10)

このような内的状態は、かりに存在するとすれば、ほとんどどのような基準に照らしても主観的と見なされるだろう。それらは、外部の対象や出来事への言及なしに同定され分類されうる。またそれらは、経験的知識の基礎としての役割を果たすことを求められる。さらに、それらには第一人称の権威がもっともらしく与えられるだろう。しかしながら、そのような状態が存在しないことはあきらかであると思われる。すくなくとも、それらの状態が言葉で表現可能であるとすれば。つまり、「一般的な特徴」や「規準」がヤマアラシを同定するために用いられるわけであるが、それらは、足が四本あるとか、鼻をもつとか、目をもつとか、たくさん針があるとかいったものである。だがこれらの特徴を指示する言葉の意味や、そうした言葉が表現する概念の内容は、どう考えてもあきらかに、「ヤマアラシ」や「ハリモグラ」の場合と同じぐらい、それらの言葉や概念が習得された経緯の自然的来歴に左右されるのである。人間と世界のあいだの因果関係によって（そしてもちろん言葉どうしの関係や概念どうしの関係によって）直接的にまたは間接的に理解や解釈のできないような言葉は存在しないし、また、そうであるような、言葉と結びついた概念も存在しない。

ここにおいて、次のような趣旨の提案が考えられるだろう。すなわち、言葉では表現できない現象的な規準が存在し、公共的に表現可能な規準はそこに還元することができる、という提案である。その種の還元主義的幻想の過去における失敗の記憶は、そうした提案がうまくいくだろうという考えを抑制するのに役立つと期待される。だが、現象主義的還元へのノスタルジックな想いはさておくとしても、外部で何が起こっているかを教える必要な手がかりをいっさい含まない「経験の所与」をかつての哲学者が探し求めたのとまさに同じように、世界の他の部分との関係から切り離されて探知、同定されうる内的な命題的状態を探し求めていくことで心理学を科学的たらしめようとする努力が存在することに気づくことは、有益である。どちらのケースにおいても動機は似ている。つまり、健全な基礎は、それが知識のための基礎であれ心理学のための基礎であれ、非関係的であるといういみで内的な何かを必要とする、と考えられているのである。

第二の、いっそう革命的な提案は、次のようなものである。すなわち、科学的心理学に必要とされる心的状態は、おおむね命題的性格をもつが、通常の信念や欲求や意図とは直接的に関係がない、というものである。(11) それらの状態は、事実上、行動を説明するものとして規定される。そしてそれゆえ、たんに、皮膚の下で起こる物理的な事柄によって特徴づけられるといういみにおいてのみ、それらは内的あるいは主観的であるとされる。しかし、人々は自分たちがいつそのような状態にあるかを観察なしに知ることができる、と想定すべき理由は存在しない。したがって、それらの状態を主観的と呼ぶべき理由もないのである。

要約しよう。私は「心の内容」について関連し合う五つの論点をここまでで述べた。

1 疑惑や願望や信念や欲求といった心の状態は、それらが習得された社会的・歴史的文脈によって部分的に同定される。この点においてそれらは、雪盲やソラマメ中毒症（ソラマメの摂取によってひき起こされる疾患）といった、原因によって同定される他の状態に似ている。

2 そのことはしかし心の状態がある人物の物理的状態でないということを示すものではない。われわれが出来事や状態をどのように記述しどのように同定するかは、その出来事や状態がどこに位置しているのかということと、直接的には関係がない。

3 心の状態が、話し手によって意味されるものも含めて、外部の対象や出来事との因果関係によって同定されるという事実は、コミュニケーションの可能性にとって本質的である。そしてその事実が、一つの心を他の心に原理的に接近可能にしている。しかし、心のもつこの公共的で相互作用的な側面は、第一人称的権威の重要性を減じるものではない。

4　解釈されていない経験とそれを組織化する概念枠とのあいだに基礎的な区分が存在するという考えは、重大な誤りである。この誤りは、心を内的な光景の受動的だが批評的な観客と見なす、本質的に不整合な描像から生じたものである。知識についての適切な説明は、センスデータやクオリアや生の感じといった認識論的媒介物に頼ったりはしない。その結果、感覚についての全面的な懐疑論は、われわれが整合的に維持しうる立場ではなくなる。

5　私は「思考の対象」を措定することに対して反論を行なった。センスデータを典型として考える場合であれ、命題的性格をもつものとして考える場合であれ、私はそれらを措定することに反対した。心の状態は数多く存在する。しかし心の状態を記述するために、心が観想し熟視する幽霊のような存在者は必要ない。そのような存在者が不要であるということは、悩まされてきた多くの問題が解決されるというよりは、消去されるということである。なぜなら、そのような対象が存在しないならば、われわれは、そうした対象がいかにして世界を表象するのかと問うことはできないし、また、心がいかにしてそれらの対象を直接的に認識しうるかといった問いに悩むこともないからである。

主観性の概念に何が残されているのか。私が理解しうるかぎり、伝統的に主観的なものの特徴であると見なされてきたもののうち、二つは残される。まず、思考は私的《プライベート》である。財産が私的でありうる、つまり一人の人間に所有されうるという、明白だが重要な意味において、思考もまた私的である。また、思考についての知識は非対称的である。つまり、一般に、ある思考をもつ人は、自分がその思考をもっていることを、他人には不可能な仕方で知っている。だが、主観的なものに残されるのはこれですべてである。主観的なものがいかにして外部世界についての知識を生み出しうるのか、あるいは、いかにして他者に知られうるのかといった問題が生じるような仕方で隔離された保護区が、思考によって形成されることはない。それどころか思考は、必然的に共通の公共的世界の一部であるのだ。他人がしばしば、われわれの考えていることを、われわれの思考に内容を与える因果的依存関係に注目することによって知りうる、というだけの話ではない。思考の可能性そのものが、真理と客観性についての共有された尺度を必要としているのである。

原注

（1）この点は『真理と解釈』の第十三論文「概念枠という考え方そのものについて（On the Very Idea of a Conceptual Scheme）」において論証した。

（2）C. I. Lewis, *Mind and the World Order*, p. 38. ルイスが宣言するところによれば、哲学の課題は「心に与えられたものに対して心があてはめるカテゴリーの規準をあきらかにすること」（p. 36）である。

（3）この一節、およびそれに先立つ引用は、W・V・クワイン『ことばと対象（*Word and Object*）』p. 5からのものである。〔邦訳、七〜八頁。引用の訳文は邦訳書に従う。〕

（4）Hilary Putnam, 'The Meaning of "Meaning"', p. 227.

（5）この点は第1論文で論証した。

（6）第10論文を見よ。

（7）第1論文を見よ。

（8）Tyler Burge, 'Individualism and the Mental'. およびHilary Putnam, 'The Meaning of "Meaning"'.

（9）Tyler Burge, 'Individualism and the Mental', p. 111.〔邦訳、二五二頁。〕およびAndrew Woodfield, 'Introduction', Woodfield（ed.）, *Thought and Object*, p. viii.

（10）Jerry Fodor, 'Methodological Solipsism Considered as a Research Strategy in Cognitive Psychology'.

（11）この考えは Stephen Stich, *From Folk Psychology to Cognitive Science* において提唱されている。

訳注

［1］この「イデオロギー」はクワインの用語であり、ある理論の言語によって表現可能な観念の総体を意味する。理論は、存在論を共有しつつイデオロギーにおいて異なることができるとされる。

第4論文

心に現前するものは何か

1989

何かについてわれわれが考えているとき、それについてわれわれが考えているその当のものは、何であれ、ある意味でわれわれの心に現前している。しかしそれとは別の、哲学者にはよく知られたもう一つの意味がある。それによると、心に現前していると言えるものは、われわれが考えることのできるさまざまなもののうちの一部を成すにすぎない。そしてそれらのあるものは、われわれがとにかくそれについて考えるときには心に現前しているようなものであり、他のあるものは、それを心に現前させるためにそれについて考えなくてもよいようなものである。それらはいずれも、心に対してきわめて直接的に現前しているため、同定しそこなうことなどありえない、と想定される。もしくは、自分が何を考えているかを知らない場合にはじめてそれらを同定しそこなうことがありうるようなものである、と想定される。以上の点で、それらのものは、通常の物理的対象とは——それどころか他の種類のいかなる対象とも——異なっているとされる。そうした他の種類の対象はどれも容易に同定されそこなうからである。われわれが心に現前する存在者を他の存在者と取り違いえないのは、それらの対象がまさにわれわれの思考の内容を定めるものだからである。私が問題にしたいのはこの第二の種類のものにほかならない。

この第二の種類のもののうちの一部は、欲求や信念や意図や懸念や期待などのいわゆる「対象」とされるものである。つまりそれらは命題であり、われわれがそれに対しさまざまな態度をもつようなものであり、われわれの文が表現する（フレーゲの言うところの）思想である。また性質や関係といった命題の構成要素も、そこに含まれると考えるべきだろう。

いま述べたような対象は心と特別な関わりをもつ。すなわちもっぱら心を通じてのみ、われわれはそれらの対象を知ることができるのである。それらの対象は抽象的であるため、感覚を用いてアクセスすることができない。さらにそれらの対象は因果的な力をもたないため、われわれの心や脳やわれわれ自身に作用を及ぼしたり、それらから作用を受けたりすることもありえない。

ここから次の問題が生じる。つまりそれらの対象が心に現前していると言われるとき、われわれもしくはわれわれの心は、それらの対象に対してどのような種類の関係をもつと考えられるのか。われわれと命題とのあいだの関係を表現する言葉はたくさんある。たとえば、ある文を理解するときわれわれは命題を把握する。また、われわれは命題を抱き、命題を退け、命題が真であればよかったのにと思い、命題が真でないことを願い、命題を真にしようと意図する。だがこれらの関係はどのような種類の関係なのか。それらは心理的な関係であるように思われる。つまりあたかもわれわれとそれらの存在者とのあいだに、ある種の心的なやりとりが存在するかのようにである。しかし抽象的対象と、いったいどんな種類のやりとりができるというのだろう。

こうして心の命題的な対象とその構成要素は、以上の二つの性質をもつものと見なされることになる。すなわちそれらは、思想を、それに一定の内容を与えることによって同定するようなものである。さらにそれらは、当の思想をもつ人によって把握されたり、あるいは他の仕方で知られたりすることによって、思想の心理的特徴の本質的側面を構成するようなものでもある。問題は、以上の二つの性質をどのようにして調和させられるかである。そして私の主張は、それらを調和させることはできないというものである。

主要な困難はこうである。完全な自己知からは距離があるにしても、だいたいにおいて、われわれは自分が何を考えているかをとうぜん知っていると見なすことができる（私は「考える」の語をあらゆる命題的態度を覆う意味で使っている）。だがもし、同定対象に対して心がもつ知識によって、ある思想がまさしくそのような思想として構成されることになるというのであれば、自分の考えている思想がどのようなものであるのかをある人が知っているのは、その人が自分の心の中にある対象が何であるかを知っているときにかぎられることになる。ところが、自分の心の中にあるのがどの対象であるのかを知るという観念が、明確な意味をもたないように思われるのである。ここで厄介な点は、ある対象がもつたった一つの性質に関する無知でさえ、状況しだいでは、それがどのような対象であるかを知らないことを意味すると見なされかねないという点である。まさにその理由により、知識を不可謬な対象同定に基礎づけたいと考える哲学者たちは、ヒュームの印象や観念のような、「見えるがままにあり、あるがままに見える」対象——すなわち、そのものがもつとわれわれが考える性質のすべてをもっており、かつそれらの性質のみをもつような対象——を探し求めてきた。だが残念。そのような対象は存在しないのだ。いかなる対象も、論理的に独立した無数の性質をもっている。そしてそのことは、たとえば数の

ような、それがもつ「本質的」性質のすべてをわれわれが特定できるような対象についてさえあてはまるのである。(1)

事物関与《デ・レ》的信念をめぐる最近の議論がポイントをあきらかにしてくれる。かりにラッセルに賛成して、ある対象について人は、どれがその対象であるかを知らなければ——あるいは(ラッセルの好む言い方をすれば)それが当人の直知する対象でないなら——その対象についていかなる判断も形成することができないと考え、さらに以上のことは(命題の場合については)判断主体と判断された命題の各部分とのあいだにそうした特殊な関係がかならず成り立つことを要求すると考えるなら、態度というものに関して次のような問題が生じる。ジョアンが簡単だと思うコーンブレッドの作り方のレシピがある。この帰属が真であるためには、コーンブレッドの作り方について一つのレシピが存在するだけでなく、どのレシピがそれであるかをジョアンが知っている——もしくは直知している——ことが必要である。クワインが現代的な言葉ではじめて事物関与的な信念文と言表関与《デ・ディクト》的な信念文の違いを強調したとき、彼は、事物関与的な指示を、内包性という不透明な海の中の透明な小島だと考えようとした。(2) しかしその後、議論が進展し、クワインは考えを変えた。論文「内包再論(Intensions Revisited)」の中で彼は、「ある人やあるものが、何、もしくは誰であるかを知る(または信じる)という概念は、完全に文脈に依存する」と書いている。(3) クワインに考えを変えさせたものは、どれがその対象であるかをある人が知っているという主張を正当化するような、人と対象とのあいだの関係を説明することの困難さである。その関係を説明しようという多くの企てがあった。たとえばフェレスダールは、「真正」の名前のみがそのような関係をもちうるのだと断言した。またクリプキは「固定指示子」について語り、デイヴィド・カプランはそれら選ばれた名前を「鮮明な」と形容した。(4) ギャレス・エヴァンズの研究はこの問題を深く掘り下げている。他の論者と同様エヴァンズも、求められた種類の「根本的同定」を与えると見なすことのできる唯一の心理的関係は直示的同定である、と考える。直示的同定の場合にのみ、対象は抱かれている命題の一部であると言うことができる、というわけである。エヴァンズはラッセルに従い次のように結論した。すなわち、ある人が単称思想を抱いているつもりで、しかしそのじつ、何も指示しない名前を使っている場合には、その人が抱いている命題など存在せず、それゆえその人がもつ思想は存在しない、と。つまり、何も指示しない名前を含む文を用いている人はいかなる思想も表現していないというのである。(5) もしあなたが、私と同様、「根本的同定」の真正のケースの規準に対してどうにも信頼できない感じを抱いているならば、ラッセルがそうしたケースを、心が当の対象を直接に認知している状況に限定した理由が、よく理解できるだろう。ラッセルが考えていたのは、センスデータ(そしておそらく自分自身)の場合についてのみ可能であるような事柄なのだ。

心とその対象のあいだの特別な関係を特徴づけようというこれらの企てのいくつかの背後にあるものは、もちろん、誤りを免れた種類の知識を同定しようというデカルト的な衝動である。このデカルト的な探求が「すべての知識は、心が対象と心理的接触をもつことに存している」という仮定と結びつけられたとき、誤りが不可能であるような対象――つまり、そう見えるとおりにあり、かつ、そうであるとおりに見えなければならないような対象――を見つけだす必要が生じる。

ところがそのような対象はそもそも存在しないのである。現れ(appearance)ですら、われわれが考えるとおりのものであることはない。センスデータの「側面《アスペクト》」もまた、センスデータが真に対象であるとして、何らかの種類の同定の失敗を免れることはできないのだ。ある対象がどの対象であるかを知るということの内実を構成するような決まった関係を見つけだすことはできない、と考えた点でクワインは正しい。そしてその理由はまさに、ある対象の任意の性質が、適当な条件のもとでは適切な対象同定子と見なされうるからにほかならない。

以上、固有名との関係で研究されてきた問題に手短に立ち入ったのは、まさにそこにおいて、哲学者たちが困難の本性の理解に最も近づいていると思われるからである。しかし、私の診断が正しければ、問題はじつは固有名だけに特別に関わるものではない。問題は、心の対象に関わる完全に一般的なものである。もし心が、他のすべての対象から確実に区別しうる何らかの対象と正しい関係をもつことによってしか、考えることができないのであれば、思考は不可能になる。またもし心が、みずからに現前する対象を誤ることなく同定することによってしか、自分が何を考えているかを知りえないのだとしたら、われわれは非常にしばしば自分自身が何を考えているかを知らないことになる。

これほどたくさんの困難を生じさせるにもかかわらず、われわれはなぜ、命題的な思考の対象などというものが存在すると想定するのであろうか。一つの理由は、たしかにそのような存在者があるかのような語り方をわれわれがしているからというものである。つまりたしかにわれわれは、深い思想を抱き、思想を共有し、信念を放棄したり持ったりし、また観念や命題を、抱き、考察し、反省し、思い描く……(例はいくらでも続けられるだろう)。これらの種類の発言は、存在論的疑いをもって眺めるべきだとわれわれが教えられてきたものであるし、またそうする理由もある。とはいえ、ある特定の種類の文――つまり思考主体に思考を帰属させるのに使われる文――が何を意味するかについて体系的な説明を与えようとするときにわれわれが直面する問題を軽視することの方が、無理な話である。というのも、いったいどうやって「コーイヌール・ダイヤモンドは英国王室の戴冠用宝玉の一つであるということをポールは信じている」といった日常的な文を、「コーイヌール・ダイヤモンドは英国王室の戴冠用宝玉の一つであるということ」という節や、あるいはもしかすると「コーイヌール・ダイヤモンドは英国王室の戴冠用宝玉の一つである」という文によって選び出される何らかの存在者と、ポールとを関係づけることなしに分析しうるのか、ということを理解するのが困難だからである。「信じる」を関係語（すなわち信念主体と他の何かという二つの対象を関係づける語）として解釈することをなんとか回避しようとする企てが、これまで数多く行なわれてきた。だがそれらの企ては私の知るかぎり一つも成功していない。

一つの提案は、文の「信じている」に支配された部分を複合的な副詞句と見なすものである。すると問題の文は次のように読解されることになるだろう。「ポールは、《コーイヌール・ダイヤモンドは英国王室の戴冠用宝玉の一つであるということ》的に、信じている」。しかしこの提案は満足のいくものではない。というのも、以上のような副詞句の意味を、それを構成する語の意味からどうやって導き出すのかについて、誰も何のアイデアももっていないからである。だが直観的にあきらかなように、信念文の中の「信じる」に支配された文をわれわれが理解するのは、それを構成している語をわれわれが理解しているからである。かりにそのような副文（それが命題的態度の「内容」を与えるのだが）の意味が、それの部分がもつ意味から構成されたものでないとするならば、それらの文の意味は独立に学ばれるのでなければならない。まるで、新しい、そして多くの場合長い、単語を学ぶかのような仕方で。この考えが事実と異なることはあきらかであると思われる。そしてたぶんそれは不可能でもある。なぜなら、どのような平叙文も内容文になることができる一方で、平叙文全体の数には限りがなく、それゆえ全体を学ぶのは不可能であると考えられるからである。

同様の線に沿った提案はこれまでかなりしばしばなされてきた。しかしその提案を、高度な意味論の理論の中に組み込むことによってどう実行に移せばよいかを示した例は一つもない[6]。指導原理はあきらかであると思われる。文は別として、無限個の表現を割り当てねばならないような文法的カテゴリーが認められるときにはつねに存在論が必要とされるのである。指標的に指示するかまたは記述によって指示しうるような無限個の対象が、存在しなければならないのである。それらは、有限の語彙で潜在的には無限の対象を扱うことを可能にする二つの手段である。対象の存在が、われわれに形容詞をうまく扱えるようにし、また出来事の存在が、すくなくともあるタイプの副詞を扱うことを可能にしてくれる。測定をしたいときには、数の存在が役割を果たすであろう[7]。

というわけで、信念文を関係的に理解する以外に可能な選択肢は存在しない。それゆえまた、内容文(「コーイヌール・ダイヤモンドは英国王室の戴冠用宝玉の一つである」、プラス、場合によっては「ということを」)を、ある適切な存在者を指示することによって関連する信念を特定するような単称名辞として理解する以外の選択肢は、存在しないのである[8]。

あきらかにわれわれはジレンマに直面している。まず一方で、信念やその他の命題的態度をもつことが、何らかの種類の対象と関係をもつことである、という事実がある。しかし他方で、当の態度をもつために主体が適切な対象に対してもたなければならない心理的関係について、何ら満足のいく説明が存在しないように見えるということも事実である。そうした説明を与えることの困難さは、次のような考え方に依っている。すなわち、人は、一般に自分の考えていることを知っているのだから、自分の思考を定義する(つまり自分の思考に内容を与える)ような(諸)対象を直知しているのでなければならない、あるいは、何らかの特別な仕方でそれらを同定、個別化できるのでなければならない。そうした考え方である。

先入見を捨てれば、どこで間違えたかを見てとるのは容易だと思う。すなわち、思考主体は自分が何を考えているかを知っているという事実、そして、思考主体が何を考えているかはその人をある特定の対象と関係づけることによって決定されるという事実からは、思考主体がその対象を直知しているということは帰結しないし、それどころかそもそもその対象について何かを知っているということさえ帰結しないのである。すでに論じたように、他者にある一つの思考を帰属させる者は、その他者を何らかの対象と関係づけなければならず、それゆえとうぜん、適切な対象を、指さすかあるいは記述することによって同定しなければならない。だが帰属させる者が、同定対象と何か特別な関係をもたねばならないと考える理由はない。帰属させる側がなすべきことはただ、他の対象を指示するのと同じ仕方でその対象を指示することだけである。

われわれは、思考主体をある対象と関係づけることによりその思考主体の主観的状態を特定するのだが、しかし、その対象そのものが主観的な身分をもつとか、あるいは思考主体によって「知られている」とか、思考主体の心に「現前している」などと言うべき理由はない。この帰結はすでに、命題的態度についての文に関するいくつかの分析の中に、暗に示されていた。一例は、かつてカルナップが受けいれ、クワインが検討した、信念文を、帰属させる側の文に信念主体を関係づけるものとして理解しようという提案である。たとえばクワインは、猫でも信念を抱くことができると考え、次のように指摘した。すなわち、食べ物が出てきたという信念をある猫が抱いていると述べることが正しいからといって、その猫が「食べ物が出てきた」という文を直接認識していると考える理由はない。猫が命題的態度をもてるかどうかを疑う人には、同じ論点を次のように表現するのがよい。われわれは、ナポリがサンフランシスコの北にあるとセバスチャンが信じていると言うことで、セバスチャンの信念を同定することができる。しかしセバスチャンは日本語[1]をひとこととも知らない。私がここで主張したいポイントは、信念文が信念主体を文に関係づけるものであるということではない。そうではなく、信念を同定するために使われる対象が信念主体の知りうる範囲内にはないかもしれないということを、以上のよく知られた提案が前提としていることである。ひとたびその可能性を認めるなら、われわれは、内容特定的な対象の意味論的必要性を、態度をもつ者が心的に接触するような対象がともかく存在しなければならない、という考えから切り離すことができるようになる。

さてここに一つのアナロジーがある。重さについて考えてほしい。あるものは他のものよりも重く、あるものには重さがない。二つの物体が同じ重さをもつこともある。他の物体の二倍の重さをもつものも存在する。さまざまな対象にわれわれが重さを帰属させるさい、報告したいのは、諸対象のあいだのこうした関係である。基準物を導入してもこの状況は変わらない。たとえば、ウィリアム一世の時代の一ポンド硬貨は重さ一二オンスであり、一オンスは一ペニー硬貨二〇個分の重さに当たり、一ペニー硬貨は脱穀された一二粒の小麦の重さに相当する。というわけで、一ポンドは小麦七六八〇粒と同じ重さである。物体の重さがどれぐらいかについてわれわれが言いたいことは、すべて、こうした比較の言葉によって表現できる。たとえばコーイヌール・ダイヤモンドは、現在の状態で、およそペニー硬貨一五と三分の一個分、もしくは小麦四九〇粒分の重さである。

以上のような比較はどれもまどろっこしいものでありうる。しかしいずれにせよ、数を使うことによって、こうした比較はより見通しのよいものになる。重さに関する対象間の関係を直接的に数を用いて表示する仕方を決めるのが、便利である。じっさいわれわれは、コーイヌール・ダイヤモンドは一〇九カラットだとか三四五グラムだというふうに言う。だがこの種の言い方をしたとしても、カラットやグラムをわれわれの存在論に含める必要はない。われわれに必要な対象は、数と、重さをもつ物体だけである。コーイヌール・ダイヤモンドのカラットでの重さは一〇九だと述べたとしても、重さを対象として認めたことにはならない。それはたんに、カラットという尺度に基づいてそのダイヤモンドを他の対象に関係づける一つのやり方として、ダイヤモンドに対し数一〇九を割り当てただけのことにすぎない。

　このように考えるならば、物体の重さについての語りは関係的であると言える。それは、諸対象をさまざまな数に関係づけ、そしてそれぞれをたがいに関係づける。しかし、だからといって、数が何らかのいみで重さをもつ対象に内在するとか、あるいは何らかの仕方でその対象の「部分」であるなどとは、誰も考えないだろう。基底をなすのは対象間の特定の関係である。すなわちわれわれは、それらの関係を見失わないために都合のよい仕方で諸対象に数を割り当て、そして、対象間の関係がそれらの数の中にどう反映されているかを覚えておくのである。

　数による測量の一つの重要な側面は、数がもつさまざまな性質のうち、関係的な重さを報告するさいの数の使用と関連するのが、典型的には、一部の性質にすぎないという点である。たとえば、重さを記録するためにどのような数を使うにしても比例の関係が保存される——ある物体が別の物体に対してグラムで二倍の重さをもつなら、ポンドでも二倍の重さをもたなければならない——ということは、まさしく関連する重要な事柄である。他方、数の絶対的な大きさは重要ではない。ポンドによる測量、小麦の粒による測量、グラムによる測量は、それぞれ異なる数を結果として与えるが、他の対象との比較においては、同じ関係的重さを与えるのである[9]。

　信念とのアナロジーは以下のようなものである。重さを量るときにわれわれは、重さをもった対象のあいだの関係を反映させられるような構造をもつ存在者の集まりを必要とする。まさにそれと同じように、信念状態（およびその他の命題的態度の状態）を帰属させるときには、多様な心理状態のもつ関連する重要な性質や関係を記録することをわれわれに可能にしてくれるような、一定の関係をもつ存在者の集まりが必要になるのである。

物理的対象の重さについて考えたり語ったりするときに、その対象がもつ重さなどという存在者を想定する必要はない。同様に、人々の信念について考えたり語ったりするとき、信念という存在者がそこにあると考える必要はない。「信念の対象」や、心に現前する何か、脳の中にある何かといった役目を演じる対象を新たに発明する必要もない。そのような発明は不要である。なぜなら、心の状態を特定する手助けとしてわれわれが引き合いに出す存在者は、心理的または認識論的な役割を果たす必要がそもそもないからである。それはちょうど、数が物理的役割を果たさないのと同じである。その結果、われわれが思考主体の思考を記録するために用いる存在者を当の思考主体が知らないからといって、そこから、自分の考えていることをまさにその思考主体が知らないという結論を導き出す理由はないことになる。

命題的態度の本性について私がいま行なっている提案は、近年多くの哲学者を困らせてきたある問題に、ただちに応用することができる。信念（および意味、その他の命題的態度）の内容の正しい決定が、ある部分、信念主体と、信念主体が知らないかもしれない世界の中の出来事や対象とのあいだの因果的な結びつきに依存している、ということを示す説得的な議論が存在する。いまやおなじみの例は、パトナムの双子地球のケースである。[10] その例では、この地球に双子の片割れが存在すると想像するように求められる。その双子の地球は、すぐさま識別可能なすべての点において、この地球と同じである。双子地球には私の分身《ドッペルゲンガー》がいて、それは私と分子レベルで同じ（つまり「関連する重要な点で」そっくり）

であり、同一の条件づけをされてきており、私がもつのと正確に同じ言語的傾向性をもつ。にもかかわらず、私と分身のうちのどちらかは、自分が眼前に見ているのは水だと信じ、もう片方は双子水《トゥオーター》だと信じている。なぜそうなるかというと、まだ誰も違いに気づいていないのだが、地球上で水がある場所には、双子地球上では双子水が存在しているからである。パトナムは次のように論じる。私と私の分身とのあいだには内的な違いも心理的な違いも存在しない。われわれのどちらにも、自分が信じているのが二つのうちのそちらではなくこちらの事柄であると述べる理由がない。それゆえ（とパトナムは続けるのだが）われわれのどちらも、自分が何を信じているかを知らない。（つまり私は、自分がこれを水だと信じているのか、双子水だと信じているのかを知らない。）よって、「思考の対象」が何であるかを決定する非主観的な要因――すなわち思考主体に知られていない要因――が、存在しうるし、おそらくつねに存在するのである。もし「思考の対象」の同一性が、ある部分、その思考をもつ人があずかり知らぬ要因に依存するならば、人は自分が何を考えているのか知らないことがあるという結論になりはしないだろうか。

答えを言うと、そのような結論にはならない。もし、私の思考を同定するのに使われる対象が、私の考えていることを知るためには私自身がそれを識別できなければならないようなものであるとするなら、そのような結論も出てくるだろう。しかしそれは、すでに放棄することを私が主張した仮定にほかならない。自分の眼前に見るものを私は水だと信じている。私がそれを双子水だと考えてしまうおそれはない。というのも、私は双子水が何かを知らないのだから。もし私が地球にいるなら、私は自分が水を見ているとも信じており、その点において私は正しい。逆にもし私が知らないうちに双子地球へと連れて来られていたならば、私は双子水を水だと信じていることになるだろう。この場合私は間違っている。

そしてどちらの場合でも、私は、自分が何を信じているかを知っている。もちろん、双子地球にいる私の片割れは、「水」の語によって双子水を指示する。彼が「水」の語を使って双子水を指示するのは、彼がそれを双子水だと考えているからである。そしてそのことは、彼が自分が考えていると思っていることでもある。したがってわれわれのうちのいずれも、自分が何を考えているかについては間違っていないことになるだろう。もっぱら心の状態を決定するときに助けとなる外的要素がもたらす誤りの可能性や、あるいは、自分の心の状態に対する識別失敗の可能性は、以下のような仮定のもとではじめて理解可能となる。すなわち、ある思考をもつためには、その心の状態を同定するのに使われる対象に対して特別な心的関係をもつことが必要である、という仮定のもとではじめて理解可能となるものなのである(11)。

以上の思考実験の結果はわれわれを驚かせるものであるかもしれない。その要点は、主観的な状態が、脳や神経系の状態にはスーパーヴィーンしないということである。つまり、二人の人間が、たがいにそっくりな物理的状態(12)でありながら、似ても似つかぬ心理的状態をもちうるということである。もちろんこのことは、心的状態が物理的状態にスーパーヴィーンしないということを意味するわけではない。というのも、じっさい、心理的状態が異なるならばどこかに物理的な違いがなければならないからである。だが、その重要な物理的違いは、人間の中にはないかもしれない。水と双子水との違いのように、それは（われわれがいまそう想定しているように）別の場所にあるかもしれないのである。

この結果に直面した多くの哲学者が、われわれが通常同定するような信念その他のいわゆる命題的態度は、思ったほど主観的でないのだ、と結論するに至った。たとえばジェリー・フォーダーは、「方法論的独我論」を心理学者に勧めるさいに、自分は心理学者が真に主観的な状態――つまりその同一性が頭の中にあるものだけで決定されるような状態――を扱うことを勧めているのだと考えている。デイヴィド・カプランとダニエル・デネットも同様の提案を行なっている[13]。スティーヴン・スティッチの考えは、同じ路線であるが、さらに驚くべきものである。というのも彼は、人間の行動についての本格的な科学をわれわれが求めるのであれば、素朴心理学は完全に放棄しなければならないと考えるからである[14]。私は、信念や欲求や意図といったような概念が自然科学の領域になじまないという点には同意する。また、その一つの理由が、心的状態がある部分その状態の原因と結果によって同定される点にある、ということにも私は同意する。しかし、同じことは、われわれが通常同定するような人間の行為についてもあてはまる。それゆえこうした領域において、より「科学的」な説明が可能であるとそもそも私には思えない（ここで「科学的」説明とは、われわれが物理学から期待するような種類の説明のことを考えている）。

だが、素朴心理学の科学的な未来をどう考えるにせよ、信念やその他の命題的態度が真に主観的な状態ではないと主張すべき十分な理由は存在しない。一般に思考主体が自分が何を考えているかを知らないと主張したり、あるいは、思考主体がみずから心に思うことについて他人と意見が一致しないときに、当人の方が正しいとする想定がつねには成り立たないなどと主張したりする理由は、まだ見つかっていないのだ。むしろ以上の特徴は、主観性を試すためにわれわれが手にしうる最良のテストとなるように思われる。

二つの重要な点をまだ論じていない。以下ではそれらの論点に対して二、三見解を述べることにしたい。まず第一に、ある人が信じていることを特定したいと思うときわれわれが言及するのはどのような対象だろうか。この点について私はまだ何も述べていない。第二の論点は次のようなものである。何を信じているかが当の信念主体の知らない事実によってある部分決定されるという発見は、自分が何を信じているかを当の信念主体が知らないということを示すものではない、と私は論じた。しかしそれは否定的な論点でしかない。なぜ、信念主体が自分の信じていることを知っていると——通常正しく——想定できるのかということに対し、私はヒントすらまだ与えていない。以上の二つの論点は密接に関連しあっている。

第一の論点は、したがって、われわれが心の状態を特徴づけるために名指したり記述したりする対象とはいったいどのようなものかということである。さあ、どのように言うべきか。われわれは「コーイヌール・ダイヤモンドは英国王室の戴冠用宝玉の一つであるということをポールは信じている」といった言い方をする。そして「コーイヌール・ダイヤモンドは英国王室の戴冠用宝玉の一つであるということを信じている」という語句が、ポールの心の状態の一つのアスペクトを特徴づけている。「信じている」は関係語であり、それに支配された部分はある対象を名指している。ただしその対象とは、すでに私が主張したように、思考の対象といったものではない。そうではなく、ある規則的な仕方でポールの心の状態を表示するような対象である。かつて私は、そのような文における「ということ(that)」という語を、信念を帰属させている話し手の直前の発話を選び出したり指示したりする直示語として理解できるということを示唆した。[2] アイデアは次のようなものである。もしこれから述べることを私が誠実に主張しているならば私が信じているであろうことを、ポールは信じている。すなわち、

コーイヌール・ダイヤモンドは英国王室の戴冠用宝玉の一つである。

ここで私は意味論に関する微妙な論点を示そうとしているわけではないから、あなたはここで言う「対象」を、実際になされた発話のことだと理解してもよいし、発話される（時刻と話し手に相対化された）文のことだと理解してもよい。さらに、お望みなら、「対象」は命題のことだと考えることもできる。発話と文と命題は非常に密接に関連しているので、どれか一つを選んで目的に適うのであれば、他を選んでもうまくいくだろう。ただ、発話を考えることにはある一応の利点がある。発話は、抽象的ではなく、特定の話し手、時刻、文脈を伴っているという利点である。それゆえ私は、発話——まさに態度を帰属させるときに用いられる発話——を、さまざまな心の状態を個別化し同定するのに使うことができる対象として選んだものと見なすことにする。

そのような対象は、心の状態を特徴づけるという役割を非常にうまく果たす。われわれに利用可能な非常に多くの発話（潜在的発話も含めて）がたしかに存在し、その数は、われわれが帰属のさいに区別可能な心の状態の数に匹敵する。いや、実際にはそれ以上の数だろう。態度をもつ当の主体が神秘的な心的接触をもつ対象などというものを同定しようという考えを捨てれば、直示表現や指標的表現に関わる特別な困難さえも、解決不可能ではないのである。

発話は、信念が関係しあうのとほぼ同じような仕方で、たがいに関係しあっている。それはつまり、含意関係と証拠による裏づけの関係である。発話は、信念と同様、真であったり偽であったりする。じっさい、指標的要素がもたらす複雑なケースを除けば、信念の同定は、同定されるその信念と同じ真理条件をもつ文の発話によって行なわれる。このことはすこしも驚くべきではない。というのも、自分の信念を表現するために、表現しようというその信念と同じ真理条件をもつ文を発話することは、しょっちゅう行なわれていることだからである。

ここに至ってあなたは思うかもしれない。危なっかしいことに私は、そもそもの困難のすべてをひき起こしていた例の理論を復活させかけているのではないか、と。なぜなら、さらに次のようにも言えそうだからである。すなわち、発話が確定した意味をもっていて、そして信念状態に対応するのは意味なのであるから、信念帰属の文脈で内容文を口にするときにわれわれが名指している対象とは、まさしくそれら内容文の意味、つまり命題なのである、と。そのように言う方向で行くとすれば、私が帰属させたのと同じ心の状態を、フランス人がポールに帰属させるとき、私とフランス人はともに同じ対象を名指していることになるだろう。ただしさきほど私が考えた理論に基づけばそうはならない。というのもフランス人の使う関連する文は、私の文ではないからである。

目下の文脈でこの一歩を踏み出すことに関して私はわずかな異論しかもたない。なぜなら、これは例の困難を生じさせた一歩とは異なるからである。(しかし、意味や命題はそもそも厄介な代物だから、この一歩は何か別の種類の困難を生みだすかもしれない。)本稿で問題にしてきた困難は、心の状態を特徴づけるために使われる対象を、心が「知る」あるいは「直知する」対象、すなわち「思考の対象」と同一視したことから生じたものである。その同一視を避けられれば、私が以上で診断してきた厄介な諸問題は生じない。だが逆にもしそのような同一視をしないのであれば、文の発話から命題や意味へと踏み出して行っても、何ら得るところはない。それゆえ、私の主旨を忘れないためにも、ここでは発話に踏みとどまるのがよいだろう。そうしておけば、信念主体は一般に彼の心の状態を特徴づけるのに使われる対象を直知していると考えてしまう危険も生じない。われわれは、フランス人と私が異なる発話によってポールの心の同じ状態を特徴づけるという事実に悩む必要はない。それは重さをカラットで計ったりオンスで計ったりするというのと同じである。つまり数の異なる集合が、同じ仕事を果たすのでである。

この最後の論点はより大きな問題へと注意を促す。われわれは重さや長さや温度のあいだの関係を記録するために数を用いるのであるが、そのさい、経験的に重要なすべての事柄は異なる数の集合を用いても同様にうまく記録できる。そしてその事実に対しわれわれは、重さや長さや温度が「実在的」でないという不満を述べるという仕方で反応する傾向にはない。つまり、気温が華氏三二度であると述べることと摂氏零度であると述べることのあいだに何ら矛盾がないことを、われわれは知っている。そうした「相対性」の中に、測定される諸性質が実在的でないということを示すものは存在しないのである。だが奇妙なことに、そのような結論がこれまで何度も引き出されてきた。たとえばジョン・サールは、二つのまったく異なる解釈が一人の人間の同じ思想（または発話）に対して正しく与えられるということが理解不能であると見なしている[15]。しかし本稿で進めてきた考察に照らせば、そのことは、ある人の発話の二つ以上の集合が他の人の思想や発言の内容を等しくうまく捉えうる、という認識を述べたものにすぎない。ちょうど、重さや温度のあいだの経験的に有意味なすべての関係が数によって無限に多くの異なる仕方で捉えられるのと同じように、ある一人の人の複数の発話は、他の人の思想や発言がもつすべての有意味な特徴を、異なる仕方で捉えうるのである。そのようにさまざまな仕方で報告される態度や意味の実在性は、以上の事実によって脅かされはしない。ジェリー・フォーダーもまた、全体論やそれに関連する翻訳の不確定性が命題的態度に関する実在論を脅かすと考える哲学者の一人である[16]。そしてそれも同じ誤りである。翻訳の不確定性が意味するのは、発話の複数の異なる集合（クワインの言い方では文集合）が、ある話し手の言語（や思想）の解釈を等しくうまく与えうるということである。そのことは、そうして捉えられた話し手や思考主体の心の状態が何やら漠然としたものであるとか、あるいは非実在的であるといったことを意味してはいない。全体論が主張するところによれば、発言や思考の内容は、複数の意味や複数の思想のあいだの関係に依存する。しかしその主張もまた、そうした仕方で関係しあう状態の実在性を脅かすものではない。サールやフォーダーが発見したと思った思想と意味の実在性に対する脅威は、じつはまったく別のものに対する脅威なのである。それはすなわち、思想や意味を同定するのに用いられる存在者は何らかの仕方で心に「把握」されるのだから、もしそのような存在者が異なるなら思想そのものも異なるはずだ、という仮定に対する脅威である。そのように仮定することは、長さ一ヤードであることと長さ三六インチであることのあいだの「違い」を、まるでヤード棒そのものにおける違いであるかのように考えることに等しいのである。

さて、いまや第二の論点にたどり着いた。「思考の対象」がさまざまな心の状態の同一性を決定する仕方についての正しい見解が、第一人称的権威を脅かさないとして、ではその第一人称的権威は何によって説明されるのだろうか。

困難の一つを生み出していたのは、文法と、そこからの誤った推論である。それらは、特権的な仕方で知られる内的対象という考えへと人を導く。だがこの困難は、そのような対象が存在すると考える理由がないことを示すことによって取り除かれた。第二の困難は、真に主観的なもの――それについて人は特権的な知識をもつとされるのだが――が、その主観的な質を外部世界とのつながりに負っていることなどありえない、という確信から生じた。それに対して私は次のように論じた。すなわち解釈者は、もし物事を正しく捉えたいならば、自分がいま解釈しているところの心とその環境とのあいだの関係を見なければならないが、そのことは、何かを知る主体の自己知識を損なうものではない。

以上の躓きを取り除いたならば、自分の考えていることをわれわれがどのように知るかについて、言うべきことはほとんど残されていない。例の興味深い、そして最初難題を含むように思われたケースにおいて、自分が考えていることをわれわれが知る仕方といったものは存在しない。なぜなら、探し求めるべき証拠といったものはそもそも存在せず、よく観察すべき内的対象といったものも存在せず、対比させるべき競合仮説も存在しないからである。この論点は以下の状況を考えれば明確になる。いま私が「コーイヌール・ダイヤモンドは英国王室の戴冠用宝玉の一つであるということを私は信じている」と言うと仮定しよう。いや、仮定しただけでなく、じっさい私はいまそう言ったのだが。そして、これもまた事実そうであるが、自分がちょうどいま発話した言葉の意味を私は知っており、しかも私はそれを誠実に主張したのだとしよう。また最後に、あなたも私も二人とも、以上の点については同意しているものとしよう。つまり、私が問題の言葉を発話したということ、そして、そのように発話するさい、私は自分の理解する言葉を誠実に発話していたということについては、そうだということで意見が一致していると仮定しよう。以上の一連の仮定からは、私が自分の信じていることを知っているということが帰結する。しかしそれらから、あなたが私の信じていることを知っているということは帰結しない。その理由は単純である。あなたは私が何を意味しているか知らないかもしれないからである。私の言葉が何を意味するかについてのあなたの知識は、証拠や推論に基づかねばならない。あなたはたぶん自分がそれを正しく理解していると思うだろうし、おそらくそのとおりだろう。にもかかわらずそれはあくまで一つの仮説なのである。もちろん、私も自分が問題の言葉で何を意味しているのかを知らないということがあるかもしれない。だが、それを私が知っているものと想定することは可能である。というのも、私が全般的に自分の言葉の意味することについて間違っているという考え方は、意味をなさないからである。私が自分の意味することについて全般的には間違わないという想定は、私が言語をもつための

──すなわち私がそもそも解釈可能な存在であるための──本質的な必要条件である。ここで、しばしば誤解されるものの、しかしおなじみの一つの論点に訴えることができる。つまり、「コーイヌール・ダイヤモンドは英国王室の戴冠用宝玉の一つである」という文を私が発話し、それの真理条件を述べようとしたとき、私には次のように言うよりよいやり方がない。すなわち、それが真であるのは、コーイヌール・ダイヤモンドが英国王室の戴冠用宝玉の一つであるとき、かつそのときにかぎる、と言う以外にないのである。もし私がそう述べるとしたら、私はトートロジーを口にしていることになる。ところがもしあなたが、同じ言葉で私の発話に真理条件を与えたとしたら、あなたは一つの経験的な主張──それはおそらく真なる主張だろうが──を行なっていることになるのだ(17)。

ダメットによれば、ブレンターノは、「それを通じて外的対象が心に現前するような〔……〕外的対象と区別される何らかの内的対象、すなわち表象を、心的作用が〔……〕もつことを認めるのを拒否した」(18)。ダメットは、そのことが、存在しない対象についての思想(あるいは見たところ思考であるようなもの)という問題をブレンターノに課することになったと指摘する。そして、ダメットが述べるには、ブレンターノはその問題の「解決に成功していない」。だがもし、そこで求められているような意味での内的対象や心的表象が存在するという考えを放棄するなら、問題は簡単に解決できる。そのような内的対象が存在しないとすれば、残るは外的対象のみがさまざまな心の状態を同定する手助けをする、などと考える必要はない。事実は単純であり、こういうことである。つまり、たとえ心の状態が(よくなされるように)存在しない対象に向けられたものであったとしても、われわれはそうした心の状態を同定するのに必要なリソースをもっている。というのも、われわれは、そもそも心に現前するいかなる対象の存在も仮定することなく、心の状態を同定できるからである。

原注

（１）*The Interpretation of Frege's Philosophy*, p. 50 において、マイケル・ダメットは、フレーゲ的な意義（sense）のもつこの特徴を次のように記述している。「意義は、それを表現したり把握したりすることに関わるものについて反省したり、そうしたものから導き出したりすることによって認知することのできない、いかなる特徴をももちえない。ある表現の意義に属するもののみが、その表現が現れる文の真理値の決定に関与する。つまり、ある文の真理条件に対するその貢献の何らかの側面をわれわれがもし把握しそこなったとしたら、われわれはその表現の意義をそっくり把握しそこなったことになる。そして他方、その表現を含む文の真理条件に影響しない意味のいかなる側面も、当の表現の意義の一部を成すことはないのである。したがって、意義は、われわれに発見できない他のいかなる種類の特徴ももつことができない。〔……〕もしあなたがある思想を把握しているならば、そのことによってあなたは、その思想について知りうるすべてのことを、その思想において成り立っているそのままの仕方で知っていることになるだろう。その意味において、思想は透明なのである。」ダメットは、意義がもつわれわれが見落としえない特徴を、それのもつ「内的性質」に限定する。しかし、いかなる論点先取的でない原理に基づいて、そのような性質が他の性質から区別されるのかに関しては、まったくあきらかでない。

スティーヴ・ヤブローは（私信の中で）、対象のある性質——それは「本質的」性質ということになろうが——だけに注意を払うということがどうしてできないのか、と問うている。いやたしかに、思考の内容がその物体によって個別化されるという考えに固執するならば、それはできないのである。というのも、二つの物体が同じ「本質的」性質をもっていたとしても、他の何らかの性質に関して異なっているならば、それらは異なる物体であるため、思考も異なっていなければならないことになるからである。

それゆえおそらく、心の現前にあるのは対象でなく、対象のいくつかの側面にすぎないのだろう。その場合われわれはその対象を間違って捉えることがあるかもしれないが、それは問題とならない。ところが、そう考えると、側面は、その側面をもつ対象自身とは異なるものの、思考の対象であることになる。そうして、同じ困難がふたたび生じるわけである。

（2）W. V. Quine, 'Quantifiers and Propositional Attitudes'.

（3）W. V. Quine, 'Intensions Revisited', p. 121.

（4）Dagfinn Føllesdal, 'Knowledge, Identity, and Existence'; Saul Kripke, 'Naming and Necessity'; David Kaplan, 'Quantifying In'.

（5）Gareth Evans, *The Varieties of Reference*.

（6）信念文や命題的態度を帰属させる他の種類の文の分析において、「思考の対象」への存在論的コミットメントを排除しようという多くの試みを論じたものとしては、『真理と解釈（*Inquiries into Truth and Interpretation*）』の第七論文〔邦訳、第四章〕を参照。

（7）W. V. Quine, 'Events and Reification'を参照。

（8）スティーヴン・シッファーはいみじくも次のように強調している。すなわち、「合成原理に基づく意味論（compositional semantics）」（複合的表現の意味はそれを構成する表現の意味の関数と見なされねばならないという考え）の可能性は、態度帰属に使われる文の関係的分析に本質的に依存している、と。彼は、私には共感できない理由から、満足のいく分析が見いだせる見込みはないと考え、そしてそれゆえに、合成原理に基づく意味論への希望を棄ててしまうのであるが。Stephen Schiffer, *Remnants of Meaning*.

（9）信念帰属と数的な測量とのあいだの比較は、ポール・チャーチランドの『心の可塑性と実在論（*Scientific Realism and the Plasticity of Mind*）』p. 105においてなされている。ただしチャーチランドは誤りをおかしている。彼は、「コーイヌール・ダイヤモンドは三四五グラムである」における「三四五グラム」のような語句が「重さ」の副詞として解釈でき、それゆえ存在論的な問題は除去可能だ、と考えてしまうのである（おそらく彼は「信じている」が支配する文に関しても同じことを述べるだろう）。しかし、すでに見たように、そうした提案はまともな意味論によって支持されるものではない。

（10）Hilary Putnam, 'The Meaning of "Meaning"'.

（11）この論点についてのさらに詳しい議論は、本書第2論文を見られたい。

（12）もちろん、これはしばしば誤解されるのだが、同一の物理的状態ではない。物理的状態は、それらが同じ対象に属すのでないかぎり、適切な意味において「同一」であることはありえないからである。

（13）Jerry Fodor, 'Methodological Solipsism Considered as a Research Strategy in Cognitive Psychology'; David Kaplan, 'Quantifying In'; Daniel Dennett, 'Beyond Belief'.

（14）Stephen Stich, *From Folk Psychology to Cognitive Science*.

（15）John Searle, 'Indeterminacy and the First Person'.

（16）Jerry Fodor, *Psychosemantics*.

（17）この段落は本書の第1論文の結論を要約したものである。

（18）Michael Dummett, *The Interpretation of Frege's Philosophy*, p. 57. ダメットが参照している箇所は、Franz Brentano, *Psychology from an Empirical Standpoint*, p. 79である。

訳注

［1］原文はもちろん 'English' である。

［2］英語ではすぐ次の発話になる。続く例も英語の語順に準じている。

第5論文

不確定性の主張と反実在論

1997

反実在論は、実在するものがどれも知られうることを保証したいという、西洋哲学を駆り立ててきた抑えがたい衝動の表われである。反実在論は、これを実現するために、人間の知識の範囲を超えると目されるすべてのものを抹消する。たとえば、パルメニデスは初期の極端な反実在論者とみなされるべきである。なぜなら彼は、球形の同質的で不変の一者こそ、知られうる唯一の対象であるがゆえに、実在する唯一のものだと主張したからである。もちろん、プラトンは反実在論者とみなされねばならない。なぜなら、プラトンによれば、物理的世界やそこに属するすべてのものは、知られえないがゆえに、実在しないからである。たいていの還元的な主義主張は反実在論とみなされてしかるべきである。たとえば観念論、プラグマティズム、経験主義、唯物論、行動主義、検証主義。どれもが、みずからの認識論の枠に収まるよう、実在を切りつめようとするものである。これらの立場はどれも、慰めの文句を提供する。曰く、テーブルや食器のような日常的な対象は実在するが、しかし心の中に存在するだけである。

あるいは、物理的対象は感覚の恒常的な可能性にほかならない。あるいは、心理状態は行動のパターンにほかならない。あるいは、志向的現象は物理的な出来事や対象にほかならない。等々。確実に知ることのできる存在者や経験から再構成できるものしか受けいれないという点に同意してさえいれば、旧来の存在論の用語法を使うことも許されるというわけである。しかし、懐疑論へのこうした賄賂にだまされてはならない。反実在論は依然として負け惜しみの哲学である。そのモットーはこうである。《ブドウをつかめない（ある公認された意味において）のは、たんにそのブドウが酸っぱいからではない。ブドウなど最初からなかったのだ》。理由は後ほど述べるが、反実在論のいくつかの形態は、真理の概念に一定の認識論的制限を課するものとして表現するのがより適切である。たとえば次のように言われるかもしれない。すなわち、われわれの認識能力がある文の真偽を十分に決定できない場合には、その文は真理値をもたないものと断ずるべきであるとか、何か水で薄められた意味で真理を語るべきだとかというふうに。結果は同じである。つまり、実在するもの、あるいは真であるものが、お好みの形の知識のサイズに合わせて切りつめられるのである。

私見では、実在論は反実在論と競合する理論ではない。ある特定の形態の反実在論を論拠が不適切なものとして退けたとしても、それだけでは、実在論と呼ばれるある漠然とした立場を支持したことにはならない。実在論についての一つのよくある特徴づけは次のようなものである。すなわち、われわれの発話や主張や思考が真であるときには、それが真であることを確認する力がわれわれにあるか否かにかかわりなく、それらを真とするものが世界の側にある。この定式化についての批判のほとんどは、当然ながら、この文脈での「力」や「確認」の意味が説明困難である点を突くものである。しかし、私の考えでは、その点に深入りする必要はない。なぜなら、それに先立つ主張、つまり、われわれの思考や主張が真であるときには、それらを真とするものが世界の側にあるという主張が、私の考えでは、理解しがたいものだからである。実際、文（あるいはそれ以外の真理の担い手）を真とするのがどんな種類の「物」なのかという点をトリヴィアルでない形で言いえた人はいない。文や発話や信念のなかには真であるものがあり、また世界には数多くの物があるが、しかし、物が真理の担い手を真と「する」と言っても何の説明にもならない。その結果、実在論者には真理概念は残されるが、しかし、それが実在によってどのような形で説明されるのか、実在論者は述べることができない。対応説が真理概念に実質を与ええないことは、同時に、対応にもとづく実在論の特徴づけが空疎であることの証でもある。

　本稿の主題は、心的な状態や出来事の実在性を、翻訳や解釈の不確定性に照らして疑問視する形の反実在論である。私はまた、もしも解釈の不確定性を受けいれるならば命題的態度の身分を疑問視せざるをえないとか、すくなくとも命題的態度の帰属の身分を疑問視せざるをえないとする議論も主題とする。私は解釈の不確定性テーゼを受けいれるから、それが何らかの種類の反実在論を含意することが分かれば、私には悩みの種になろう。しかし、後ほど説明を試みるように、私の考えでは、そのような含意は成り立たない。私の考えでは、不確定性は命題的態度が完全な実在性（それがどのような意味であれ）をもたないことを示すものではなく、また、命題的態度を話題にするさいに真理概念の修正が必要になることを示すものでもない。換言すれば、人々が信じ、意図し、欲し、願う事柄についてのわれわれの信念や言明の多くは真であり、しかも、それらが真であるのは、人々がそれらの態度をもっているからである。

　このような主張を受けいれる妨げになっていると思われる考察が三つある。第一は科学主義の一形態である。命題的態度は、統一的な科学的世界観の一部と見なすのにふさわしいものではないと思われる。

たとえばクワインは、「命題的態度に関わる本質的に演劇的な語り口（dramatic idiom）」は、本格的な科学の中には居場所をもたないと述べ[1]、また、われわれの心理主義的な語彙は「科学的な思考様式とは断固として対立する」と述べている。私見では、クワインは、心理主義的な語彙が、物理学、あるいは他の何らかの「ハードな」科学の語彙には還元できず、その一部を構成すると見なすこともできないと主張する点では、正しい。このような還元不可能性の一つの理由は、人の信念その他の態度に関するいかなる正しい説明も、認知内容に内在する規範的な要素を認めねばならないという事実に由来する。一つの態度は他の諸態度と論理関係をもつ。それらの関係は、われわれの力の限界によって歪曲や混乱を被りはするものの、やはりわれわれの思考の内容を突き止め、同定するのに役立つ。自然科学におけるように、世界を心のないものとして扱うときには、心的なもののもつこの側面に対応するものは何も存在しない。この点ほどには知られていないが、心理状態についての語りを先端科学の語彙から区別するもう一つの性質は、それが因果的な概念に依存することである。われわれがふだん物について語るときには、心について語るときと同様に、多くの因果的概念が用いられている。触媒の概念は意図的行為の概念におとらず因果的である。〔しかし、〕両者は次の点で異なる。つまり、物理学は、いずれ研究が進めば、因果的な概念を捨て、かわりに、〔いまは〕ぎこちない因果的概念によって言い繕われている事柄に説明を与えるようなメカニズムを明らかにすることを約束するものであるのに対して、心理学は、そのような見通しを何ら約束するものではないという点である。お望みなら、物理学の法則を因果的と呼んでも構わない。私が言いたいのは、物理学の法則は因果的な概念を用いていないということである。心理学が理性（reason 理由）の因果的役割をもっぱらの主題としているかぎり、基礎的な心的概念を閉じた法則系に適合させうる見込みはない。さらにもう一つ、心理的概念を法則や定義を介して物理学の概念に還元することへの妨げとなる考察がある（ただし、これについては多くの異論もある）。すなわち、命題的態度やそれと関連する出来事や状態は、部分的には、それによって特徴づけられる人の（時間的にも場所的にも）外部にある出来事への因果関係やその他の関係にもとづいて同定されるという事実である。たとえば、（私見では正しい）一説によれば、ある個人による言葉や概念の習得や使用の来歴は、中心的な事例に関しては、必然的に、その言葉の意味や概念の内容を決定する一要因になる。私はまた、人と人とのあいだのコミュニケーションは思考の可能性と本性にとって必然的な役割を演じると考える。もしも外部的な事情とのこうしたつながりが、実際に心的なものの主要な、そして不可避の特色であるならば、あきらかに心理学は、世界に関する統一的な科学理論の一部を構成するものとは見なしがたい。

以上によってごく概略的に再確認したような理由にもとづいて、多くの哲学者は、私を含めて、次の点を確信している。つまり、心理学は、それが意図的な行為や信念や知覚や感情的態度といった概念を含むものと解されているかぎり、物理学の一部にはなりえないし、他のいかなる「自然」科学の一部にもなりえないということである。本稿の問題は、命題的な態度を定義や法則を介して他に還元することができないという点が、命題的態度の客観的な身分を疑問視する理由になるのかどうかである。

クワインは、トークン・レベルでの同一性を主張する私の一元論に同意すると述べている。この見解は、心的な言葉で同定される対象や出来事はどれも物理的な言葉で同定可能な対象や出来事と同一だが、しかし、心的な語彙によって特徴づけられるクラスは、物理的な語彙によって定義可能なクラスと、定義や厳密な法則を介して同等視されうるものではない、とするものである。私はこの立場を非法則論的一元論（anomalous monism）と呼んでいる。これは命題的態度についてのクワインの論点の多く（ただし、すべてではない）と両立する。非法則論的一元論は、態度が一定の行動傾性であり、行動傾性はさらに生理学的な状態であり、それは最終的には物理的な状態だという主張に理解を示すと同時に、志向的な記述が行動的・物理的な記述には還元不可能であり、したがってまたいかなる厳密な法則系の一部とも見なしえない、という主張にも理解を示す。心的な語彙は実用的であり不可欠だが、それらは高度な精密科学のために作られたものではない。非法則論的一元論はけっして、心的な出来事や状態が、帰属者が人に投影しただけのものであることを示唆するものではない。それは、反対に、心的な出来事が物理的な出来事におとらず実在すること、それが物理的な出来事と同一であること、そして状態の帰属もそれにおとらず客観的であることを主張している。態度の記述が演劇的な描写だというクワインの記述は、描き出されるべきものが存在しないことを含意するものではない。

心的な語彙を物理学や生理学のような科学に含め入れるのが適当でないという事実は、それ自体では、心的な語彙を用いて記述される状態や出来事や対象の実在性に疑いを差し挟むものではない。完成された物理学はすべての対象と出来事を包括していなければならないが、そのことは、物理学の目的を定義する存在論的・法則論的な要求である。物理学はけっして、それ以外の仕方での事物の特徴づけを求めるような関心に答えるものではない。

私はまだ翻訳や解釈の不確定性の問題に直接には触れていない。もしも不確定性テーゼが成り立つなら、そのことは、命題的な態度が実在性のおとるものであることを含意するのではないか。クワインの次の発言はその点を暗示したものと考えることもできよう。すなわち、「志向的な言い回しの還元不可能性というブレンターノのテーゼは、翻訳の不確定性テーゼと同類のものである」。なぜなら、「志向的な語法を額面どおりに受けいれることは……翻訳関係が、発言傾性の総体との関係において原理的に不確定であるにもかかわらず、やはり何らかのいみで客観的に妥当だと想定することにほかならないからである(2)」。この発言は、心的な語彙の受諾が、いかなる経験的証拠もないもの――したがってそれが存在すると信じるべき理由がないもの――の存在を要請することにほかならないことを述べているのではないか。

クワインの見解が、命題的態度にどこか実在性に欠けるところがあることを含意するかどうかは別として、いずれにしろ、多くの哲学者が共有している考えによれば、不確定性の主張は心的状態の実在性をそこなう。フォーダーをはじめとする人々は、この点が、不確定性の主張を否定する帰謬法の論拠になると考えた。他方、ダニエル・デネットは、不確定性の主張を支持するが、しかし、それが心的状態の実在性を割り引くものである点に同意している。私はこの推論に反論する。私は不確定性の主張には何の異論もないが、しかし、不確定性の主張は心的なものの実在性を何らそこなうものではないと考える。

最初に、先ほど引用したクワインの一節を擁護させていただきたい。それは「志向的語法」が経験的内容をもたないことを述べているように見える。ここには混同がある。それは部分的にはクワインの落度であるかもしれないが、しかし、容易に解消可能である。もしも、「志向的な語法」ということでクワインが意味しているものが、哲学者が実体化したいみでの意味や命題に関わる語法だとすれば、たしかにクワインは、それらの語法を、経験的にも説明の上でも無内容なものとして拒絶している。しかし、だからといって、態度の日常的な帰属が、発言の解釈も含めて、空疎であることにはならない。それどころか、心的な語法が、クワインも認めるように、なくてはならないものであるならば、それが空疎であることがどうしてありうるだろうか。

われわれが自分の言葉によって意味する事柄や、われわれが考える事柄に関して、不確定性がありえないという考えを促しているのは、私の考えでは、何より、二つの事情である。一つは第一人称の権威、つまりわれわれは自分の考える事柄を他人にはできない仕方で知っているという推定が成り立つという事実である。もう一つの事情は、態度を帰属させるさいに用いられる文の意味論から生じるものである。第二の点を最初に取り上げ、また単純化のために信念文に話を限定しよう。あきらかに、ある人に帰されうる信念の数は潜在的には無限であり、またあきらかに、用いることのできる文の数も潜在的に無限である。なぜなら、無限個の文のどれにでも、「アグネスは……と信じている」という言葉を付け加えると、適格な文を作り出せるからである。しかし、このような事情を説明するさいにわれわれが用いることのできる唯一の実効的な意味論上の対応方針は、「信じている」（あるいは「と信じている」）を関係動詞とみなし、その前に来るものを単称名辞または記述とみなすというものである。それらの単称名辞は、すべてが無構造の固有名であるはずはない。そんなに多くの無構造の固有名は存在しないからである。それゆえ、もしも「信じている」や「と信じている」を付されるものが単称名辞であるなら、そこには指標的な装置が働いているはずである。さもなければ、それは〔確定〕記述であるにちがいない。しかし、どちらの場合にも、選出されるべき存在者の数は無限でなければならない。ともあれ、いったん適当な存在者が選出されれば、態度の帰属者であるわれわれは、信念に内容を割り当てたことになる。

　次のように仮定するのは、おそらく自然なことである。それは、信念の内容を特定するために言及される存在者は、信念の対象、つまり、信じ手によって抱かれ把握される存在者、そして信じ手が信じている事物だ、という仮定である。〔ところで、〕信念（またもちろん他の態度）に関する文についての関係論的意味論を前提し、かつまた、信念を同定する存在者は信じ手が把握している対象だという右の自然な仮定を受けいれるならば、事実上われわれは、表示された存在者は一意的であるはずだと結論せざるをえない。なぜなら、もしも同じ信念状態が、複数の存在者によって同じくらい適切に特定されうるのだとしたら、いったいわれわれは、信じ手が把握しているのはどの存在者だと言うべきなのか。また、われわれはどんな意味で、信じ手が自分の信じているものを知っていると言えるのか。

この謎かけを解くには、信念文の文法的な目的語を、心理的に実在する対象――つまり信じ手に知られ、抱かれ、把握されている対象――を名指す名辞とみなそうという考えを放棄すればよい。信念の存在のために必要となる唯一の対象は信じ手である。信念をもつことは、お好みの猫をもつことに似たことではなく、ある状態におかれることである。そして、ある状態におかれるためには、自分のおかれた状態と呼ばれるような存在者が存在する必要はない。態度の帰属が真であるために必要なのはただ、用いられた述語が、その態度をもつ人に関して真であることだけである。

反実在論を指示ではなく真理にもとづいて、また名前や記述ではなく文にもとづいて特徴づけた功績は、ダメットに帰されるべきである。なぜなら、心的状態を帰属させる文に関するほんとうの争点は、存在論的なものではないからである。信念は存在者ではないし、「信念の対象」も対象である必要はない。ほんとうの争点は、態度の帰属が客観的な真偽をもつかどうかにある。[3]

態度の帰属は多くの点で各種の量の測定に似ている。われわれは、問題の対象がしかるべきパターンを呈しているかぎり、その対象の大きさや重さや速度を数の割り当てによって記録することができる。われわれは、対象のもつ重さや大きさや速度と呼ばれるべき経験的存在者が存在するとは考えない。ずいぶん以前にカルナップが指摘したように、「この箱は八ポンドの重さだ」という文は、「この箱の重さ」と「八ポンド」と呼ばれる二つの存在者を同定するものと見なされるべきではなく、むしろ、ポンド単位での箱の重さを数八と同一視しているものと見なすべきである。それゆえ、必要となる存在論は、重さをもつ対象と、数からなるものである。数は重さをもった対象の一部ではない。数は経験的世界にではなく、対象同士のあいだの一定の関係を記録するために数を必要とするわれわれに属している。同様に、われわれが信念その他の態度を人に帰属させるときに思考者をそこへと関係づける存在者は、その思考者の内に——その心の中にも、心の面前にも——あるのではない。信念をもつとは、たんに、ある性質を例示すること、その人に関して一定の述語を真ならしめることである。しかし、われわれが区別したいすべての信念のために十分なだけの述語をもつためには、関係動詞を使用し、また動詞の座の一つを、潜在的に無限の対象を含む何らかの領域から取り出されたある対象への指示によって満たすことで、述語を構成しなければならない。そのような述語の一つが「xは雪が白いと信じている」である。

このアナロジーの一つの美点は、対象の割り当て方が変わっても、ある状況の真理性や「実在性」をそこなうことなく、その状況に関するすべての重要な情報を捉えることが可能である理由をあきらかにしてくれる点にある。重さがポンドでもキログラムでも記録できるという事実が、対象の重さにどこか実在性に欠けるところがあることの証だなどとは、誰も考えない。異なる数集合を使っても、正確に同じ事実を記録できる。いま、Aがじつは B と同じ重さだとしよう。すると、AとBの重さを測定するために割り当てられる数は、ポンド単位で測ってもキログラム単位で測っても、同じ数である。ところで、Cはじつは D の二倍の重さだとしよう。すると、Cの重さを測るために割り当てられる数は、ポンド単位でもキロ単位でも、Dの重さを測るために割り当てられる数の二倍でなければならない。必要なのはただ、事物の重さを記録するのに使われる存在者が、測られる対象の一定の特徴を表せるような構造をもつことだけだが、数はその任務を無数のやり方で果たすことができる。

先のアナロジーがもつもう一つの美点は、クワインがチョムスキーをはじめとする人々への反論として主張した論点——すなわち、翻訳の不確定性が、理論がすべての可能な証拠によっては十分に決定されないこととは異なるという論点——の正しさをあきらかにしてくれることにある。たしかに、クワインの意味での決定不全が起こりうるのかどうかは問題である。なぜなら、そのためには、経験的に同等でありながらたがいに両立しないような理論が存在しなければならないからである。[4] 不確定性はそれに類するものではない。不確定性の主張は、経験的に同等な複数の理論が等しくある人の理解に役立つことを受けいれるが、それらの理論はたがいに両立不可能ではない。それは、ポンド単位とキロ単位の重さの測定が、重さについての両立不可能な理論を伴うわけではないのと同様である。

態度を記録するにはどんな対象が使えるだろうか。あきらかに、それは個々の態度それ自体と同じくらい複雑な構造をもった領域を形成するものでなければならない。個々の態度がもつ最も顕著な特徴は、それが基本的に合理的な構造をもつこと（もしもある人が、すべてのものは白いと信じているならば、その人は、雪が白いことを含意するような信念をもっている）であり、また、世界と関係をもつこと（雪は白いという信念が真であるのは、雪が白いときであり、そのときにかぎる）である。[5]

ここで求められているような性質をもつ存在者にあたるのは、われわれの文である。そして、（発話を除けば[6]）文と同じくらいに〔当面の目的に〕役立つ存在者が他にあるかどうかはあきらかではない。いずれにしろ、標準的な態度帰属は、ある意味では現に、帰属される態度の内容を、帰属者の文を用いて特定している。このように言うことで私が意味しているのはただ、ジョーンの信念を同定するには「ジョーンは……と信じている」といった言葉の点線部分でわれわれ自身の文を用いなければならないということにすぎない。ここでわれわれは、文のもつどの性質が信念の同定と関連するのかを問わねばならない。それはちょうど、数のもつどの性質が重さを記録するさいの数の役割にとって本質的なのかが問題になるのと同様である。あきらかに、真理値をもつという性質だけでは不十分である。同じ文が解釈しだいでまったく異なる事柄を意味するために使われうる（同じ文が異なる言語や個人方言に属したり、多義的であることがありうる）という事実を考えれば、統語論〔的な特徴〕も申し分のないものではない。こうした困難のために、私は、帰属者の提供する現実の発話（あるいはインスクリプション）を、帰属者が態度の内容を与えるために指示する対象と解することを提案した。こうして、私は態度帰属文についての並列的説明（paratactic account）を提案した。この説明では、「ジョーンは……と信じている（Joan believes that ...）」の「と（that）」は、直前の〔英語では、直後の〕発話を指示する直示語として理解される。指示された発話は一意的な統語論をもっている。また、その発話は、どの言語や個人方言が用いられているのかという問題を解決し、多義性を除去し、指標的指示を決定するのに必要なパラメータを提供してくれるものと考えることができる。並列的な説明とほぼ同等な考え方として、われわれは、内容文を、引用符に括られているものと考え、それがどんな言語の文であるかという点をはじめとする話し手や文脈に関する特徴も、すでに了解済みであるか、もしくは明言されているものと考えることもできる。この第二のアイデアは、態度を帰属させる表現が単一の文だという直観をもっとうまく捉えることができるが、しかし、より複雑である。

他人の命題的態度についてわれわれが語り、また理解することのできる事柄が、それらの態度にわれわれ自身の文（あるいは発話）をあてがうことで捉えうる事柄であるという点は、驚くにはあたらない。ここでは両者の違いは気にしない。もちろん、これはけっして、私が考ええない事柄を他人が考えてはならないということではない（もっとも、そのような場合に他人が考えている事柄は、私には表現できない内容をもつものとならざるをえないが)。また、私はけっして、私がもっていながら表現できないような命題的思考を全面的に排除したいわけでもない。私の議論のために必要なのは、自分自身の思考であれ他人の思考であれ、われわれがある思考を表現しうるときには、それをわれわれの文が織り成す構造によって表現するという基本方針に頼らざるをえないということだけである。われわれの文が、心的なものを測る唯一の物差しになる。

ここから不確定性についてどんな帰結が生じるだろうか。誰もがおそらく同意するように、同一の報告者のまったく異なる文が、正確に同じ思考を帰属させるために使われることもあるから、ある程度の不確定性は言語の余剰性から自動的に帰結する。しかし、クワインが話題とし、私がその大部分を受けいれている不確定性は、それとは別の問題である。なぜなら、後者のいみでの不確定性は、誰も近似的にさえ同義的とは受け取らないような文が、それにもかかわらず同じ思想を特定するのに使われうることを示唆するからである。

この問題に関するクワインと私の見解の異同を手短に述べておきたい。われわれはともに、解釈の基本的証拠は、多様な発話に対するある人の態度と、それらの態度の原因となる環境とであると考えている。クワインは同意・不同意の一定のパターンが真理関数的な文関数の解釈をもたらすと解しており、その点は私も同様である。しかし、クワインと違って、私はさらに、同じ方法を使って量化や相互指示の装置も探り当てる。それゆえ、私は、クワインとは違って、最も単純な文の内部構造が不確定だとは考えない。われわれはともに、一定の文を世界内の出来事や対象と結びつけることができるのは、それらの文への同意・不同意を促す観察された一連の現象のおかげだと考えている。ただちに観察しうるものとあまり直接的なつながりをもたない文については、私の考えでは、われわれにはクワインが信じた以上のことができる。なぜなら、私の考えでは、どの文がどの文をどれくらいの度合いで裏づける証拠となっているか、という点を探り当てるわれわれの能力が、正確な解釈の手がかりになるからである。それでも、クワインと私がともに認める二種類の重要な不確定性が残される。それは、クワインが指示の不可測性と呼んだものに由来する不確定性、ならびに、分析的と総合的の区別の撤廃から帰結する不確定性である。

指示の不可測性（inscrutability of reference）のテーゼによれば、言葉と事物のどのような結びつけ方が正しいかを見分けることはできない。一つの方法が有効なら、それにおとらず有効な方法が他にも無数にあるからである。専門用語で言えば、このことが意味しているのは、われわれが、標準的な充足関係（充足とは指示の洗練された形態である）を、いかなる文の真理条件も、また文相互のいかなる論理関係もそこなうことなしに、他の無数の関係と置換しうるということである。言語解釈のためのすべての証拠は文のレベルで得られるから（なぜならコミュニケーションで役立つのは文だけだから）、結果として、多くの充足（あるいは指示）関係のうちの一つが正しいという証拠は存在しえない。

実例をあげよう。いま、充足関係sを考えよう。それは語「ローマ」をローマに、述語「はイタリアの都市である」をイタリアの都市に写像する。その場合、真理定義は、文「ローマはイタリアの都市である」が真であるのはローマがイタリアの都市である場合であり、その場合にかぎることをあきらかにするものとなろう。ところで、もう一つの充足関係s′を考えてみよう。それは語「ローマ」をローマの南方一〇〇マイルの地域に写像し、述語「はイタリアの都市の南方一〇〇マイルの地域に写像する。この場合には、真理定義があきらかにするのは、文「ローマはイタリアの都市である」が真であるのは、ローマの南方一〇〇マイルの地域がイタリアの都市の南方一〇〇マイルの地域である場合であり、その場合にかぎるということである。これら二つの真理条件はあきらかに同等である。指示の不可測性テーゼが主張するのは、文「ローマはイタリアの都市である」を解釈するさいに、s′よりもsの方が優れているとすべき証拠が存在しえないことである。文が何に「関わって」いるか、あるいはある人が何について考えているかを見分けることはできない。

いったいそんなことがありうるのだろうか。たしかにローマとその南方一〇〇マイルの地域は同じ存在者ではない。まったくそのとおりである。しかし、われわれがふだん、名前の指示や述語の外延のちがいとして考えるちがいはどれも、すべての正確な充足関係によって維持されるだろう。sとs′がもたらす解釈のあいだに経験的なちがいがないという事実は、解釈されている人物がローマとその南方一〇〇マイルの地域とを区別できないことを含意するわけではない。しかし、その人の言葉「ローマ」がどちらを指示するかを区別できない、ということはたしかに含意される。正しい解釈は複雑なパターンを記録し、特定の文と態度をその内部に位置づける。しかし、われわれがこのパターンを表すのに使うカウンターにあたるわれわれの文は、それを複数の仕方で表すことができる。

ある人の発話「ローマはイタリアの都市である」についての二つの解釈が等しく正しいとすれば、われわれが《正しいのは一方だ》と感じるのは、いったいなぜなのだろうか。この問いへの完全な答えは私見ではかなり複雑なものとなるが、簡潔な答えは次のようになる。つまり、われわれは、逐語的な翻訳という標準的な、そしていまの場合にはいちばん簡単な解釈を受けいれている、ということである。もちろん、同音的な翻訳マニュアルが入手可能なマニュアルの一つであるときには、われわれはそれを使うだろう。そして、同音的なマニュアルが使えないような言語を解釈するときには、われわれは慣習的な、そして全体的に見ていちばん手短な方法を使う。これはけっして、他の解釈がまちがいだということではない。「ローマはイタリアの都市だ」に関して、s′はsにおとらず正しい解釈を与える。

ここで次のように反論されるだろう。「しかし『ローマ』は『ローマの南方一〇〇マイルの地域』という意味ではない」と。これに対する正しい回答は、個々の語には意味はない、というものである。個々の語は文の真理条件を決定するさいにある役割をもつ。そして、sもs′も、その役割を同じくらい確実に捉えている。

しかしこの回答にはまだ何かが欠けている。それは、ある人の発言や態度に内容を割り当てるさいに、ある一つの解釈方法に固執することの必然性である。「ローマはイタリアの都市である」は、それが真であるのはローマがイタリアの都市の南方一〇〇マイルの地域である場合であり、その場合にかぎる、というふうに解釈された場合には、偽になるだろう。また、ある文に関してはある解釈法を取り、別の文についてては別の解釈法を取るなら、文相互の含意関係が破綻するだろう。温度を測るときに、われわれの使う数が温度を華氏尺度と摂氏尺度のどちらに位置づけるものであるかを明示しなければならないのと同じように、解釈のさいにも、どんな方法を使うのか（たとえばsなのかs′なのか）を明示する必要がある。同一の方法に固執することの利点の一つは、いちいち方法を明示しなくてすむことである。（それとほぼ同じように、私が「この部屋は七〇度にちがいない」と言えば、あなたは当然、私が華氏スケールを用いているものと理解するだろう。）

不確定性テーゼについては、多くの人々が致命的だと感じるさらにもう一つの異論がある。それは、不確定性は第一人称の権威を揺るがすものだ、と主張するものである。そのように主張する人々は、こんなふうに言いたがる。「クワインの経験的な規準は、他人に関する代替的な解釈法の使用を排除できないかもしれないが、私が自分の語『ローマ』で意味しているのがローマの南方一〇〇マイルの地域でないことは、私には分かる」と。この発言は、正しいけれども、不確定性の主張と対立するものではない。それが正しいのは、話し手はローマとその南方一〇〇マイルの地域を同一視しているわけではないからである。人がこのような自己帰属を行うときには、われわれは、メタ言語の語が対象言語の語と同じ役割を演じることを知っている。なぜなら〔この場合には〕対象言語とメタ言語は同一だからである。第一人称の解釈は必然的に同音的な翻訳マニュアルに従う（というのはつまり、この場合にはそもそも翻訳や解釈が行われないということである）。

人が自分自身を解釈する方法が一つにかぎられているというのは事実だが（ただしそれは、これを解釈と呼べるとしてである。病理的な事例を除けば、他人を解釈するときの方法は自分自身には適用されないと言うほうが適切だろう）、だからといって、その人の言葉が一意的な指示をもつと結論すべきではない。目下の事例では、人が発見するのはただ、彼の言い回し「ローマ」と「ローマの南方一〇〇マイルの地域」とが、彼の言語では互換的でありえないことだが、それだけでは、どちらの表現に関しても指示は決定されない。同様に、話し手の言葉の指示が決定されないという事実は、話し手が自分の意味する事柄や考える事柄を知らないことを示すものではない。話し手の発言の解釈や彼の思考の表示が多様であることは、話し手の態度の内容の違いを印づけるものではないから、自分の思考を表示するどの方法が正しいかを話し手が知らないとしても、彼が知るべきことを知らずにいるということにはならない。唯一の正しい表示方法というものは存在しないのだから、彼が知るべきより多くの事柄が存在するわけではない。

不確定性のすべての事例が、文の真理条件をそこなわない形で充足関係を系統的に改変する可能性に依存するわけではない。真理値に影響するような不確定性もありうる。そのような不確定性が生じるのは、分析的と総合的のあいだに明瞭な区別を立てる原理的な方法が存在しないというクワインの主張を（私のように）受けいれる場合である。実例をあげるのは簡単である。私はある対象の色を緑と呼ぶべきか青と呼ぶべきかについて他の人々と意見が食い違うことがよくある。これは首尾一貫した不一致である。つまり、私が緑と言い他の人々が青と言う事例はかなり広範囲におよぶ。この食い違いは二つの方法で説明できる。すなわち、私が（あるいは他のほとんどの人々が）一定の事物の色についてまちがっているのかもしれないし、私が他の人々とはぴったり一致しない仕方で「緑」や「青」という語を用いているということなのかもしれない。この二つの説明のどちらを取るべきかは、決めようがないかもしれない。私の文と信念に関するある人の解釈に、どこか他の部分で補正的な調整を施せば、どちらの説明も受けいれることができる。しかし、一方の説明では、色に関する私の一定の発言が偽になるが、他方の説明では、それは真になる。そして、どちらの説明でも、私は自分の考えている事柄を知っている。私は、自分が緑と呼ぶものが緑だと考えており、自分が青いと呼ぶものが青いと考えている。私が意味し考える事柄についてのどちらの説明も、この第一人称の知識を脅かすものではない。

　これまでのところで論評してきた一連の批判は、不確定性の主張を受けいれると、意味と心理状態を十全な実在性をもつものと見なすことができなくなる、という点を指摘するものだが、他方、ダニエル・デネットは、私の見解では志向的状態が実在的になりすぎる、という斬新な批判を述べている[7]。解釈に関する一連の競合理論を、長さや温度を数で表示する多様な方法になぞらえる私の見解が、それだけでは、表示されるものの実在性を疑問視しうるものではない理由については、デネットは明瞭に理解している。しかし、デネットの考えでは、ある個人に信念を帰属させる二つの異なる体系は、異なる行動予測をもたらすほどの実質的な違いをもちうるが、それでいて、どちらか一方の体系だけが問題の人の実在的な信念の記述だという点を確立するものは何もないというのである。

私見では、ここで予測の問題は要点から目をそらすものである。態度帰属の体系はどれも、どれほど完全なものであっても、理論を抜きにしては行為の予測をもたらさない。そして、予測能力をもった心理学理論に関して人々の見解が分かれうることはまちがいない。あきらかに、信念の度合い（主観的確率）と欲求の相対的強度とを特定する量的な記述なしには、説得力のある予測は得られない。しかし、たとえある時点におけるある個人に関して、すべての態度とその強度について完全な記述を与えることができたと仮定しても、その個人が次に何を行なうかを予測するための厳密な法則が存在すると考えるべき理由はない。そして、そのような法則は存在しないと考えるべき十分な理由が存在する。すると、態度帰属の等しく正当化された体系がたがいに両立しないことを示すために、デネットはいったいどのような種類の証拠を持ち出しうるのだろう。異なる体系が異なる予測をもたらすという事実は何の証明にもならない。なぜなら、同じ体系を使って異なる予測を裏づけることも可能だからである。

デネットの考えでは、実在するのは行動であり、志向的状態とはその行動のパターンである。そのパターンは行動にもとづいて定義されるものではない。パターンは、観察者が「志向的スタンス」を取る時に知覚されるものである。このパターンの価値は、それが膨大な、われわれには記述しえないほど複雑な物理的状況を、われわれにも把握できるもの、そして大まかな予測の基礎となりうるものへと還元する点にある。これらのパターンはある（値引かれた）意味では実在的だが、しかし抽象的である。そして、異なる人が、同じ行動領域の内部に異なるパターンを知覚することもありうる。これらのパターンのいくつかは、ある現象の予測や理解に長けており、別のパターンは別の現象の予測や理解に長けている。これらのパターンはどれも「実在的」だが、それらがたがいに異なる場合に、どれが問題の人物の実在的態度を表示しているかを見分けることはできない。

この提案の評価は容易ではなく、また、それが実在論の問題とどう関係するかを把握するのはもっとむずかしい。われわれが行動のもとに知覚するすべてのパターンが命題的態度のパターンなのではないことは、まちがいのないところである。しかし、命題的態度のパターンなどあるのだろうか。デネットに言わせれば、パターンは抽象物であり、重心に類するものである。しかし、そうすると、それらは信念や欲求でありうるのだろうか。信念や欲求はふつう、物理的な身体の状態であり、因果的な帰結をもちうるものと考えられている。しかし、私の考えでは、抽象物は因果関係をもちえない。力は重心におよぼされるのではなく、重心をもつ事物におよぼされるのである。しかし、力はまちがいなく私の信念や欲求を変える。われわれはパターンを知覚するのだろうか。私にはそうは思われない。われわれが知覚するのは一定のパターンをもつ何かであり、運がよければ（そしてスタンスが正しければ）、われわれはそれが当のパターンをもつことを知覚するかもしれない。それゆえ、問題はパターンが実在的かどうかではない。私は唯名論者ではないから、パターンは形や数と同様に立派に実在しうると考える。しかし、ある人の命題的態度がどうしてパターンであることができるのか、私には理解しかねる。そのパターンを呈するものは何かと問うなら、それは当の人だと言えるし、あるいは、その人の観察可能な行動だと言える。しかし、どちらの場合にも、態度の存在論的身分に関する問題は問われていない。もしも人々やその行動がほんとうにデネットの言うとおりに問題のパターンを呈しているのならば、そしてまた、ある人が命題的態度をもつとはその人がそのパターンを呈することであるのならば、その態度は、存在論的にも認識論的にも、けっして格づけのおとるものではない。

私見では、デネットは二つの問題を混同している。一つは、態度が存在者であるかどうかであり、私の考えでは、状態が存在者だと考えるのでないかぎり、答えはノーである。状態が存在者だと考えるのでないかぎり、われわれはたんに、人が態度をもつという言い方をすべきである。それは、一定の述語がその人に関して真だという意味である。第二の問題は、ある人が一定の態度をもっているかどうかという問題について正しい答えがあるかどうかである。私の理解では、これはあいまいさや境界事例の問題ではなく、対立し合う仮説群からの選択に客観的な根拠があるかどうかという問題である。この第二の問題に対してデネットが提唱する答えは、そのような根拠はないというものである。しかし、彼がこの答えを受けいれるべき理由を示したとは、私には思われない。

対立し合う仮説群からの選択に客観的根拠はあるのだろうか。われわれは、とりわけこの事例に関しては、根拠を「客観的」たらしめるものは何なのかという点を問う必要がある。私の考えでは、客観性の究極の源（根拠ではない）は、間主観性である。他人とのコミュニケーションに携わっているのでないかぎり、まちがっている（ひいては、正しい）という考えの拠り所となるものは、われわれの発言のうちにも思考のうちにも、まったく存在しない。思考とコミュニケーションの可能性は、どちらも、私の考えでは、複数の生物が、共有された世界からの、また相手からの入力に、おおむね同時的に反応するという事実に依存している。われわれはよく、ある人がたとえば狼に対して「同じ仕方で」反応すると言う。しかし、もちろん、この場合の「同じ」は「似た」の意味である。ある人がある狼を別の狼と似たものとみなしていると主張するさいのわれわれの根拠は、その人が狼たちに対して似た仕方で反応しているという事実である。このことは次の疑問を呼び起こす。つまり、反応を似たものとするものは何なのか。これに対する唯一の答えはこうである。つまり、誰か別の人から見れば、一連の狼や、最初の人物の一連の反応は、たがいに類似している、ということである。もちろん、このように答えても、基本的な問題をもう一度先送りすることになるだけである。とはいえ、複数の生物がおたがいに対して、あるいは世界内の共有された刺激に対して示す一連の反応からなる、因果関係の三角形の絆こそが、真理概念が適用されるための必要条件を提供するものである。ウィトゲンシュタインが強く示唆したように、第二の人物がいなければ、ある反応がまちがっているとか、ひいてはまた、正しいとかという判断には、いかなる基礎もない(8)。

ここから私は最後の論点へと導かれる。私は物理科学における測定と、他人の言葉や思考への内容の割り当てとを類比することを提案したが、この類比は本質的な点で不完全である。ふつうの測定の場合、われわれは関心を引く事実を記録するために数を使う。命題的態度の場合には、われわれは文や発話を使う。しかし次のちがいがある。われわれはおたがいに数のもつ性質を特定し合うことができる。数は、それが適用される対象と同様、いわばわれわれと他人の中間にある。そのことが、数が客観的だとか、対象だとかということの意味である。文の場合は、事情はそんなふうではありえない。あなたと私が、文を使って他人を解釈するのに先立って、その文の解釈に関して合意にいたることはありえない。なぜなら、そのような合意にいたる過程には、われわれが着手しようと望んでいたまさにその種類の解釈が含まれているからである。解釈に関する共通尺度を求めても意味をなさない。なぜなら相互的な解釈こそ、われわれのもつ唯一の尺度を提供するものだからである。

尺度の是非を判断するための尺度――メートル原器が現に一メートルの長さであるかどうかを調べるテスト――を提示できないからといって絶望すべきではない。むしろ次のように結論すべきである。すなわち、他人の命題的態度に関するわれわれの判断が客観的でないならば、いかなる判断も客観的ではなく、客観性の概念には使い道がない、と。

原注

(1) *Word and Object*, p. 219.〔邦訳、三六七頁〕
(2) Ibid., p. 221.〔邦訳、三七〇頁〕
(3) たしかに、意味と命題が存在するか否かという問題はあるが、それは私の見るところでは裁量の問題である。意味や命題が存在するとすれば、それらは抽象的な存在者であり、たかだか定義が必要なだけである。いったん定義されれば、それらが説明や記述の上で有益かどうかをあきらかにする問題が残される。
(4) クワインはこの問題に関して一再ならず考えを変えた。W. V. Quine, *Pursuit of Truth*, p. 97ff.〔邦訳、一四五頁以下〕を見よ。
(5) 態度と世界とのあいだの関係という言い方をしたからといって、私が対応説を受けいれているものと考えてはならない。私の念頭にある種類の真理理論は、たしかに一定の語と対象とのあいだにある関係（タルスキの「充足」関係）を想定することには依存しているが、しかし、それは文がそれと対応するような対象を用いるものではない。
(6) 第4論文を見よ。
(7) Daniel Dennett, 'Real Patterns'.
(8) この段落と最後の段落の主題について、より詳しくは第14論文を見よ。

第6論文

自己の概念の還元不可能性

1998

ディーター・ヘンリッヒは、彼独特の上品だが厳密な仕方で、たびたび私にこう尋ねた。自己の観念は還元不可能あるいは原始的な概念であると思うかどうか。そう思う、と私は答えたのだが、しかし記憶するかぎり私はその理由を述べていない。十分な返答のために何が必要なのかについて、私にはいまだ迷いがある。だが以下では、より完全な答えにとって重要であるかもしれない考察のいくつかを、リストアップすることにしたい。

ある概念が還元不可能であるかどうかは、特定のリソースに相対的である。善、真理、信念、知識、物理的対象、原因、出来事といった、哲学者が問題にする範囲の広い壮大な諸概念について話をするならば、私が概念を還元不可能と見なすのは次のようなときである。すなわち、還元されるべき当の概念と同じぐらい一般的であるか、あるいはすくなくとも同じぐらい明確である語によって定義することができないとき、あるいはまた、循環へと至ることのない語によって定義することができないときである。

いま列挙した哲学的諸概念に関しては、そのような定義や分析を探し求めても失敗に終わる運命にあると私は思う。問題は、自己の概念もまた、われわれの思考や言語を構成するそうした本質的で、そしてそれゆえ取りかえのきかない、概念的な建築ブロックの一つなのかどうかである。

すぐに白状した方がよいだろう。私はこの問いに直接的に取り組むすべを知らない。「自己」(the self)」という語句が日常的な会話においていかなる明確な役割も果たしていないからである。「自己」というものは、哲学者たちが、自己意識といった話題や、人間のさまざまな経験を統合するものは何かといった問題を議論したいときに、持ち出してくるものである。それゆえ、私のアプローチはどうしても遠回しで間接的なものとなろう。

トーマス・ネーゲルは(「客観的な自己(The Objective Self)」の中で)、すべての事柄についてそれがいつどこで起こったかを、客観的に与えられた何らかの時空枠に関係づけて教えるような一つの宇宙の記述を想像するよう、われわれに求めている。その記述には、すべての人の名前が彼または彼女の心的状態込みで列挙されており、またそれとともにその他のすべての物体の位置と性質も明示されている。その記述は、ネーゲル自身の、もっぱら第三人称的視点からの完全な歴史を含んでいる。それが含まない一つのものとは、ネーゲルが言うには、まさに彼が、記述される人々の中のある個別的な一人であるという情報である。もちろん、彼は自分の名前が「ネーゲル」であると知らないかもしれないので、彼が自分自身をその世界の中に確実に位置づけることのできる唯一の方法は、「私」の語を使用することである。そのようにその人称代名詞は、他の仕方で表現しえない知識を彼が表現するのを可能にする。あきらかに、彼の第一人称代名詞の使用の中に——そしてあらゆる第一人称代名詞の使用の中に——具体化される、還元不可能で、取りかえのきかない何かが存在する。じっさい指標詞を含むすべての文は、その解釈や真理値を、誰がその文を発話したかに依存させている。だがもし私がその文を発話したのであれば、私は、それを発話したのが私であるということを観察することなく知っている。このようにして私は、「そこ」(「ここ」、「私の後ろに」)、「それ」(「これ」)、「いま」(「明日」、あるいはすべての時制化された動詞)、「あなた」といった語を使用することにより、自分自身をさまざまな場所や物体や時間や他の人々と関係づけるのである。この方法以外に自分を公共的世界の中に置く方法は存在しない。

指標詞がもつそれほど明白ではないが同じくらい重要な機能は、それが思考と言語の領域への初期の不可欠な一歩を与えることである。われわれが最初に学ぶのは、一語文であることがのちに分かるであろう言葉(「ママ」、「いや」、「犬」、「青い」)を、状況、出来事、物体、あるいはそれらがもつ特徴に、まず結びつけることである。子供はすぐに、大人たちが正解と判定しそれゆえ褒めてくれる音声を発する魔法の力を習得するだろう。これらは、完全に一人前の語り方と思考のための準備にすぎない。というのも子供は、初めのうちはまだ、信じられていることと事実そうであることとの区別や、尋ねられたり要求されたりすることと答えられたり為されたりすることとの区別に対する意識を欠いているからである。しかし準備段階にすぎないにもかかわらず、共有世界からの刺激を前にした二人の人物間のそうした原始的関係は、直示による学習の核心を含むものである。そして、われわれが信念や欲求や意図や発話の命題的内容を把握するようになるのは、そのような相互作用の文脈の中でのみなのである。

以上の主張の正しさをもちろんここで立証しようというわけではない。それらの論証は別の場所で行なった。しかしもし私が正しいならば、合理的思考の起源と本性に関するこの見解は、それぞれの人の世界に対する眺望が還元不可能な仕方で他のどの人のそれとも異なっていると言えるさらに一つの意味を、指し示している。そう述べることの完全な効力と意味はやがてあきらかになるだろう。しかし次のことだけははっきりしているはずだ。つまり、二人の人物と一つの共通世界からなるこの基本的な三角関係《トライアングル》は、われわれがそもそも思考をもつならば気づくはずのものの一つである、ということである。もし私が考えることができるならば、私は、自分自身の心と似たような心をもつ他者が存在するということを知っており、また、われわれが物体や出来事で満たされた公共的な時間および空間の中に住んでいるということを知っている。そして、それらの物体や出来事の多くが（そうした思考をわれわれが手にすることを可能にしてくれる直示を通して）他人にも知られているということを知っているはずである。とりわけ、私は、他の合理的生物と同様、三種類の知識をもっている。すなわち、客観的な世界についての知識（数多くの直示の成功がなければ私は思考をもてないだろう）と、他人の心についての知識、そして自分自身の心の内容についての知識である。これらの三種類の知識のどれも、他の二つのどれか一つには還元できないし、また他の二つを組み合わせたどのペアにも還元できない。例の基本の三角関係が思考の条件となっているため、たしかに、私がこれらの種類の知識のうちのどれか一つをもっているという事実からは、私が他の二つをもっているということが導き出される。だがいずれの知識も他の二つに概念的あるいは時間的に先行することはない。

もし私の知識が、もっぱら心の内容――それはきっと私自身の心と他人の心ということになるだろうが――についてのものに限られるならば、われわれが生きている世界についての知識を、私は構築できなくなるだろう。なぜなら、世界についての知識は、知覚が提供する世界との因果的つながりを必要とするからである。もちろん、もし私が、自分自身の心かあるいは他人の心の内容についての知識をもっているならば、そのとき私は公共的世界についての知識をももっていることだろう。そしてまた自分がそうした知識をもつことを知っているだろう。しかしそのことは、私がそのような世界についての知識を、心の内容についての私の知識から構築できる、ということを意味しない。

他人の心についての私の知識は、私自身の心の内容についての知識や自然界についての私の知識には、還元できない。他人の心についての私の知識が、他人の身体の動きについての私の知覚による知識に依存しているにもかかわらずである。心的状態が（かつて行動主義者の何人かが考えたように）もっぱら自然科学から引いてきた語によって定義できると仮定することは、志向的なものを外延的なものに還元できると仮定することにほかならない。しかし、そのような還元はまったくありそうにないのである。

私自身の心の内容に関する知識が特別なものでありかつ私の全知識の基礎になるというのは、もちろん、デカルト主義者や経験主義者たちの夢の一部である。そして次のことだけはたしかに正しい。つまりそのような知識は、それなしには何も知ることができない（他のことを知るのに自己知だけで十分というわけではないが）といういみで基礎的であり、また、他の種類の知識からは還元不可能な仕方で異なっているといういみで特別である。

知識の三つの種類を結びつけ、それらのあいだの相互依存性をすべての思考の基礎にしているものがいったい何なのかは、直示のプロセスを記述することで最もうまく示すことができる。発達した言語をもつ二人の人物に関する次のケースを考えてほしい。一人が指差しながら「あれは何？」と尋ねる。「鵜」と、もう一人が答える。学ぶ側がそれを正しく理解するにはさらなる質問と指差しが必要かもしれない。しかし驚くほど多くの場合、一般化に関する共有された習慣が、その仕事をたった一回の試行で成し遂げるのである。われわれはここに、完全に成熟した知識の例の三つの形態が働いているのを見る。まず、学ぶ側と教える側はそれぞれ、相手の心の中に何があるのかを知っている。そしてこの理解にとって必要不可欠な要素が、共有された知覚刺激に依存している。だがより重要なのは、その三角関係が、思考の客観性の基礎と、公共的世界の中のものを手にするための能力とを、あらわにするその仕方である。われわれの想像するいまのシナリオにおいて、両方の参加者はすでに客観的内容の概念と真理の概念をもつものとされていた。つまり彼らは、物理的対象がどのようなものであるかを知っており、また、信念が真であったり偽であったりするとはどういうことかを知っている。ところが、直示の最初の時点においては、学ぶ側には、言葉も概念も欠いた一つの刺激しか、概念や語に結びつけるべきものがないのである。われわれは学ぶ側が利用可能な多くの概念をもっていると例で仮定した。しかしそれらのうちのどれが正しいのか。それを決定できるのは教える側だけである。末端部の刺激の位置づけを三角測量するためには二つのものが必要である。つまり、正しいか誤りかについての客観的なテストを提出するためには二者が必要なのである。だがもしそうであるならば、それは最初の時点からそうであるのでなければならない。すなわち、学ぶ側が客観性の観念をもつ以前に、そして直示――それはまず最初は連携を確立するための手段でしかないのだが――を通じて、ある反応が正しいとか間違っているといった判断がどのようなものかを学ぶ以前に、そうなっているのでなければならない。思考の可能性は仲間とともに訪れるのである。このようにして、他人への働きかけや他人の知覚を通して、言語的（およびその他の）反応を状況や出来事や物体と噛み合わせる作業は、最初の言語を習得するときや、あるいは通訳や二カ国語辞書なしに第二言語を学習するときのいずれの場合においても、重要な役割を果たすことになる。

最初の言語を学ぶことと第二の言語を学ぶことは、もちろん、非常に異なる営みである。前者は、はじめて思考の領域へと入っていく話であり、後者は、すでに思考の領域の熟達した住人である者が他の誰かの思考の中へと入っていく話である。両者は、しかし、よく似たメカニズムと手がかりに依拠している。両者の対比はさらに次のことを認識することによっていっそう弱められるだろう。つまり、新参者の子供のケースにおいては、それら二つの学習の形態がうまく噛み合って一つになっている。というのも子供は、客観的な世界の観念を身につけるさい、同時に他者とコミュニケートすることを学ぶ――そしてそのためにはそうした他人の思考や意図を洞察することが必要である――からである。

他人の言語的および非言語的行動の意味を理解することは、最初の言語やさらなる次の言語を学んだり、自分自身の言語に新たな語をつけ加えたりするような特別なケースに限定された企てではない。あるいは、言語の概念を日常の会話で扱われるよりも厳密に扱って、次のように言ってよいかもしれない。すなわち、これらのすべてのことは新しい言語を学ぶという問題なのである。なぜなら、われわれの言語的リソースへのどのような追加や変更も、われわれの言語を異なった新しい言語へと変えるものだからである。もし微妙な細部にまで目をやるならば、いかなる二つの個人言語も同一であることはないし、いかなる人物の言語も長く不変の状態にとどまることはない。われわれは、解釈者として、たえず（しばしば自動的に）他人が彼らの言葉によって何を意味しているのかを解読している。またわれわれは、思考と発話の相互依存性やその他のあきらかな理由から、たえず、他人が何を考え、何を意図し、何を欲しているかを確定しつづけてもいる。多くの場合、われわれは、そうした目的のために十分なものが手近にあると考えている。そしてほとんどの場合、小さな調整を要するだけのものが簡単に手に入るので、そのための苦労は意識されない。目新しい仕方で使用された古い言葉を理解しようと格闘していることを自覚したり、あるいは、ある箇所の文法がおなじみの仕方で取り扱えなかったりといったことは、ときたま起こるだけである。そのような場合われわれは、自分の解釈の技能が試されていることを意識するようになるだろう。第一人称的な視点――すなわち「自己」――のユニークな貢献が最も表面化するのは、そこにおいてである。

概念的に発達した思考者は、他人の発言や行為を理解するに至るさいに、自分たちの自由になる二つの基本的な解釈のリソースをもっている。すなわち、他人の行為を理解可能にするのに十分な合理性の仮定と、知覚がどのようにして信念の内容をもたらすかに関する知識である。会話のケースにおいて、以上の点は容易に見ることができる。そしてその知見は命題的態度に関しても適用できる。文——というより正確にはそれらの文が表現する態度——は、それらがもつ内容——つまりそれらの意味——を、次の二つのものに負っている。それはすなわち、他の文や態度に対する関係と、知覚を通しての世界に対するそれらの直接的あるいは間接的な関係である。それゆえ解釈者が、発話者のさまざまな文や態度のあいだの論理的関係を無視することは、まったく不可能である。これは、整合的であろうとする行為者側の努力の問題ではない。そうではなく、互いに結びつき合うその仕方ゆえにもつような意味をもつ行為者の発話や行動に関する問題である。十分な整合性がなければ、行為者の発話、信念、欲求あるいは意図に、命題的内容を割り当てることはできない。したがって、解釈者が理解したいと思うものに対する解釈者によるある程度の合理性の仮定は、それらのものをそもそも理解するための一つの条件にすぎないのである。

会話を学んだり解釈したりするさいのこの直示の基本的役割は、解釈者が次のように一般に想定することに関して誤ることがありえない、ということを保証するだろう。すなわち、観測可能な世界の明白な特徴から信頼できる仕方で誘発された発話者の発言は、真であり、かつ、それらの特徴についてのものである、と想定することに関して解釈者が誤りえないということを。発話者または解釈者の側で間違いが生じることはとうぜん予想される。しかし、それが常の規則となることはありえない。というのも、誤りは、正しい思考と正直な主張という背景から、その内容を得ているからである。支配的な、たいていは陳腐でごくありふれた、しかし的を射た信念や仮定と、ときに生じる逸脱との決定的な違いは、次の点である。つまり、誤りや混乱や非合理に対しては特定の説明が存在するのである。それらは、困難な場合を除いて、訂正されることが期待されるものなのである。

われわれ自身の心の内容に関する知識について、まだほとんど何も言っていなかった。その知識も、他のすべての知識と同様、その社会的起源から隔絶されて存在することができない。独立した存在者としての自己自身という概念が、他者の存在を認識すること——その認識はコミュニケーションでその真価を発揮するのだが——に、依存しているからである。とはいえ態度に関する語彙は、自分自身にも他人にも等しく適用され、またそのように帰属させられる態度の内容も、同様に公共領域に存在する概念でもって表現される。シェークスピアが女性であったという私の思考は私自身のものである。だが誰でも、私が考えるようにそう考えることができるのである。だとすれば、私自身の心についての私の知識の、何がそれほど特別なのだろうか。

私は、自分が何を考えているかを知っているだけではない。私はまた、自分の表現できることが無限であること、そして他の誰かが信じたり疑ったり気にしたりしうると私が知っていることが無限であることを、知っている。あるいみでそのリストは、私の言語によって、また私が操れる概念によって、表現できるもののリストと、同じぐらい長大なものである。それらは、態度を私自身や他人に帰属させるときに、私がまさに言及する命題的な諸内容である。概念的リソースのこの豊かな貯蔵庫は、私が自分の周囲の人々の発言や行為を解釈するさいに使用せざるをえないものである。そうしたリソースの「使用」について私は話しているが、それが一般に熟慮や努力を要するものだと言うつもりはない。「使用」は、意識されることもなく、自動的になされるのである。たとえあなたが言いそこなったり、省略したり、文法を崩したり、ある名前と別の名前を偶発的に入れ違えてしまったりしても、私は、黙って、そしてしばしば無意識に、修正する。ほとんどの場合、あなたの言葉が耳に入ったとき、私はいかなる意識された媒介的な心的過程も経ずにそれらの言葉を理解する。だが私がそのように理解するということは、次の事実を証明している。いかに明確な言葉にできず、また内省的な精査から程遠いものであるにしても、そこにおいてはある一つの過程が生じている。つまり、解釈ではないにせよ、何かそれに非常に近いものと呼ぶに値する一つの過程が生じているのである。それは、意識的な推論や、証拠や帰納への明示的な依拠がゼロであるような解釈である。

この希薄化された意味での「解釈」は、観察される過程によってではなく、入力から出力への変形によって記述しうるものである。というのもその変形は、結局のところ意識的な解釈によって達成される変形と同じものだからである。ここにも前述した二つの要素がある。すなわち、合理性の仮定に基づく整合性の追求と、発話者や行為者にとって理解できる範囲にある外部的な手がかりの知覚である。私のここでの関心はそうした過程の詳細にはない。そうではなく、あまりに明白なため見落とされかねないある一つの事実にある。つまり、私が他人を理解するさいに依拠する合理性や現実性の基準は、私自身のものであり、しかもそれらの基準を超えた何かに訴えることはできない、という事実である。その事実は、私のもっているいかなる基準もコミュニケーションと経験の歴史なしには存在しなかったであろう、ということを否定するものではない。そしてまたそれは、自分自身の推論について私が反省することや、より高い明晰さや知恵や情報を求めて他人に相談することができない、と想定することにもならない。だが、私が直接、実験と観察によって情報を探し求めるかぎり、私はやはり、自分自身のリソースを使用する以上によいことはできないし、それ以外のこともできないのである。他者を理解しようとするさいに自分の使用する合理性の規範が正しいかどうかについてもし疑問に感じたなら、私はもちろん、バージルの考えと行為に対する私の説明に関して、あるべき程度に私が客観的もしくは合理的かどうかを、セバスチャンに尋ねることができる。しかし、セバスチャンの返答を私が理解することもまた、私自身の基準と方法に対するさらなる試練となるのである。自分自身の心の内容に対する直知は他に還元できない特異性をもつのだが、そのことを示すもう一つの明白な徴候がある。それは、そのような知識が、異常なケースを除いて、観察や証拠や理由によって支えられていないという点でユニークだということである。そのことは、すくなくともある部分、そこにおいては解釈が適用されないという事実に依っている。可能的な思考を自分の貯蔵庫から引き出して、それらとまさに同じ思考に適用しても、もたらされるものはトートロジーにすぎないだろう。その種の自己意識は、自己の内側へと注意を向けさせ、また、自己批判を促すことができる。だがそうした自己意識は、洞察から行為への経路を単に間接的に形成しうるにすぎない。

私は、最終的な法廷が個人にあるということから、私の行なう裁定（判断）が恣意的であるとか主観的であるとは考えない。なぜなら、そうした判断は、私の信念の正しさは保証しないものの客観性を保証するような社会的連関の中で、形成されるものだからである。間主観性は客観性の源である。それは、人々が同意するものが必然的に真だからではない。そうではなく間主観性が、世界との相互作用に依拠するからである。先行する相互作用なしには、われわれは、情報の交換に取りかかることすらできなかっただろう。しかし、けっきょく交換されることになるのは私的な情報である。まさにそこにおいて、それぞれの人、それぞれの心、それぞれの自己が、複数の自由な自己からなる共同体の一部としての姿を現すのである。もし個々人が、必要不可欠で、かつ究極的に創造的たらざるをえない最終的裁定者という役割を果たさないなら、そもそも思考というものが存在しなかったであろう。

第2部　間主観的

第7論文

合理的動物

1982

生後一週間の乳児も一匹のカタツムリも合理的な生物ではない。乳児がその後もじゅうぶんに長く生きたならば、彼または彼女はたぶん合理的になるであろう。他方、カタツムリに関してそのようなことはない。もし好むなら、乳児については最初から次のように言ってもよいだろう。乳児は、ずっと生き続けたならばおそらく合理的になるがゆえに、あるいはそのような潜在能力をもつ種に属しているがゆえに、合理的な生物であると。どちらの語り方をするにしても、合理性の点に関して、かたや乳児やカタツムリとかたや正常な大人とのあいだには違いが残る。

その違いは、信念や欲求、意図、恥といった命題的態度をもつかどうかにある。このことは、ある生物が命題的態度をもつのがいつどのようなときであるのかをいかにして示すか、という問題を生じさせる。カタツムリが命題的態度をもたないことにわれわれは同意してよいと思う。しかし犬やチンパンジーについてはどうだろうか。この問題は、完全に経験的な問いであるわけではない。というのも、ある生物がどのようなときに命題的態度をもつのかを決定するさいに関与する証拠がいったいどのようなものであるのか、という哲学的な問題が存在するからである。

動物のあるものは思考し、そして推論する。それらは、仮説を吟味し、テストし、拒否し、受けいれる。またそれらは理由に基づいて行動する。ときには、その前に思案し、結果を思い浮かべ、確率を比較計算する。それらは、あるときはもっともな理由に基づき、欲求し、希望し、嫌悪する。そしてそれらは、計算において誤りもするし、みずからの最良の判断に反して行為することもあるし、不十分な証拠に基づいて説を受けいれることもある。これらの遂行、活動、行為、誤りのいずれも、そのような動物たちが合理的な動物であることを十分に示している。というのも、合理的な動物であるということは、まさに命題的態度をもつということ——その命題的態度がいかに混乱し、矛盾し、不条理で、正当化されず、誤りを含むものであろうと——だからである。これが私の提案する答えである。

問題は、どのような動物が合理的かである。もちろん、名前を一つ一つあげていくつもりは私にはない。種の名前やその他の分類グループの名前をあげていくつもりもない。私は、イルカが、猿が、人間の胎児が、さらには政治家が合理的であるかどうかを決定することを試みようとは思わない。あるいは、コンピュータが合理的であることを阻むものがその起源だけなのかといったことを決めようと思ってさえもいない。私の問いは、何が動物（あるいはお望みなら動物以外の何かでもよいが）を合理的にするのか、というものである。

命題的態度は合理性の興味深い規準を与えてくれる。というのも、命題的態度は、調和のとれた一群の集合としてのみ現われるからである。信念、欲求、意図の豊穣なパターンが合理性の存在にとって十分であることは明白である。しかしそれを必要条件とするのはあまりに厳しすぎると思われるかもしれない。だがじっさい、その厳しさは命題的態度の本性の中に存在している。なぜなら、一つの命題的態度をもつことは、それとともに全体を形成する他の膨大な数の命題的態度をもつことでもあるからである。一つの信念は多くの信念を必要とし、そしてそれらの信念は、意図や欲求といった他の基礎的な態度と、さらに、私が正しいなら、天賦の言葉の能力とを必要とする。このことに境界例が存在しないというわけではない。とはいえ、命題的態度の本質的に全体論的な性格は、何らかの命題的態度をもつことと、それをまったくもたないことのあいだの違いを、劇的なものにする。

以上の違いを非常に強くとり、かつ、違いの由来を言語に求めるならば、人間中心主義であるとの非難を免れないだろう。その異議申し立ては正当であるが、矛先を私に向けるのは間違っている。私はたんにある特定の概念の特徴を記述しているにすぎない。ようするに、われわれ人間の言語が人間の男女を他の生物から区別するための豊かなリソースをもつことは、驚くべきことではないのだ。それは、イヌイットがさまざまな種類の雪を選び出すのに便利な語彙をもつ（ただし今日ではこれは神話だと言われている）というのと同じである。われわれは言語とひそかに結託し、雪やわれわれ自身を特別な存在に見せかけているのである。

私はさきに、特定の種が合理的であるかどうかという問題は論じないと約束した。とはいえ、獣の巧妙な技や能力について語っているかのような見かけを避けることは不可能だろう。というのも思考の本性についての議論の非常に多くが、伝統的に人間以外の動物の心的能力に話題を集中させているからである。私は、そうしたアプローチは、思考の本性について考えるさいに彩りを与える（そしてときに情緒を帯びた）一つの方法にすぎないと見なしている(1)。

ノーマン・マルコムが、犬が思考することを示そうとして、その種のストーリーを語っている。

私の家の犬が隣の家の猫を追いかけているとしよう。猫は樫の木に向かって全速力で駆けていく。しかし最後の瞬間、急に向きを変え、すぐ横のカエデの木の陰に消える。犬はこの作戦を見ておらず、樫の木にたどり着くと後ろ脚立ちをしてまるでよじ登ろうとするかのような仕草で幹を引掻き、そして上方の枝に向かって興奮した吠え声をあげる。このエピソードの一部始終を窓から観察していた者はみな、「犬は猫があの樫の木に登っていったと思っている」と言うだろう。[2]

（マルコムはさらに、犬は間違った木に向かって吠えているとわれわれは言うだろう、と付け加えている。）マルコムの主張はこうである。この状況で当の信念を犬に帰属させる人は、おそらく――というよりほとんど確実に――正しい。その人はそのような信念帰属を正当化するために必要な種類の証拠をまさに手にしているのだ。

マルコムのこの主張に疑問を投げかけるための予備的議論を、ここで一つ提出させていただきたい。あきらかに、犬の「信念」の証拠は、信念というものを行為および情動的反応の決定要因と見なすことに依拠している。われわれは自分の見たことから次のことを推論するよう求められている。すなわち、犬が猫を捕まえたがっていること。そして、その欲求と猫の行き先に関する信念ゆえに、犬は現に走っていった場所に走ったのだということ。さらに、犬は、猫を追って木を登ってゆけないことへの苛立ちを、吠えたり地面を引掻いたりすることなどによって発散させているということ。もちろん細部は正しくなくてよい。ポイントはここまでは明白であろう。すなわち、さまざまな信念を推論することに関してわれわれが正当化されているのならば、意図や欲求を（そしておそらくさらに多くのものを）推論することに関してもまたわれわれは正当化されている、ということである。

だが、犬がもっているとされる、猫がその樫の木に登っていったという信念についてはどうだろうか。その樫の木は、たまたまなのだが、そのあたりで見かける最も古い木である。はたしてその犬は、猫がそのあたりで見かける最も古い木に登っていったと思っているのだろうか。あるいは、その犬は、前回猫を追いかけたときとまさに同じ木にその猫がまた登っていったと思っているのだろうか。これらの問いはいずれも有意味であるとは言いがたい。しかしそうだとすると、犬が信じていると言われうる非常に異なるさまざまな事柄を、相互に区別することが不可能になってしまうように思われる。

われわれが命題的態度を帰属させているということを知る一つのやり方は、以下の点に注目することである。つまり、態度の対象を選び出す言葉の中のある指示表現を、それと同じ物を指示する別の表現に置き換えたとき、当の態度を帰属させるために使われている文が真から偽に変わることがある、という点である。猫があの樫の木に登っていったという信念は、猫がこのあたりで見かける最も古い木に登っていったという信念と同じではないのである。もし、一方で「信じる」や「思う」や「意図する」といった語を使いつつ、他方で意味論的不透明性というその特徴をそれらから省いてしまったとすれば、そもそもわれわれがそれらの語を命題的態度を帰属させるために使っているのかどうかが疑わしくなるだろう。というのも、以前からよく知られているように、意味論的な不透明性こそが、命題的態度について語ることとそれ以外のものについて語ることとを区別するからである。

ある人はこう指摘するかもしれない。「その犬は猫があの樫の木に登っていったと思っている」という文の中の「あの樫の木」という表現が占める位置は、クワインの用語を使うなら、透明であると。そして、犬の信念を言い表わす正しい仕方は、（と、その指摘は続くのだが）「その犬は、あの樫の木に関して、猫がそれに登っていったと思っている」とか「あの樫の木は、その犬が猫が登っていったと思っているところのものである」といったものなのだ、と。だがこうした解釈は、信念主体が受けいれるような対象の記述を作り出さなければならないという義務から態度を帰属させる者を解放してくれるかもしれないが、そのような種類の記述が存在するということをなお含意している。事物《デ・レ》関与的な記述も、信念主体が何らかの仕方で選び出し記述しうるような対象を、選び出して記述するからである。一般的だが誤解を招きかねない言い方をすると、例の犬は、例の木に関するすくなくとも何らかの記述のもとで、猫がその木に登っていったことを信じていなければならないのだ。しかし当の犬にはどのような種類の記述が適合するのだろうか。たとえば、その犬はある対象について、それが木であると信じられるのだろうか。そのようなことは、その犬が木についての多くの一般的信念をもっているとわれわれが想定しないかぎり、不可能だと思われる。つまり、木とは成長するものであるとか、木には土と水が必要であるとか、木には広葉樹と針葉樹があるとか、木は燃えるといった諸々の信念である。木の概念をもつ者が信じていなければならない事柄についての固定的なリストはない。しかし、多くの一般的信念がなければ、ある信念を、木についての——ましてや樫の木についての——信念として同定する理由はなくなるであろう。同様の考察は、犬がもつとされる猫に関する思考についてもあてはまる。

　われわれが思考を同定し、思考どうしのあいだの違いを区別し、ある思考をまさにそうであるようなものとして記述できるのは、それらの思考が、関連する諸信念の稠密なネットワークの中に位置づけられうるときにかぎられる。ある一つの信念を犬に帰属させるということがわれわれにほんとうに理解可能であるならば、その信念を有意味にするために必要であるような種類の他の多くの信念をその犬がもっているかどうかをどうやって決定するのかを、われわれが思い描けるのでなければならない。そして私には、どこから出発するにしてもわれわれはかなり早くに、犬がそれらの信念をもっているかどうかをどうやって知ればよいのかまったく考えが浮かばないという結論にたどり着いてしまうように思われる。しかしそうであるならば、他の諸信念を帰属させられない以上、自信のあった最初の信念帰属もひどく怪しいものである、と考えざるをえなくなると思われる。

どの信念もそれに内容と同一性を与えるにはさらなる諸信念の世界が必要なのだが、信念だけでなく他のすべての命題的態度も、その個別化を同様の諸信念の世界に負っている。私は、猫が樫の木に登っていったと信じるために、猫一般と木一般や、この猫とこの木や、あるいは猫と木の位置や見かけや習性や……等々について、多くの真なる信念をもっていなければならない。しかし同じことは、私が、猫が樫の木に登っていったかどうかをいぶかったり、それを恐れたり、期待したり、望んだり、そのようにさせようと意図したりする場合についても言える。信念は——というより真なる信念は——さまざまな命題的態度の中で中心的な役割を果たす。それゆえ私はすべての命題的態度を思考(thought)として語ることにしたい。

前述したように、特定の思考が依拠する諸信念の固定的なリストは存在しないかもしれない。とはいえ多くの真なる信念が必要とされる。必要とされる種類の信念のあるものは、一般的だが、経験的と見なすのがもっともな信念である。猫は引っ掻いたり木に登ったりすることができるといった信念がそれである。また他のあるものは、ついさっき走っているのを見た猫がまだこの付近にいるだろうといった、より特殊な信念である。さらに論理的な信念もある。思考は命題のように互いに論理的な関係をもちうる。思考の同一性は、他の思考を含む論理的ネットワークの中でのその思考の位置づけと切り離して考えられないため、ある思考を、別の思考に変えてしまうことなくネットワークの中で移動させることはできないのである。それゆえ、信念が根底的に不整合であることは不可能である。ある単一の命題的態度をもつことは、論理的に整合なパターンの諸信念をもっているということでもあるといういみにおいて、大部分正しい論理をもつことに等しいからである。これが、命題的態度をもつことがなぜ合理的な生物であることを意味するのかに対する一つの理由である。この論点は意図的行為にも拡張できる。意図的な行為とは、その行為を合理化する命題内容をもつ信念と欲求によって説明できるような行為のことである。同様に、喫煙をやめたことを喜ぶといった情動は、当人がもつ信念や価値観に照らして合理的であるような情動でなければならない。

言うまでもなく以上のことは、非合理的な信念や行為や情動が存在することを否定しない。実行すべき理由のある行為は、実行を避けるべきよりよい理由のある行為であるかもしれない。ある信念は、他のいくつかの信念に照らせば理にかなったものでありながら、他の信念全体に照らせばそうでないかもしれない、等々。要点は、非合理性の可能性がかなりの程度合理性に依存するということである。非合理性は、単なる理由の欠如ではなく、理由における障害もしくは混乱なのである。

良好な状況下で観察者は行為者がどのような信念、欲求、意図をもつのかを識別できる、と私は仮定している。じっさい、私は上で、もしもある生物が喋れないならば、その生物がもつとされる信念やその他の態度の記述において内包性が認められるのかどうかが不明瞭になる、と主張したが、そのときにもこの仮定に訴えていたのである。同様にまた、私は、そもそも発言がなければ、生物の何らかの思考を有意味にするのに必要な一般的信念を帰属させるための十分な根拠があるのかどうかが疑問であるとしたが、そのときにもこのことが仮定されていた。ここでは、われわれが他者の心を知りうるということの仮定を擁護することはせず、むしろそれを他のより強い仮定から区別することにしたい。良好な条件下で観察者が他者の思っていることを知りうると主張することは、それだけでは、検証主義を受けいれることを意味しない。それは、思考に関してさえ検証主義を認めることではない。なぜなら、この観察可能性の仮定は、ある特定の思考の存在を決定するのに必要または十分な証拠が何であるかを明示的に述べることが可能であるということを、含意しないからである。つまりその仮定は、思考が何らかの仕方で別の何かへと定義的に還元可能であるということを示唆してはいないのである。さらに、観察可能性の仮定は、思考の存在を決定する唯一の方法が観察であるということを含意してもいない。実際はその反対であり、あきらかに人々は通常、自分たちが何を信じ、欲し、意図しているかを観察や証拠によらずに知るのである。

観察可能性の仮定はまた、行動主義に帰着するわけでもない。命題的態度は、何らかの仕方で行動に還元されうることなく、行動以外を目撃しない観察者によって発見されることが可能である。態度と行動のあいだには概念的なつながりがあり、それは、現実のあるいは潜在的な行動に関する十分な情報があれば、われわれが当の態度を正しく推論できるようになるのに十分であるようなつながりなのである。

信念の他の諸信念への依存や、信念以外の命題的態度の諸信念への依存についてこれまで述べてきたことからあきらかなように、ある単一の思考の帰属を正当化するには、非常に複雑な行動のパターンが観察されなければならない。あるいは、より正確に言えば、そのような複雑な行動のパターンが存在すると信じるべき適切な理由がなければならない。そして現実にそのような複雑な行動パターンが存在するのでないかぎり、思考は存在しない。私の考えでは、こうした行動パターンが存在するのはその行為者が言語をもつ場合に限られる。そしてもしこのことが正しければ、マルコムが彼の犬に思考を帰属させたことが正当化されるのは、彼が適切な証拠に基づいて自分の犬が言語をもつと信じていた場合に限られることになる。

思考――信念、欲求、意図、およびその同類――には言語が必要であるという見解は、議論の余地のある見解であるが、目新しいものではもちろんない。このテーゼの私が推奨するバージョンを、関連するさまざまな類似バージョンから区別する必要がある。私は、たとえば、思考するということが言語活動に還元できるとは信じていない。また私は、思考を、物理学や神経生理学の言葉で特徴づけられる現象と法則的に同一視したり対応づけたりすることができるとする考えに、何ら説得力を感じない。さらに私は、語りえないことは思考できないと主張する根拠があるとも思わない。というわけで私のテーゼは、すべての思考のそれぞれの存在がその思考を表現する文の存在に依存している、といったものではない。私のテーゼはむしろ、生物は言語をもたなければ思考をもてないというものである。思考する合理的な生物であるためには、その生物は数多くの思考を表現できるものでなければならない。とりわけ、他の生物の発言や思考を解釈できる存在でなければならない。

すでに述べたように、この主張は、これまでにもしばしばなされてきた主張である。だがその根拠は何なのか。この考え方が、合理主義者からアメリカのプラグマティストに至るまで、そして現代の分析哲学者のあいだにさえ、広く流布しているとするならば、それに対する論拠が欠けていることは注目に値する。ここまでで私は、言葉をもたない動物が関わる場合には内包性規準の適用があやしくなるということを指摘し、そして、思考が存在しているときには一般的な（真なる）信念が豊富にあることが要求されるということを指摘した。これらの考察は言語を示唆する方向を向いてはいるが、しかし、言語が思考に不可欠であるということの論証にはならない。実際のところ、これらの考察が示唆しているのは、言語がなければ多くの思考はおそらく存在しえないだろうということだけである。

言語に対する思考の依存への反論として、ある明白な観察がある。言語をもたない動物に信念や欲求や意図を帰属させることで、それらの行動をうまく説明でき、ときには予測もできる、という観察である。その手法は犬やカエルに対しても人間の場合と同じぐらい有効である。しかも付け加えるならば、われわれはこれ以外に動物の行動を説明する一般的で実践的な代替枠組みをもっていない。そうした事実はこの手法を適用することの正当化にならないだろうか(3)。

正当化になることは疑いない。だがそれでもなお、言葉をもたない（＝解釈を行なったり言語的コミュニケーションに加わったりすることができない）動物が命題的態度をもっていると結論することが誤りであると言えるような、明確な一つの意味が存在する。このことを理解するためには次の点を反省してみるだけでよい。すなわちある人が、熱線追尾ミサイルの動きを説明するのに、そのミサイルが飛行機を破壊することを欲していて、じっさい観察された動きのとおりに動くことでそれを実現できると信じていた、と想定する以上によい代替説明を見つけることが困難である場合がある。この無知な観察者がミサイルに欲求と信念を帰属させることは正当化されるかもしれない。しかしこの観察者は間違っているだろう。たとえば私は、より多くのことを知っている。というのは、ミサイルがどのように設計されているかを知っているということではない。そうではなく、私の無知な友人がミサイルに帰属させた欲求と信念をまさにもっている人たちによって設計され、製造されたがゆえに、そのミサイルは現にしたとおりの動きをした、ということを私が知っているからである。私の説明は依然として目的論的であり、命題的態度の存在にも依拠しているが、それでもよりよい説明になっている。なぜなら、私の説明は、思考する生物がもつはずの幅広い行動の潜在的可能性を、ミサイルに帰属させたりはしないからである。

言語をもたない生物のケースは二つの点でミサイルのケースとは異なる。まず、多くの動物はその行動の幅においてミサイルよりもはるかに人間に似ている。また、動物の行動を説明するさいには、命題的態度を割り当てる以上によい仕方が見あたらないことがしばしばである。それゆえ論証を行なうためには、言語が与える、思考にとって必要不可欠なものがいったい何であるかを特徴づける必要がある。というのももしそのような必要条件があるならば、われわれは、喋ることのない生物に対して命題的態度を帰属させることによってそれらの行動をなおも説明しつづける一方で、同時に、そのような生物が実際には命題的態度をもたないと認めることが可能になるからである。われわれはそのとき、観察された行動が要求するよりもはるかに強いパターンの説明を適用していること、そして、観察された行動がそのような説明を行なう意義を与えるほど緻密なものでないことを、認めざるをえないであろう。

論文の残りの部分で、私は、言語のみが与えうると私が考える思考の条件を述べ、さらに私の見解に有利な考察をいくつか列挙しようと思う。それらの考察を私は一種の論証として提出するが、もちろん、私の議論がいくつかの点で反論可能であることもあきらかになるであろう。

その「論証」は二つのステップからなる。すべての命題的態度が諸信念という背景を必要とすることはすでに示せたものと私は考えている。そのため以下では、信念の条件に考察を絞りたい。信念がなければ他の命題的態度も存在せず、それゆえ私が特徴づけたような合理性も存在しないのである。

1 まず私は、信念をもつためには信念の概念をもつことが必要であることを論じる。

2 次に私は、信念の概念をもつためには言語をもたなければならないことを論じる。

ノーマン・マルコムはさきに言及した論文の中で、信念をもつことと信念の概念をもつこととを、私が望むのと似た仕方で区別している。ただし彼の用語法は私のものとは異なる。私は「思考」という語をすべての命題的態度を覆う意味で用いてきた。しかしマルコムは「思考」の語の適用を高次の心的活動に限定している。彼の見解では、犬は、猫が樫の木に登っていったと信じることはできるが、猫がその樫の木に登っていったという思考はもつことができない。後者は言語を必要とするが前者は必要としない、というのがマルコムの考えである。マルコムは次のように述べることで両者を区別する。ある生物がpということを意識しているとすれば、その生物はpということをたんに思っている（信じている）だけである。しかしもしその生物が、自分がpということを意識しているということを意識しているならば、その生物はpという思考をもっている。この区別は、私が、pと信じることとpと信じていると信じることとのあいだに想定する区別に非常に近い。後者は信念についての信念であり、それゆえ、信念の概念を必要とする。大まかに対比するとこうである。マルコムの考えるところによれば、言語は、たんに何かを思うだけの生物と思考の概念をもつ生物とのあいだに一線を引く。それに対し私は、何かを思うのにも生物は思考の概念をもたなければならず、よってどちらのケースにおいても言語は必要だと考える。

ドナルド・ワイスがマルコムに反論している。ワイスは、理にかなった意識の帰属が、喋ることのない生物に対しても可能であると考える(4)。彼の例は人々の琴線に触れるものだと思うので、まずそれをパラフレーズしてから、長めの引用を行なうことにしたい。ストーリーはこうである。アーサーは犬ではない。別の星から来たいわばスーパードッグである。アーサーは単独で地球に到来し、地球で卵からかえされた。彼は、他の生物と交渉せず、他の生物のことも知らない。なぜなら彼はマジックミラーを通して観察されているからだ。アーサーは言語をもたない。ワイスによれば、次のような光景を目にしたとき、われわれは、アーサーが反省的な知性をもっていると確信するようになる。

ある日アーサーはきらきら光る金属を見つける。そしてそれを火の中に入れ、ハンマーで叩いて延ばそうとする。が、その金属はどうも熱する前より展性を増していないらしいことに気づく。そこでアーサーはふたたび、よりゆっくりと、よりやり方を工夫しつつ、それを延ばそうと試みる。しかし結果はまたしても同じである。アーサーが信じていた規則性は――と、見ているわれわれは囁きあうのだが――完全には普遍的でなかったようだ。アーサーは一般的規則に従わない事例を発見したのだ。

アーサーは、続けて、彼の居住地の周りを動揺した様子で歩きまわる。彼は突然座り込む。そして同じくらい唐突に、彼はふたたび立ち上がる。彼は前の方に歩いていき、そして後ろの方に歩いていく。さらにもういちど彼は座り込む。ただし今回はずっと座ったままだ。同じ姿勢で十五分が経過。アーサーの目はじっと正面を見据えている。そのとき、突然、彼はぱっと跳び上がる。そしてそのあとすぐさま大量の木材を火にくべる。〔……〕彼は例の新発見の金属を火の中に突っ込み、しばらくしてから、取り出す。再度彼は、それをハンマーで叩いて延ばそうとしてみる。――こんどは成功だ。そうしていまや彼は満足したように見える。〔……〕そして彼は、くつろいだ様子で食事を作りはじめる。(5)

アーサーが彼自身の信念について反省を行なったとする強力な証拠をわれわれはいまや手にしている、とワイスは述べる。ワイスがとりわけ感銘を受けているのは次の事実である。すなわち、アーサーが、困惑させられた状態への対応として、まず目を見開いて座り、身じろぎもせず、それからほんとうに跳躍して、問題の解決を構成する一連の行動へと取りかかったという事実である。[6]

アーサーの運動を記述するときにワイスが用いる論点先取的な語彙を、私は無視することにしたい。というのも、ワイスが〝正しい木に向かって吠えている〟ことはたしかだと思うからである。つまり、本質的なことは、われわれがアーサーを、はっと驚いているものとして記述できるということなのである。次の点はあきらかだと思われる。もしアーサーが驚いているのならば、彼はまさしく反省的思考をもち、そしてもちろん信念をもっている。

これはけっして、考えるということのすべてが自己意識的である、という主張ではない。あるいはまた、pであると思うときにはつねに、pであるのだということを意識していなければならないとか、自分がpと信じていることを信じていなければならないとか、pだと自分が思っていると思っていなければならないといった主張を意味しない。私の主張はむしろこうである。何らかの命題的態度をそもそももつためには、信念の概念をもつこと、そして何らかの信念について信念をもつことが必要不可欠である。しかし信念の概念をもつためには何が必要なのか。ここにおいて私は、はっと驚くという現象に助けを求めることにしたい。私の考えでは、驚きは信念の概念を必要としているからである。

一枚のコインが自分のポケットに入っていると私が信じているとしよう。ポケットの中身をぜんぶ出してみたところ、コインがない。私は驚く。私がそもそも信念をもたないなら、私が驚くこともありえなかった（物音などにびっくりすることはあるだろうが）ということはきわめてあきらかである。また、それとおそらく同じぐらいあきらかなことに、信念――すくなくともいまの例に出したような種類の信念――をもつことは、驚きの可能性を含意している。私がポケットにコインを一枚もっていると信じているのだとすれば、私の心を変化させる何かが起こったのであろう。しかし驚きにはさらにもう一つ別のステップが含まれている。最初にポケットにコインが一枚あると信じ、それからポケットの中身をぜんぶ出した後その信念を抱かない、というだけでは十分ではない。驚きに必要なことは、これまで信じていたこととあらたに信じるようになったこととのあいだの対照性を、私が気づいて意識することである。ところがそのような気づきは、信念についての信念にほかならないのである。つまり私が驚いているとすれば、私は、とりわけ、自分のもともとの信念が偽であったと信じるようになっているわけである。先行する信念が偽であったという信念を、驚きのすべてのケースが含んでいるとまで主張する必要はないだろう（もっとも私はそう考えたい気がするのだが）。ここでまさに主張したいのは、自分自身の信念の正しさについての信念を伴うような驚きに服することなしに、そもそも信念をもつために必要な種類の諸信念の一般的ストックをもつなどできないだろうということである。よって、何かについての驚きは、思考一般にとっての必要かつ十分な条件なのである。これが私の「論証」の第一の部分の結論である。

信念の概念の非常に重要なポイントは、それが、真であったり偽であったりしうるような、つまり正しかったり正しくなかったりしうるような、有機体の何らかの状態の概念であるということである。それゆえ、信念の概念をもつことは、客観的真理の概念をもつことでもある。ポケットにコインが一枚あると私が信じているのであれば、それは正しいか間違っているかである。そして私が正しいのは、ポケットに一枚のコインがあるときにかぎられる。もしポケットに一枚もコインがないことを知って驚いたとすれば、私は、自分のそれまでの信念が自分の所持金の状態に対応していなかったということを信じるようになるだろう。つまり私は、私の信念から独立した客観的実在という観念をもっているわけである。

生物はいかなる命題も抱かずに複雑な仕方で世界と相互作用することがありうる。その生物は色や味や音や形を識別できるかもしれない。また生命を維持したり食物摂取量を増やしたりするような方向に、学習を――すなわち行動の変更を――行なえるかもしれない。さらに、先行する刺激に反応したような仕方で新しい刺激に反応するといういみで、その生物は「一般化」を行なえるかもしれない。しかし以上のことはいずれも、どれだけ私の基準で見てうまくいっていようと、その生物が、信念に必要な、信じられていることと事実成り立っていることとのあいだの対比を、自分のものとして使いこなしているということを示すものではない。

そうした対比を使いこなしていることを示すものがあるとすれば、それは何であろうか。言語的なコミュニケーションはあきらかにそのようなものとして十分であろう。他人の誰かの発言を理解するために、私は、彼女が考えるものと同じものについて考えることができなければならない。つまり私は彼女と世界を共有していなければならない。すべての事柄に関して彼女に同意する必要はない。しかし同意しないためには、われわれは同じ主題について同じ命題を抱き、同じ真理概念を抱いていなければならない。コミュニケーションというものは、コミュニケートする者の双方が、共有された世界すなわち間主観的な世界についての概念をもち、さらに相手もそのような概念をもっていると正しく考えている、ということに依拠している。だが間主観的な世界の概念とは、客観的な世界の概念、つまりコミュニケートする者の双方がそれについて信念をもちうるような世界の概念なのである。

そこで私は次のように示唆したい。間主観的な真理の概念があれば、信念の基礎としては十分であり、またそれゆえ一般に思考の基礎としては十分である。そして、おそらくこれはじゅうぶんもっともなことだと思われるが、間主観的な真理の概念をもつかどうかは、完全な言語的意味におけるコミュニケーションに依存している。しかしながら、私の「論証」を完成させるためには、次のことを示さなければならない。すなわち、信念と真理の対比を手にするに至る唯一の道が、間主観的な真理の概念をもつことを通してであることを示さなければならない。そして、打ちあけると、私はそれをどうやって示せばよいのか分からない。しかしまた、上記以外の道でどうやって客観的真理の概念に至ることができるのかも、私には理解できない。第二のステップ[1]のための論証に代えて、私は次のアナロジーを提出したい。

もし私が地面にボルトで固定されていたならば、私は、自分からさまざまな対象までの距離を確定する手段をもたないだろう。私に分かるのはただ、それらの対象が私からそれらに向かって引いた直線上にあるということだけだろう。私はそれらの対象とうまく相互作用できるかもしれない。だが、それらの対象がどこにあるのかという問いに対して内容を与える術は、もちえないだろう。ボルトで固定されていないおかげで、私は自由に三角測量をすることができる。客観性に対するわれわれの理解は、もう一つの種類の〝三角測量〟の帰結である。その三角測量には二つの生物が必要である。それらの二つの生物は一つの対象と相互行為する。そしてそれぞれの生物に物の客観的な在り方という概念を与えるのは、言語によってそれらの生物のあいだに結ばれる基線である。二つの生物が真理の概念を共有しているという事実のみが、それらが信念をもつという主張や、それらが対象に対し公共的世界の中での位置を割り当てられるという主張に、意味を与えるのである。

以上の考察の結論は、合理性は社会的形質であるというものである。コミュニケートする者だけが合理性をもつのだ。

原注

（1）手もとの記録によれば、私は本稿を書くまでに「なぜ動物は思考できないか（Why Animals can't Think）」と題した講演を、ヴァルドスタ、ジョージアに始まりオークランドに至るまで、計十回以上行なっている。そのタイトルは偏向的だった。というのも、私が擁護したのは（本稿と同様）言語をもつ生物だけが思考できるという点だったからである。とはいえ私は、たまたま、唯一人類だけが、言語——もしくは命題的思考の帰属を正当化しうるほど十分に言語に似たもの——をもつと信じている。言葉をもたない生物をどう扱うべきかという道徳的問題に関して言えば、私は、思考や言語をもたないものをそれらをもつものより冷遇すべきだとする理由はないと考える。むしろその反対であろう。

（2）Norman Malcolm, 'Thoughtless Brutes', p. 13.

（3）この見解はJonathan Bennet, *Linguistic Behavior* において力説されている。

（4）Donald Weiss, 'Professor Malcholm on Animal Intelligence'.

（5）Ibid., pp. 91–2.

（6）Ibid.

訳注

［1］原文では 'first step' だが、文意を尊重し、「第二のステップ」と訳した。

第8論文

第二人称

1992

……何ごとかを意味することは、誰かのところに出かけていくことに似ている。
——ウィトゲンシュタイン『哲学探究』四五七節

ある人がある言語を話したり理解したりしていると言えるためには、その言語に熟達した話し手がどれだけの数存在していなければならないだろうか。それは曲がりくねった進化の行程に支配された事柄であるため、私には答えが分からない。おそらくかなりの人数が必要だろう。しかし、哲学者はより理論的な観点からこの問いを立てることができる。本稿では第二人称の役割——原理上の役割——に考察を集中させる。たぶん付け加えておくべきだろうが、私の主題は「あなた」や「汝」、「tu」や「vosotros」といった文法上の第二人称ではない。以下の話題は実在の第二の人物であって、その人に話しかけるときに使われる言葉ではない。

一つの見方からすれば、言語は複雑な抽象的対象である。それは、有限個の表現（語）を枚挙し、また、表現の有意味な連結（文）を構成する規則を述べ、さらに、個々の語の意味論的特徴にもとづいて有意味表現に意味論的解釈を与えることによって定義される。この種の対象の記述方法や定義方法の委細は本稿の主題ではない。

右のように考えると、言語は明白な意味において抽象的である。つまり、それは観察不可能であり、不変であり、その構成要素も観察不可能かつ不変である。その気になれば、表現は、現実の発話やインスクリプションがときとして帯びるような音響的あるいは二次元的な幾何学的形体と見ることもできるが、表現自体はやはり抽象的であり、具体例をもつかどうかとは独立に存在している(1)。ある表現を対象やクラスへの写像によって解釈する関数も、もちろん抽象的である。言語の特徴づけに登場する唯一の具体的特殊者は、一部の表現が（たとえば名指し関係や、より迂遠になるが、タルスキ流の充足関係によって）そこへと写像される対象の一部だけである。

言語の抽象性は驚くにはあたらない。言語という概念は、名前・述語・文・指示・意味・真理[1]といった概念と同類であり、それらに依存している。これらはどれも理論的概念である。これらの概念は言語を使用したり学んだりする上では不要である。それらが第一言語の習得に役立てうるものでないことはあきらかである。これらの概念が必要になるのは、言語行動について語るときである。哲学者や心理学者や言語学者は、言語的活動を記述し、理論化し、説明したいときにこれらの理論的概念を必要とする。その他の人々も、話について話したり書き物について書いたりする機会はあるから、これらの理論的概念はわれわれの誰もが言語についてもっている非公式のルーズな「理論」の中に居場所をもっている。

じっさい、言語や諸言語について語ることはいつでも誰にでもできるから、われわれはつい、そのようなものが世界の中には存在しないことを忘れがちになる。存在するのは、話し手と、その所産であるさまざまなインスクリプションや音響だけである。これはそれ自体としては明白な事柄だが、容易に忘れられがちであり、またそこからの帰結も一般には認識されていない。

たとえば、右に記述した意味での言語概念の一つの特徴は、誰も話したことがない無数の「(諸)言語」が存在しなければならない、という点である。ある人がある特定の言語(たとえばフランス語)を話すと言うことは、日付を付しうるその人の発話や書き物が、フランス語の表現のトークンだと言うことにほかならない。発話やインスクリプションがフランス語の文のトークンであるためには、それらがフランス語の文の実例になっている必要がある。つまり、フランス語の文として定義されている形体の一つをもたねばならない。そして、その発話はフランス語の定義がその形体に割り当てる意味論的特徴をもたねばならない。(他の——おそらく話し手のいない——言語はその同じ形体に異なる意味論的特徴を割り当てることだろう。)このように、フランス語の存在がそれを話す人の存在に依存しないことは、形体の存在がその形体をもった対象の存在に依存しないのと同じ事情である(2)。

それゆえ、ある特定の言語の存在は、抽象的な対象一般がそそりうる以上の興味をそそるものではない。論理学者なら、それを、他にも無数に存在する形式的パターンの一例として扱うことができる。そのような研究にはさまざまな利得があるが、しかし、それは他人の発言を理解したり、他人に理解してもらう術を学んだりといったわれわれの通常の関心とはほとんどつながりをもたない。われわれが言語現象に寄せる実際的な関心は、純粋に理論的な関心とはちがって、次のようなものである。すなわち、われわれは他人の現実の発話を理解したいのであり、自分の発話を理解してほしい。言語はこのような関心とどのようなつながりをもつのだろうか。

答えて言えば、語や文といった概念を使わずには、言語的な行動や傾向性のもつ言語的な側面について、体系的な記述を与えることができない、ということになる。たとえば、「demain」がフランス語では明日という意味であることを学ぶときにわれわれが何を学んだことになるかを語りうるためには、語を――「demain」の発話が共有しているかの神秘的な抽象的（音響的）形体を――話題にしうる必要がある。つまり、語「demain」の発話は発話の日の翌日を指示するというふうに。語や文を指示できなければ、どの発話が文の発話に（したがってまた理解可能な発話に）該当するかを特定するのは容易ではない。

こうして、言語という概念、またそれに付随する述語、文、指示といった概念の眼目は、次の点にある。すなわち、われわれがこれらの概念のおかげで、話し手の行動や、話し手と解釈者のあいだのコミュニケーションを可能にしている二人の知識について、斉合的な記述を与えられることである。私はけっして、話し手や彼を理解している人々自身が、自分たちの能力や行動に関してそのような記述を与えることができなければならないと言うつもりはない。例に即して説明しよう。ある言語の熟達した話し手（また熟達した解釈者）は、不特定多数の文の真理条件を知っている。たとえば日本語の話し手のほとんどは、「北京は中国にある」[2]が真であるのは北京が中国にある場合であり、その場合にかぎられることを知っている。また話し手は、他の無数の文についても、これと類似の知識をもっている。話し手はこの知識を言葉にできる必要はない。しかし、話し手や解釈者のもつこの知識の総体をわれわれが記述できるためには、日本語に関する記述の一部にあたるような何らかの理論――真理理論またはそれに類するもの――をもっている必要がある。（日本語の話し手がもつ知識に関するこの記述は、日本語で

述べられる必要はない。また、それが日本語で述べられているのでない場合には、言わずもがなの印象も薄らぐ。〕

ここで最初の問題に戻ろう。ある言語の話し手が一人存在するためには、その言語の話し手や解釈者がどれくらいの数存在しなければならないのか。まずあきらかな困難からはじめよう。ある言語を話すためには、話す人の発話が何らかの言語の定義と整合していなければならない。〔しかし〕厄介なことに、発話の数は有限であるのに、言語の定義は無限個の文に意味を割り当てる。それゆえ、話し手の現実の発話すべてとは一致していながら、話されていない文に関しては食い違うような、無数の異なる言語が存在することになる。〔とすれば〕特定の話し手をそれらの言語の中のとくに一つの言語の話し手たらしめているものは何なのか。いや、問題はもっと深刻かもしれない。なぜなら、たとえ話し手が何か一つの言語のすべての文を(これは不可能なことだが)発話したとしても、クワインが主張したように、話し手の行動すべてと両立する言語は他にも数多く存在するはずだからである。そして、私はクワインの主張に同意している。

一人または一群の話し手に関して公的に入手可能なすべての証拠が、多くの異なる言語(われわれが暫定的に規定した意味での)と両立しうるという事実は、それ自体としては、われわれの悩みの種となるべきものではない。なぜなら、問題の言語の集合が経験的制約によってはっきりと画定されているかぎり、話し手が話しているのがその経験的に同等な一群の言語のどれか一つであることさえ分かれば十分だという点には、同意できるからである。そこで、以下では、この集合に属する任意の言語のことを、「話し手の言語」と呼ぶことにしよう。(3)〔しかし〕この戦略が経験的に同等な諸言語に関して申し分のないものとなるためには、証拠のうちに、われわれが問題の言語に属するものと見なすすべての文の発話が含まれているという想定が必要である。しかし、もちろん、そのような証拠はけっして手に入らない。それゆえ、ある話し手の現実の発話すべてと両立していながら、「その話し手が話している言語」とは言えないような言語が、数限りなく存在することになる。

この問題は、時制を交え、解釈者を相手とする形で述べることもできる。もしもあなた（解釈者）が、話し手がどのような仕方で話を続けるかを知らなければ、話し手がどれほど多くを話しても、あなたには話し手がどの言語を話しているのかが分からない。話し手がこれまで予想どおりのふるまいをしたとか、話し手があなたと同じ学校に通ったとか、同じ文化や共同体に属しているとかといった事実を持ち出しても役には立たない。なぜなら問題は過去ではなく未来に関わっているからである。また、話し手が一群の規約（どの規約を？）をマスターしたとか、一群の規則（どの規則を？）を学んだとかという考えを引き合いに出すわけにもいかない。規約や規則という概念は、言語という概念同様、言語行動を正当化したり説明したりする役には立たない。それらはたかだか、言語行動を記述（すなわち定義）する助けになるだけである。

この困難はウィトゲンシュタインを悩ませていた困難かもしれず、またまちがいなくクリプキ[4]を悩ませていた困難だが、私見では、これには比較的簡単な回答がある。話し手がある特定の言語を話しているという解釈が見かけ上の成功を収めている期間が長ければ長いほど、話し手がその言語を話している──つまり、話し手は今後もその言語を話す人として解釈可能だろう──という正当な自信もそれだけ大きくなる。こうしてますます増大するわれわれの期待には、われわれのもつ証拠と通常の帰納とによって正当な理由が与えられているかぎりで、正当な理由がある。これらの期待はおおむね条件的である。われわれはふつう、ある人が何を言う（will say）かは知らないが、しかしその人が言うかもしれない

(might say) 膨大な数の事柄を解釈する用意はある。一定の仕方で解釈するわれわれの傾性、そして一定の仕方で話し続ける話し手の傾性は、実体のないものでも神秘的なものでもない。それらはわれわれの脳と筋肉に備わっている実在的な特徴である。もちろん、他人に関して何が真であるかに関するわれわれの信念、したがってまた、他人がその言動によって意味する事柄に関するわれわれの期待は、まちがえやすい。私の考えでは、そのような信念はよくまちがえる。しかしそれらは正しい場合の方がはるかに多い。そしてわれわれはふつう、自分が正しく把握している事柄のおかげで、想定されていた言語には属さない発話に関するわれわれの理解を訂正できるのである。ある人の頭の中に何があるか、したがってまた、口にしていない無数の事柄によってその人が何を意味するか、それをわれわれが正しく把握しているかぎりで、われわれは、その人が話しているのが「どの」言語であるかを正しく把握していると言える。

ある人がその人の観察された発言行動と等しく両立する諸言語のうちのとくに一つを話していると信じるべきどのような理由を解釈者がもちうるかという問題に対するこのごく部分的な回答は、解釈の成功についての説明の委細には、それほど大きくは依存していない。この回答の要点は、二つの問題があるわけではないという点にある。すなわち、話し手がとくに一つの言語を話していると信じるべき理由の問題と、自然な期待形成の方法の問題である。第一の問題は第二の問題の一例にすぎない。

しかし解釈には別の側面があり、それはわれわれの考察にとってきわめて重要である。すなわち、解釈者がある話し手のある発話を（正しく）解釈するためには、解釈者は、解釈者が話し手の発話に一定の真理条件を割り当てるよう、当の話し手が意図していることを、知っているのでなければならない、という点である。(5) このテーゼを完全な形で説明するには、発話に「真理条件を割り当てる」とはどういうことかを説明しなければならないが、この観念の重要な諸側面を理解することは、意味の概念自体を理解することにおとらず困難である。しかし私の現在の目的はその問題の解決ではない。重要なのはただ、グライスにしたがって、コミュニケーションにおける意図の中心的役割を強調することだけである。もしもわれわれが、グライスとともに、《何ごとかを意味するためには話し手は特定の一人または複数の聞き手に一定の効果をおよぼそうと意図しているのでなければならない》と確信しているなら、言語はすくなくとも二人の人物の存在を要求するという意味では、すでにその社会性があきらかにされたことになる（なぜなら、特定の人物に一定の効果をもたらすためにはその人物が存在しなければならないと論じることが可能だからである）。以下ではこの直接的かつ魅力的な路線は採らない。とはいえ、すでに次のように言うことはできる。つまり、もしもコミュニケーションが成功するとすれば、話し手の側には右記のような意図がなければならないから、もしもコミュニケーションの成功が意味にとって本質的なら、これらの意図は意味にとっても本質的でなければならない、と。意図の存在が重要なのは、それによって意図と達成とのあいだの不一致の可能性が許容され、ひいては、まちがいの帰属ということに内容が与えられるからである。意図は、信念や期待と同様、注意や反省を必要としない。そして、意図はふつう、意識的な推論の結果得られるものではない。意図にはふつう、どのような特別な感情も伴わない。また、自分自身の意図についての知識は、（ふつうは）推論や観察の助けを経て得られたものではない。にもかかわらず、意図が関わりをもつ範囲の広さには際限がない。なぜなら、意図は《意図した事柄は実行可能だ》という信念に依拠しており、この信念のためにはまた、《意図された行為を妨げるものは何もない》という信念が必要だからである。こうして、意図には、《話し手が以前と同様の行動をやりそこなう》という観念が意味をなすために必要な当の性質が備わっているように思われる。(6)

いましがた素描した見解はもっぱら解釈を問題とするものである。だからそれは社会的な環境の必要性の論拠となるものではなく、むしろその存在を前提している。とはいえ、ここで、クリプキがウィトゲンシュタインに帰していると思われる見解の一定の側面に考察を加えておくのが有益だろう。(叙述の都合から、以下ではこれをクリプキの見解と呼ぶ。実際にはクリプキはこの見解を支持するとは明言していない。そして、それがウィトゲンシュタインの見解であったかどうかは、私には定かでない。だからこれは誰の見解でもないのかもしれない。)クリプキは規則に従うという考えに議論を集中させる。この考えによれば、言語を話すとは規則に従うことである。規則は、「同じ仕方で」行動する(たとえばある言葉を使う)とはどういうことであるかを特定する。とはいえ、規則を「把握」したりそれに「従」ったりするという内的な心的行為・過程は存在しないから、話し手の内部にある事柄をどれほど研究し、知ったとしても、その人が何か一群の規則に従っているのかどうかはあきらかにならない。解釈者はただ、話し手が解釈者と同様のふるまいをする場合に、話し手が自分(解釈者)と同じ規則に従っていると判定するまでである。意味という言葉を用いて言い直せば、われわれは、話し手がわれわれと同様のふるまいをする場合には、話し手が、われわれがその同じ言葉を発話する場合に意味するだろう事柄を意味しているものと判定するのである。(7)

規則に従うことに関する通常の概念は、はたして、ある言語を話すということのうちに含まれている事柄を記述するのにふさわしい概念なのかどうか、——この点は問題視されてしかるべきである。言語の規則という言い方をするときにわれわれがふつうに念頭におくのは、現実の実践について文法家や言語学者が与える(一般的で理想的な)記述であるか、または(多くの場合には)文法家がわれわれに遵守するようにと望む指令である。規則が言語学習の助けになることもあるが、その助けを役立てうるのは第二言語を学習する場合にかぎられる。ほとんどの場合、言葉の使い方の学習は、そもそもいかなる規則も明言的な形で学ぶことなしに達成される。[8] もちろん、現にウィトゲンシュタインは、《何ごとかを意味すること》を論じるさいに、算術における加法のような何らかの規則の遵守を論じるときと同じ論じ方をしている。しかし、これらの事例のあいだにははっきりとしたちがいがある。そして、そのちがいが、われわれが一方の事例では「規則」という言葉を使い、他方の事例では使わない理由を説明する。加法の場合には、答えに到達するための明示的な手続きが存在する。われわれはその手続きを学んだり記述したりすることができ、当の手続きやその記述のことを規則と呼ぶのは適切である。話すときにはわれわれはふつういかなる手続きにも従っていない。日常的な言語使用の中には加法における和の算出に対応するものは何もない。もしもこのように、《規則に従う》という概念が、《何ごとかを言うことで何ごとかを意味すること》の記述にかならずしもふさわしくないのだとすれば、次の点もまた疑わしくなる。すなわち、たとえ《言語使用のためには社会的舞台設定が必要だ》という点には同意するとしても、はたして、《何ごとかを意味するためには規約や慣習や制度が必要だ》という考え方を文句なしに受けいれてよいのかどうか、という点である。[9]

より重要な疑問は、次のような考え方に関わるものである。すなわち、《言語的コミュニケーションのためには話し手が他人と同じ仕方で話を続ける必要がある》という考え方、つまり、話すことで何ごとかを意味するためには同じ語で他人と同じことを意味するのでなければならないという考え方である。先に私は、ある人が別の人を理解するためにはどんな種類の期待が満たされていなければならないかについて説明したが、その説明は、二人が同じ言語を話す必要性には触れていなかった。また、それが必要である理由もあきらかではない。ことによれば、言語は、動物がたがいに相手を模倣する自然な傾向性をもっているということが基盤となってはじめて、存在できるようになったのかもしれない。私には疑問があるが、たしかにそうなのかもしれない。だが、そうでないことも可能であることはまちがいない。いま、あなたと私だけがこの世の話し手だとしよう。そして、あなたはシェルパ語を話すが私は英語を話すのだとしよう。その場合、二人はそれぞれ異なる「規則」(規則性)にしたがっているが、それでもわれわれは理解し合えるようになるだろう。もちろん、重要なのは、われわれが相手に言語として理解可能な何かを提供しあうことである。話し手はそれを意図していなければならない。しかし、この意図を実現する作業は、相手から見てある程度整合的である必要はあるが、そこには共有された規則や規約の遵守は含まれていない。音声コードが異なるために、二人が同じ音を発することができず、だから同じ言語を話せないことさえありうる。そのような状況においてコミュニケーションが成立しえないことを示す論証を私は知らない。それゆえ、言語を話すためには解釈者の存在が必要だが、そのことからは、複数の人物が同じ言語を話さねばならないという帰結は出てこない。これは幸いなことである。なぜなら、言語とは何かを厳密に考えるなら、実際にはどの二人も同じ言語を話してはいない公算が高いからである。それゆえ、言語を話すことに関するクリプキの規準は正しいものではありえないという結論になる。言語を話すことが他人(あるいは多くの他人)と同じ仕方で話すことに依存しているはずはない[10]。

そこで、いま、言語を話すことに関するテストが、この点を加味して修正されたとしよう。言語を話すことは、複数の話し手が同じ仕方で話すことを必要としない、とわれわれはいまや主張する。ある言語を話すために必要なのはただ、話し手が意図的に自分自身を他人から解釈可能ならしめることだけである(話し手は、おおむね他人の期待に沿って、あるいはすくなくとも、他人が解釈しうる仕方で「ふるまう」のでなければならない）。

これはまちがいなく、コミュニケーションが成功するための必要条件である。しかし、これがさらに、いやしくも何らかの言語を話すために満たされていなければならない条件だと言えるのは、なぜなのか。ある人が、同じ仕方でふるまっていながら——解釈可能であるためのすべての条件を満たしていながら——実際には解釈されないということが、どうしてありえないのか[11]。

たしかに、ある人がある特定の言語を話していることに関するわれわれの証拠は、主として、われわれがその言語の話し手に期待するふるまいをその人がするという事実にもとづいている。もちろん、他にも多くの種類の証拠がある。話し手の衣装や仲間や居住地域はどれも彼の言語への手がかりになるだろう。それでも、真相の究明が最終的には発言行動の子細に依存しているという点には同意できる。面倒なのは、元来の問題が、コミュニケーションの条件ではなく、また《他人がある特定の言語を話していることについてわれわれがどんな証拠をもちうるか》という問題でもなかったことである。問題は、話し手の唯一の言語、あるいは第一言語が、私的言語でありえないのはなぜか、という点にあった。

これまでの議論の流れに沿って、ここでわれわれは、私的言語という概念について、一つの修正あるいは補足説明を施さなければならない。私の理解では、私的言語は、ただ一人の人が話す言語という意味ではなく、ただ一人の人しか理解できない言語という意味である。いまや問題は、ただ一人の人しか理解できない言語がなぜ存在しえないのか、である[12]。本稿の冒頭に掲げた一節でウィトゲンシュタインが与えているように見える回答は、こうである。すなわち、解釈者がいなければ、話し手がまちがえた——同じ仕方でふるまわなかった——という主張にはいかなる実質も与えることができない。

しかし、話し手が解釈者（あるいは他人）と同様にふるまわなければならないという条件を除去したことで、われわれは同時に、言語的誤りを特徴づけるすべての可能性をうかつにも破棄してしまったのではないだろうか。話し手の挙動と比較されるべき社会的慣例が存在しないならば、話し手が何を言おうと、ウィトゲンシュタインが言うように、それを何らかの規則と（つまり何らかの言語と）一致させることができるのではないだろうか。もしも他人の言語行動が、話し手にとっての規範になるのでなかったら、話し手にとっての規範となるものなどありうるのだろうか。答えて言えば、一定の仕方で解釈されたいという話し手の意図が、「規範」を提供するのである。話し手は、彼の意図のとおりに理解されるような仕方で話さなければ、意図を実現できない。通常の条件下では、話し手は自分が聞き手と同じ話し方をすると最も理解されやすいことを知っているから、聞き手と同様の仕方で話すことを意図するだろう。その場合、話し手は、他人と異なる話し方をすれば、自分の意図の一つを実現できないことになる。私の考えでは、多くの哲学者が、話し手の発話の意味を、同じ言葉で他人が意味する事柄と結びつけてきた理由は、この単純な事実によって説明される（「他人」ということで、言語共同体を指すにしろ、「専門家」あるいは何らかの意味でのエリートを指すにしろ[13]）。私の説明では、このつながりは本質的でも直接的でもない。それが有効に働くのは話し手が（一定の）他人と同じ仕方で解釈されたいと望む場合にかぎられる。そのような意図がないときには、話し手の正確な理解は、彼が声を届かせようと意図した範囲の外にある慣習からは、影響を受けない。（「正しく」話そうという意図の失敗は、一定の仕方で解釈されたいという意図がそれによって破綻するのでないかぎり、話し手が意味する事柄にとっては重要でない[14]。）

以上の考察が正しいとすると、そこからあきらかなのは、自分の発言によって何ごとかを意味するために必要な事柄に関して、クリプキが提案した説明よりも控え目で、より説得力のある代案が存在することである。なぜなら、クリプキの説明では、話し手が何ごとかを意味しているかどうかのテストは、話し手が他人と同じふるまいをしているかどうかに依存しているが、しかし、自分が何ごとかを意味していると思うことと、実際に何ごとかを意味していることとのあいだのそれと同じ区別は、一定の仕方で解釈されたいという話し手の意図の成功という観点からも、立てることができるからである。どちらの仕方で区別を立てる場合にも社会的舞台設定が必要になるが、第二の区別は話し手に関して〔第一の区別とは〕異なる要求を立てるものである[15]。

いまや私的言語が存在しえない理由が示されただろうか。もちろん、そうではない。クリプキの提案が正しいと仮定すれば、自分が何ごとかを意味していると思うことと、実際にそれを意味していることとのあいだに区別を立てる一つの方法は、たしかに、言語が公共的であることを要求する。しかし、その区別を立てる方法（場合によっては社会的環境にさえ依存しない方法）が他にはありえないという点については、何も確定的なことは言われていない。

言語が本質的に公共的だという点を確立したければ、これとはまったく別の種類の論証が必要である。本稿の残りの部分では、そのような論証を提案する。その論証は、発言に関わるだけでなく、信念や意図をはじめとする命題的態度にも関わる。以下の論証は、回答が求められている懐疑論的設問から出発するものではないが、その結末はウィトゲンシュタイン的と見なすべき結論である。すなわち、言語は必然的に社会的な事柄だというのがそれである。

まず初歩的な学習状況を考えてみよう。ある生物がある刺激（あるいは刺激クラス）に対して特定の仕方で反応するように教えられるか、いずれにしろ学習する。犬はベルを聞いてエサを与えられる。やがて犬はベルを聞くと涎を流すようになる。片言を話す子供は、あきらかにテーブルが現前している場面で「テーブル」に似た音を発すれば、ご褒美をもらえる。このプロセスは繰り返され、やがて子供はテーブルを前にすると「テーブル」と言うようになる。このプロセスの中では、一般化や類似性の知覚という現象が本質的な役割を演じる。ベルが一回鳴れば、それだけでも十分に犬は類似の行動を促される。それはちょうど、食べ物を一回見せられれば十分に涎が流れるのと同様である。何かそのような識別メカニズムがわれわれに生まれつき備わっていなければ、何ごとも学習できないだろう。同じことが子供についても言える。われわれは子供の刺激を、それらの刺激が子供にひき起こす反応の類似性によってクラス分けすることができる[16]。

これは簡単明瞭な事柄だと思われるが、心理学者が指摘したように、刺激に関しては一つの問題がある。犬の場合の刺激がなぜ《ベルが鳴ること》だと言えるのか。なぜ、《犬の耳の付近での空気の振動》だと言えないのか。あるいはさらに、《犬の末梢神経の刺激過程》だと。当然ながら、もしもベルが鳴るときと同じように空気が振動するなら、犬の反応にはちがいが生じないだろう。また、しかるべき末梢神経がしかるべき仕方で触発される場合にも、やはりちがいはないだろう。実際、どれかを選ばなければならないとするなら、行動に最も近接した原因こそが、刺激と呼ばれるのにいちばんふさわしいと思われる。なぜなら、出来事がその知覚者から因果的に遠ざかれば遠ざかるほど、因果連鎖が破綻する可能性が高まるからである。子供についても同じことが言えるはずである。つまり、子供の反応はテーブルへの反応ではなく体表の刺激パターンへの反応である、なぜなら、それらのパターンはつねにその行動をひき起こすが、テーブルは良好な条件下でしかそのような行動をひき起こさないのだから、というふうに。

犬がベルに反応すると言い、子供がテーブルに反応すると言うことがとても自然に見えるという事実は、何によって説明されるのだろうか。それがわれわれに自然に見えるのは、それが現に自然だからである。もちろん、われわれにとって。犬と子供が一定の刺激に対して似た反応を示すように、われわれも一定の刺激に対して似た反応を示す。犬のいろいろな涎を一括りにすることを自然だと見なすのはわれわれである。そして、われわれが犬のふるまいと因果的につながりをもつものとして難なく気づき、一括りにする世界内の出来事は、ベルが鳴ることである。われわれは子供による「テーブル」の発話がたがいに類似していることに気づくが、それらの発話に付随する世界内の対象の中で、われわれが自然に一括りにするのは、テーブルのクラスである。ベルと犬の耳のあいだ、テーブルと子供の目のあいだをいろいろな速度で疾走する音響的・視覚的なパターンをわれわれは容易には観察できないし、できたとしても、それらがなぜ類似していると言えるのかを指摘するのは困難だろう。(もちろん、鳴っているベルや見られたテーブルに特有のパターンを利用して、人をだますといった事例は例外である。)また、われわれは他人や動物の末梢神経を観察するわけではないし、観察したとしても、検査するたびごとに見出されるパターンの類似性を循環を伴わない形で記述するのは不可能だろう。この問題は、テーブルやベルの音を、テーブルやベルに言及することなくセンスデータにもとづいて定義する(解決不可能な)問題と同じようなものである。

われわれの見取り図には、いまや二つではなく三つの類似性パターンが含まれている。子供の目には、テーブルはどれも類似している。われわれの目には、テーブルはどれも類似している。そして、われわれの目には、テーブルを前にした子供の反応はどれも類似している。いまや、子供の反応を、テーブルに対する反応と呼ぶことに、意味が与えられる。これら三つの反応パターンが与えられれば、われわれは子供の反応を引き出す刺激に、場所を割り当てることができる。問題の刺激とは、われわれが自然に、たがいに類似していると見なすような対象や出来事（テーブル）であり、また、われわれがたがいに類似していると見なす子供の一連の反応と相関関係をもっているような、対象や出来事である。これは一種の三角測量（triangulation）である。一つの線は子供からテーブルに向かい、もう一つはわれわれからテーブルに向かい、第三の線はわれわれから子供に向かう。子供からテーブルへの線と、われわれからテーブルへの線とが交差する点に、「刺激」（'the' stimulus）が位置づけられる。世界と子供に関するわれわれの見方を前提とすれば、われわれは子供の反応の「原因」（'the' cause）を選出できる。それはわれわれの反応と子供の反応の共通の原因である。(17)

〔以上によって、〕《刺激が共通空間の中に客観的な場所をもっている》という観念に意味を与えるのに十分なだけの特徴が整った。しかしこの見取り図の中には、われわれ観察者やその対象である犬や子供がこのような観念をもっていることをあきらかにするものは、何も含まれていない。とはいえ、すでにかなりのところまで来ている。なぜなら、私が正しければ、私が記述した種類の三角測量は、生物が特定の対象や特定種類の対象の概念をもっていることを確立するのに十分ではないが、しかし、そのための必要条件にはなっているからである（いやしくも、それらの生物がもつ概念が何の概念であるかという問いに対して、答えがなければならないとすれば）。一つの生物をそれ自体として考察しているかぎり、その生物の反応からはけっして、その反応がどれほど複雑なものでも、当の生物が反応している（考えている）対象が、たとえば体表ではなく一定の距離を隔てた出来事だといったことがあきらかになることはありえない。独我論者の世界はどんなサイズでもありうる。つまり、独我論者の観点からすれば、世界にはサイズはない。それは世界ではない。

力説しておかなければならないが、問題なのはけっして、生物がどの対象や出来事に反応しているかを検証することではない。重要なのは、第一の生物に反応する第二の生物が存在しないかぎり、目下の設問〔生物がどの対象や出来事に反応しているか〕への答えがありえないことである。そしてもちろん、この設問への答えが存在しなければ、生物がどの言語を話しているかという問題も答えをもたない。なぜなら、ある言語を《話されている言語》と見なすためには、発話が世界内の対象や出来事（それは一般には体表の出来事ではない）と対応づけられる必要があるからである。それゆえ、最初の問題への予備的な回答として、次のように言うことができる。すなわち、ある言語を話せるためには、事前に、話し手と相互行為している他の生物が存在しなければならない、と。もちろん、これだけで十分なはずはない。なぜなら、ただ相互行為が成り立っているというだけでは、その相互行為が当の生物にとってどんな意義をもつかということまでは、あきらかではないからである。問題の生物たちがその相互行為に反応しているのだと言えるのでないかぎり、当の生物たちは、《その生物たちは特定の事物に反応している》というわれわれの考えに内容を与えている三角関係を、認知に役立てることができない。

　私の考えでは、求められている事柄の一部は、次のようなものである。相互行為は、相互行為している生物によって役立てられるのでなければならない。たとえば、「テーブル」という語を学んでいる子供は、実質的にはすでに、自分の反応（「テーブル」と言う）がたがいに類似しているときには教師の反応（ご褒美）もたがいに類似していることに、気づいている。教師は教師で、自分（教師）がたがいに類似した刺激として知覚するものに対して、子供がたがいに類似した反応をするよう、子供を訓練している。これがうまく行くためには、あきらかに、類似性への生得的な反応――何を自然的に一括りにするかということ――が、子供の場合と教師の場合とで、たがいに類似していなければならない。そうでなければ、子供は、教師が似た刺激と見なすものに対して、教師が似た反応とは見なさないような反応をすることになる。話し手であるための一つの条件は、自分と十分によく似た他人がいることである。

これまでのところでは、言語を話すためにあきらかに不可欠な、信念と意図の概念について、明示的な説明を与えていない。私はけっして、それらの概念を、私が記述してきた単純な条件づけ状況にもとづいて導入しようなどとは考えていない。思考の概念は他の何ものにも還元できないのであり、これらの単純な概念にはなおさらである。これまでにあきらかにしようとしてきたのはただ、たがいに類似した生物同士の相互行為が、言語を話すための必要条件だということだけである。

ここで二つの論点をいっしょにしよう。第一に、もしもある人がある言語の話し手であるなら、類似性に対してその人自身と十分に類似した生得的反応を示し、しかも、話し手が反応している刺激が何であるかという問いにみずから答えうるような、他の感覚能力をもった生物が存在していなければならない。また第二に、もしも話し手の反応が言語的であるなら、それらは特定の刺激に対する自覚的かつ意図的な反応でなければならない。話し手は刺激についての概念――つまりベルやテーブルの概念――をもっていなければならない。ベルやテーブルは、類似性に対する一連の反応（それは一連の思考とさえ言えるかもしれない）の二つの（またはそれ以上の）集合の交差によってしか同定されないから、テーブルやベルの概念をもつことは、次の三つを頂点とした三角形の存在を認識することである。すなわち、一つには自分自身、第二には自分と似た他の生物、[3]第三には、こうして共有される空間に位置する対象（テーブルやベル）である。

三角形の第二の頂点――第二の生物ないし人物――が自分自身と同じ対象に反応していることを知る唯一の方法は、他人が同じ対象を念頭においているのを知ることである。だがそうすると、第二の人物もまた、第一の人物が、第二の人物が一つの頂点を占めているのと同じ三角形の一つの頂点を形成していることを、知っているのでなければならない。二人の人物が、おたがいに関して、自分たちが右のような関係をもち、また自分たちの思考が右のような関係をもっていることを知るためには、二人がコミュニケーションを行っていることが必要である。彼らはどちらも、他方に話しかけ、他方から理解されるのでなければならない。すでに述べたように、二人は同じ言葉で同じことを意味する必要はないが、しかし、たがいに相手の解釈者でなければならない。

最前の二つの段落で急ぎ足で述べた事柄は、有意味な発言というものについての説明を与えるのに必要な仕事がどんなものであるかを示唆している。だがそのような説明を与えることは、私の目的ではなかった。私はただ、第一言語が私的でありえない理由をあきらかにする論証を探していただけである。

この論証は、それがあきらかにしているのが、第一言語が私的な言語（つまり、一人にしか理解されない言語）でありえないことであるかぎりでは、クリプキの描くウィトゲンシュタインと一致している。しかし、論証は異なる行程を辿っており、論証の中で言語の社会的側面に与えられる役割も異なっている。クリプキは話し手が共有しうる手続きを体現した第二の人物あるいは共同体を拠り所としている。対照的に、私が略述した論証には、共有された手続きは不要である（もちろん許容はするが）。しかし、それは、すくなくとも二人の話し手-解釈者の相互行為に依存する。なぜなら、私が正しければ、第二の人物との相互行為がなければ、話し手が何について話したり考えたりしているかを見分ける方法は存在しないし、話し手が対象を客観的な時空の中に位置づけうるという主張の基礎も存在しないからである。

私が提出した考察は言語だけに当てはまるのではない。それらは思考一般にも同じように当てはまる。信念や意図をはじめとする命題的態度はどれも、生物が間主観的な真理という概念をもつことなしにはもつことができない状態だという点で社会的である。そして、間主観的な真理という概念は、世界や、世界について考える仕方を他の誰かと共有することなしには（しかも共有していることを知ることなしには）、もつことのできない概念である。

原注

（1）あるいは、同じく抽象的な存在者をあげれば、表現は発話やインスクリプションのクラスと見なすこともできよう。しかし、表現を発話やインスクリプションのクラスと解する場合、発話されても書き記されてもいない表現すべて、ひいては未使用の言語の表現すべては、同一であることになる。一部の事例では、手の込んだ方法を使えばこの不都合を回避することができる（W. V. Quine and Nelson Goodman, 'Steps toward a Constructive Nominalism'を参照）。われわれの目的のためには、表現は形、つまり発話やインスクリプションが持ちうる性質と解しておいたほうがよいだろう。

（2）このような言語概念は、本質的な点ではデイヴィッド・ルイスの論文「諸言語と言語（Languages and Language）」によるものである。

（3）私の見るところでは、経験的に同等な諸言語（つまりすべての可能な証拠と等しく両立する諸言語）の存在は、発話やそれに付随する心的状態に関する正しい解釈の実在性や客観性を脅かすものではない。それは、温度や長さを記録する多様な尺度の存在が、温度や長さの実在性や客観性を脅かすものでないのと同じ事情である。

（4）Saul Kripke, *Wittgenstein on Rules and Private Language.*

（5）この言い方はそのままではあきらかに不適切である。これを改善するにはグライス流の条件を付加すればよい。すなわち、話し手は解釈者が真理条件に関する正しい解釈に到達することを意図しており、しかも、そのように解釈されたいという話し手の意図を認識することでそのような解釈に到達することを意図している、という条件である。本稿では、真理条件の知識が解釈のための十分条件（adequate）だという想定の擁護は行わない。

（6）意図に関する以上の論点は、本質的には、ウィトゲンシュタインの意味論から本質的に解決不可能な「懐疑論的パラドックス」が引き出されるとするクリプキの見解を批判する（私と同様の）企ての中でクリスピン・ライトが指摘したものである。

（7）「……生徒は一定の事例に関して『正しい』答えを与えなければならないと教師が判断する、と私が言うとき、私は何を意味しているのか。私が意味しているのは、教師が、生徒が当の教師が与えるであろう答えと同じ答えを与えた、と判断するということである。……もしも、十分な数の具体的事例において、ジョーンズの傾性がスミスの傾性と一致するならば、スミスは、ジョーンズはたしかにその規則にしたがっていると判断するだろう」（Kripke, *Wittgenstein on Rules and Private Language*, pp. 90–1.〔邦訳、一七五～九頁〕）。ウィトゲンシュタインの次の一節はこの解釈の裏づけとなるかもしれない。「ある人が道しるべに従って〔に導かれて〕進むのは、道しるべの規則的使用、慣習が存在するかぎりにおいてである。……われわれが『規則に従う』と呼ぶものは、ただ一人の人が一生にただ一度だけ従うことも可能であるようなものなのだろうか。――規則に従うこと、報告を行なうこと、命令を与えること、チェスのゲームをすることは、慣習（慣例、制度）である」（*Philosophical Investigations*, §§198, 199）。私はクリプキの議論の一つの非常に重要な側面を無視している。すなわち、意味の問題へのウィトゲンシュタインの「解決」が「懐疑論的」だという主張である。

（8）誤解されてはならないが、内面化された、あるいは遺伝的に植えつけられた文法規則が存在するという主張はここでは問題外である。ウィトゲンシュタインとクリプキの「規則」が関わっているのは、特定の言語の言葉が意味する事柄である。

（9）私は『真理と解釈（*Inquiries into Truth and Interpretation*）』の第十八論文〔邦訳、第十三章〕「コミュニケーションと規約」の中で、言語研究における規則遵守と規約という概念の説明力に対する懐疑論的な見解をより詳細な形で表明した。

（10）私の母は、物好きな母たちがよくやるように、三歳の私が話した言語を記録した。もちろんそれは、家族の他の者が話す言語ではなかった。思うにそれは他の誰が話す言語でもなかった。しかし、母は正当にも、彼女と私は理解し合っていたと主張している。そしてこうした事情は、フランス語で話したり書いたりすることができない（あるいはそのつもりがない）人々が、フランス語で書かれた手紙に英語で返事を書く場合と同様である。

私は論文「碑銘をうまく乱すこと（A Nice Derangement of Epitaphs）」で、コミュニケーションのために言語の共有が必要でないことを論じた。Noam Chomsky, *Language and Problems of Knowledge*, pp. 36–7〔邦訳、三八～九頁〕も同じ立場を支持している。この主題を当のクリプキへの批判の形でより詳細に論じたものとして、Chomsky, *Knowledge of Language: Its Nature, Origin and Use*, pp. 223–37 を参照。

(11) クリプキは次のような可能性を認めているように見受けられる。つまり、たとえロビンソン・クルーソーが、現実には（いまだかつて？）社会という舞台に立っていなくても、もしも彼がある社会の一員であることもありうるならば、そのかぎりにおいて、ロビンソン・クルーソーが言語を話しているものと判定されることもありうる、と。その場合でも、ロビンソン・クルーソーが彼の立てた騒音によって何ごとかを意味したという判定を正当とみなす社会（すくなくとももう一人の人）は存在しなければなるまい。チョムスキーは、ロビンソン・クルーソーの事例を容認したことでクリプキはみずからの主要テーゼと矛盾していると考えている。たしかにそうかもしれない。しかし私見では、純粋なロビンソン・クルーソーの事例が可能だと考えている点でチョムスキーはまちがっている。ここで純粋な事例ということで私が意味しているのは、他人とついぞコミュニケーションを取ったことのないロビンソン・クルーソーのことである。

(12) もちろん、たとえば日記で使われる暗号のように、ただ一人の人にしか理解できない「言語」は存在しうる。問題は、第一言語が私的でありうるかどうかである。

(13) 例えば次を参照。Hilary Putnam, 'The Meaning of "Meaning"'; Tyler Burge, 'Individualism and the Mental'; Michael Dummett, 'The Social Character of Meaning' in *Truth and Other Enigmas*, and '"A Nice Derangement of Epitaphs": Some Comment on Davidson and Hacking', in Ernest Lepore (ed.), *Truth and Interpretation: Perspectives on the Philosophy of Donald Davidson*.

(14) この問題については第2論文でも論じた。

(15) ここには、私には説明できない点が一つある。話し手の意図は、彼がその意図の通りに解釈されないならば、失敗する。しかし、そのような失敗が、話し手が解釈者に捉えてもらおうと意図した意味を話し手の言葉に与えることの失敗に直結するというのは、まちがいだろう。後者の失敗は、解釈者が話し手の意図通りに話し手を解釈しうる（するだろう）という話し手の信念が正当なものだったかどうかといった問題に依存している（ただし、それがどのような依存関係であるかを日常的な慣例にしたがってはっきりと特定することはできない）。

（16）以上の議論は、幼児の片言や差別化された報酬や前言語的な帰納に関するアマチュア心理学にはまったく依存していない。重要なのはただ、一般化は何らかの形で起こり、しかもそれが異なる人においても似た形で起こるという事実だけである。

（17）三角測量というメタファーは第7論文で導入された。「共通の原因（common cause）」という考えについては、第10論文がくわしく論じている。思考は社会的現象だという考えは『真理と解釈（*Inquiries into Truth and Interpretation*）』の第十一論文〔邦訳、第八章〕「思考と語り」、および本書の第7論文で力説されている。

訳注

［1］原文では with observation となっているが、文法的に不自然なので、初出のテキストに従い、and truth の誤植と見なす。（この点はドイツ語訳も同様の解釈を取っている。）真理が理論的概念だと言う主張は、たとえば第12論文二八三～四頁に見えるような、真理を他の一連の理論的概念と対比する議論とは、かならずしも調和しないように思われる。とはいえ、それは原文自体がはらんでいる緊張関係だと考える。

［2］原文に即せば「モントリオールはカナダにある」だが、「英語」を「日本語」として訳したのに応じて例文を変えた。ちなみに、初出の原文では「マドリードはスペインにある」という例文が使われている。

［3］Another a creature の a は誤植と見なす。

第9論文

思考の出現

1997

聖書には初めに言葉があったとされているが、言葉と思考はかなり最近になって出現したとするほうが、もっともであると思われる。それにしても、世界のある側面が「出現した」というのは、どういうことだろう。

出現するということは、ある観点から、ある一群の概念のうちから見られたものとしてのみ意味をなす。われわれの概念群のもとで、われわれは、さまざまな概念がさまざまなときに例化されたという観念を理解できる。量子物理学の諸概念は、ごく初期に例化された。多様な元素の概念は、その後のもっと長い期間にわたって例化された。生命の概念はごく最近になって例化され、思考と言語の概念は、ほんのわずかまえ、高等哺乳類の到来にともなって満たされた。これは、物理学の法則が変化したということではない。思考を記述し説明するには、物理学の語彙では（あるいは他のいかなる自然科学の語彙でも）定義できない概念が必要だ、ということである。このように、明瞭な意味において、出現するということは一群の概念に相対的である。もちろん、概念そのものは抽象物であり、それゆえ無時間的だが、一定の諸概念が時の経過の中でのみ例化される、ということはあってよい。言うまでもなく、宇宙はわれわれの諸概念に無頓着である。しかしわれわれは、思考の概念が依拠する諸概念の例化について、多大な関心を寄せている。そうした諸概念とは、信念、欲求、意図、意図的行為、記憶、知覚、および他のあらゆる人間の態度と属性の概念である。

まず、思考の出現について有意義で奥深いことを言おうとする試みが、かくも困難なのはなぜであるかについて、私の所見を述べることから始めよう。困難のわけは、考える、ある理由から行為する、信じる、疑うといったことについて語ったり記述したりするために、われわれはたがいに依存しあう多くの概念を携えなければならない、ということにある。すなわち、心的なものの全体論的なあり方、心模様をなす多様な側面の相互依存性である。心のある局面、たとえば信念について、原子論的アプローチが不可能なのはあきらかであると思われる。一つ二つの信念のみをもつ、という観念は意味をなさないからである。信念は一度に一つずつ生起するものではない。ある信念を同定し、それを当の信念たらしめるのは、（どの他の要因にもまして）それ以外の諸信念との関係である。いま自分は猫を見ていると信じることは、他の多くのことがらを信じることなしにはありえない。すなわち、猫とは何であるか、見るとはどういうことかを知っていなければならないし、また何より、自分が間違っているという可能性を、かすかにであれ認識していなければならないからである。犬はそうした信念を単独でもつかもしれないと考える人たちもいるが、私には、目下おさらいしている理由によって、犬には信念をもつことも、また他のいかなる命題的態度をもつこともないと思われる。犬には、判断を下すということがないのである。

犬であれ他のどの生物であれ、いま自分は猫を見ているといった信念を、単独でもつということができないのは、信念の同定が、その命題的内容とおおまかに呼ばれているものでなされることによる。つまり、一つの信念を猫についてもつには、そうした判断なり信念なりに含まれる概念を修得していなければならないのである。たんに周囲の他の事物から猫を識別することが、ある生物にできるというだけでは、猫の概念をそれがもっていることにならない。ネズミは、木やライオンや蛇から、みごとに猫を見分ける。だが、猫を識別できることは、猫の概念をもっていることと同じではない。猫の概念は、それを誤って適用する、すなわち猫でない何ものかを猫だと信じる、ないし判断するという観念を理解できるもののみがもつ。だから猫の概念をもつためには、動物の概念、あるいはせめて持続的な物理的対象という概念、ある仕方で動く対象、自身の環境を自由に移動できる何か、感覚をもつ何か、といった概念をもっていなければならない。猫性（felinity）に関して知っているべきこと、またそこに結びつけるべきことについて、確たるリストがあるわけではないが、猫とは何であるかに関する多くの信念をもたないかぎり、猫の概念をもつことはないのである。

信念の個別化と同定が他の信念との関係によってなされるという事実のために、ある者が何らかの信念をもつとすれば、多数の信念をもっているのでなければならない。信念は互いに支えあい内容を与えあう。さらに信念は、互いに論理的関係をもつ。その結果として、ある者における信念は、互いにおおむね整合的でなければ、その内容を同定されえない。それゆえ、ある程度の合理性ないし整合性が、信念をもつための条件となる。

これは、だれもが完全に合理的だということではない。だれしも論理において誤りうるし、互いに不整合な信念をいだきうる。（たとえばフレーゲもクワインも、不整合な論理に基づいて本を書いた。）しかし、ある人がはっきり画定された態度をもつとされうるかぎり、その人に生じうる不整合性には限度がある。どの信念も、明瞭な内容をもつものとして同定されるには、それと整合的な他の諸信念と関係していなければならない。不整合性や他のかたちの非合理性は、理由の空間においてのみ生起しうる。不整合性は合理性の混乱であって、たんなる合理性の不在ではない。

つまり、そもそも何らかの概念をもつには、かなり十分に発達した一群の基礎的概念をもっていなければならない、というのが私の主張である。ただし、信念間の相互依存の度合いについては、私はまだほとんどその素描を始めてもいない。というのも、論理関係にくわえて、証拠による支持という関係も存在するからである。経験的内容によって画定されうる概念はほとんどないが、ある事実的なことがらについての信念は、他の信念の真理性に寄与するものとみなされねばならない。そうした証拠による支持、ないし帰納的な支持という関係は、多くの信念の同一性にとって本質的である。

信念間の関係にくわえて、一方は信念、他方は評価的態度という関係もある。ある生物に、もし欲求がそなわっていないとしたら、それが信念をもつとされうるとは考えにくい。なにしろ、行動に影響するということ、そして、行動によって証拠だてられるということが、信念の本質的な側面なのだから。欲求、意図、道徳的信条、義務や責務についての見解といった評価的態度もまた、命題的態度である。このことは、こうした態度の帰属にさいしてわれわれが用いる表現の文法からは、かならずしも明白ではない。たとえばわれわれは、リンゴを欲するということについて語る。「リンゴが欲しい」とだれかが言った場合、不作法かもしれないが、「何のためにリンゴが欲しいのですか」と尋ねることは、つねに適切であろう。「何のためにでもなく、どんな特定の仕方によってでもなく、私はただリンゴが欲しいのだ」という言い方が意味をなすことはないのである。私なら、こう応じるかもしれない。「よろしい、リンゴはもうあなたのものです。木に生《な》ったままですけどね。このうえ何かお望みですか」。これには、次のような答えがなされうる。「私が欲しているのは、リンゴをこの手に持つ、あるいは、自分の籠に入れる、あるいは、木からもいで腹に収める、といったことだ」。欲望や欲求は命題的内容に向けられている。われわれが欲するのは、リンゴを手にしているとか、すぐにもリンゴを食べられるとかいったことが真だということなのである。同様のことは意図についてもいえる。歌劇場に行くことを意図している人は、彼が歌劇場にいるということを成り立たせたいのである。

　信念と欲求は協力して意図的行為をひきおこし、合理化し、説明する。われわれは理由によって意図的に行為し、そして理由はいつも価値と信念をともに含む。達成したいと望むなんらかの価値や目標（あるいは、避けたいと望むなんらかの予想される害悪）なくして、また、行為の過程が狙いを実現する方法であると信じることなくして、われわれが行為することはないだろう。決定理論は、信念、欲求、行為の間の関係を体系化する一つの方法である。そのために決定理論は、人々の信念と欲求が相互作用する仕方に、複雑ではあるが明瞭に定義されたパタンをあてがう。決定理論はしばしば、人々が現実にどう行為するかに関する偽なる記述であるとしてあざけられる。理論からすれば不整合な一連の選択を行うように被験者を誘導すべく、多大な工夫がこらされてきた。現実の行動に関する記述として決定理論が偽であるように見えるのは、それをテストする全く申し分のない方法がないことによる。テストはつねに、理論がまさしくどのように経験的適用を受けるかに左右されるのである。にもかかわらず、決定理論は現実の決定がどうなされるかに関するわれわれの直観を反映している。実質的には、決定理論は、意図的行為を説明するためのわれわれの常識的な装置を詳述しているにすぎない。というのも、決定理論について考えたことがあろうとなかろうと、われわれはみな、自分の行為がもたらしうるさまざまな結果の価値をどう見積もるか、なんらかの行為の過程によってそうした価値の達成をどれだけ見込めると考えるか、という観点から決定を行うのであるから。また、ある人の行為についてなぜそうしたのかを理解するには、彼ないし彼女はその行為がもたらしうる諸結果の価値をさまざまな度合いに見積もったと仮定し、さらに、ある行為がそうした結果のいずれかをもたらす公算を彼ないし彼女がどう考えたかについて仮定するほかない。決定理論はこのように、現実の選択についての正確な予測をなしえずとも、現実の決定がどうなされるかに関するわれわれの直観に対応しており、それゆえ、意図的な行動を説明する常識的な装置に属しているのである。

以上の所見において私が強調しているのは、心的なものの全体論的なあり方、すなわち、心的なものの多様な側面がどれだけ相互に依存しているかということである。すでに論じたように、関連する多くの諸信念なくして信念はなく、欲求なくして信念はなく、信念なくして欲求はなく、信念と欲求の双方なくして意図はない。概念的には、行為そのものも心的なものの領域に属する。なぜなら、一つの行動が行為とみなされるのは、ある記述のもとでそれが意図的であるとき、すなわち、ある理由によってなされたものとしてそれが説明されうるときに限られるからである。むろん、いかなる行為も、多くの記述のもとで意図的ではないだろう。どんな対象や出来事とも同じく、行為は無数の仕方で記述されうる。たとえば私が意図的に座るとき、私はいくらかの気体分子を非意図的に押しのけ、座ったクッションを非意図的に押しつぶし、地球や太陽系やこの銀河系の重心を非意図的に変化させている。いっぽう、し損じたことさえも意図的である。むろん、し損じを意図するというわけではない。要点は、し損じたことにおいても、われわれは何かを故意にやっている、ということである。サーブへの返球が逸れてしまった場合、私はある意図を果たし損ねている。それでも、私は意図的にボールを打ったのである。

私の戦略はおわかりだろう。私は、ともに出現しなければならない生における心的側面の領域を拡張しているのである。すなわち、意図的行為は、それをひきおこす信念と欲求によって説明されるのだから、これらより先に出現することはありえず、また信念は、その内容がさらなる諸信念との関連におけるその位置に依存する以上、一度に一つずつ出現することはありえず、さらに……といった具合に。心的なものの出現の記述をひどく困難にしているのは、こうしたその全体論的なあり方にほかならない。心的なものの諸特徴に、出現の順序などありえないのである――それら諸特徴が通常の心理的語彙で記述されるものであるかぎり。もちろん、宇宙の万物とその歴史は、原理的に物理学の言語で記述されうるのであり、それゆえ思考の出現の各段階も、物理学的な言葉で記述されうる。しかしそれは、心的なものの出現の説明としてはうまくいかないだろう。なぜなら、われわれは、物理学的な語彙で記述された出来事を、心的な語彙で記述された出来事へと写像する方法をもってはいないし、それを見いだすことも望みえないのだから。

心的現象の出現を記述することの困難さは、概念的な問題である。それは、理性の成熟過程における初期の段階、すなわち、意図、信念、欲求といった概念があきらかに適用をもつ状況に先だつ段階を記述することの困難さなのである。人類の歴史における思考の進化と、個人における思考の進化のいずれにも、思考の無い段階に思考のある段階が後続する箇所がある。思考の出現を記述するとは、これらの段階の前者から後者へと進む過程を記述することであろう。われわれに欠けているのは、両者を繋ぐステップを記述するための満足な語彙である。われわれは、前言語期の子どもがすることを、神経学の言語を用いることで記述できるし、また、粗い行動主義的な用語によって、その動きや発する音声を記述することもできる。そこでは、本物の言語使用者が発すれば明確な意味をもつような音声を子どもが発した場合、その子どもは喋ったのだと誤認されてしまうことがありうる。（チンパンジーについてさえ、こうしたことは生じうる。）しかし思考と同じく、言葉が馴染みの意味、命題的内容をもつのは、それが豊かな文脈の中で生起した場合に限られる。言葉や思考に位置と有意味な機能をもたせるには、そうした文脈が必要だからである。ネズミにしかるべき声帯があれば、ネズミを訓練して「チーズ」と言わせることもできよう。だが、この言葉はネズミが発しても意味はもたないだろうし、自分が何と「言った」のかをネズミが理解することもないだろう。幼児も、そのような仕方で言葉を発する。さもなくば、幼児は言語をもつようにはならないだろう。しかし、数少ない言葉を子どもが適切な状況下で発するようになったときに子供の頭の中で何が起きているのかを記述したいと思っても、うまくはいくまい。しかるべき言葉を、われわれはもちあわせていないからである。われわれは、心無きものとみなした場合の自然を記述する語彙ならたくさんもっているし、思考や意図的行為を記述するための心理的な語彙ももっている。欠けているのは、その中間にあるものを記述する方法である。このことはとりわけ、われわれが単純な動物の「意図」や「欲求」を語るときに明白となる。そうした動物のなすことを説明するためのもっとよい方法が、われわれには無いのである。

どのような言語なら形成半ばの心を記述するのに使えるのかということについてのはっきりした考えを、われわれはもっていないのである。ここに関係しているのは、非常に深い概念的な困難あるいは不可能性なのかもしれない。それは、思考の出現について完全な記述を与えようとすることは、おそらく克服不可能な問題をかかえている、ということである。発達心理学の分野にたずさわらなくて幸いだったと私は思う。

以上の悲観的な所見にもかかわらず、私は、思考の出現について理解可能なことを語るという問題にどうアプローチするかについて、いくつか提案をもっている。思考と言語の必要条件をなすと私に思われる前言語的で前認識的な状況、すなわち、思考から独立に存在しうる、またそれゆえ思考に先立ちうる状態がある。それは、人間以外の動物の場合にも小さな子どもの場合にも、その成立を観察できる状態である。その基本的状況では、二個かそれ以上の生物個体が、自分たちの相互作用と彼らが共有する世界との相互作用を同時に行う。私はこれを三角測量と呼んでいる。それは三重の相互作用の結果だが、この相互作用は、二個の行動主体それぞれから見れば二重である。すなわち、行動主体それぞれ、世界と、そして別の行動主体と、同時に相互作用している。やや言い方を変えるなら、それぞれの生物が、他の生物の反応を、自身もそれに反応する世界内の変化や対象と結びつけることを学ぶ、ということである。そのもっとも単純な形態は、どの個体もほとんど瞬時に他の動きに反応する魚の群れに見ることができる。これは明らかに、あらかじめ組み込まれた反応である。ある種の猿には、学習された反応を見ることができる。彼らは、自分に見えたのが蛇であるか鷹であるかライオンであるかに応じて、三種の聴き分けられる音声を発する。他の猿は、おそらく脅威の対象を自らは見ることなく、木に登ったり駆けだしたり隠れたりと、それぞれの危険に合った仕方で警戒音に反応する。だが考えてみれば、この霊長類の行動は、複雑かつ合目的的ではあれ、命題的な信念や欲求、また意図によるものではありえず、彼らのコミュニケーションの流儀は言語をかたちづくらない、ということがわかる。

　それでもやはり、先に指摘した三角関係は、思考の存在にとって、したがってその出現にとって本質的である。この三角関係なしには、思考がもつ二つの側面に説明がつかない。二つの側面とは、思考の客観性と、外部世界に関する思考の経験的内容である。

　思考、命題的な思考は、（まれに例外はあるが）思考や思考者の存在から独立に真もしくは偽であるところの内容をもつといういみで、客観的である。さらに、思考者はこの事実に気づいていなければならない。自分が信じたり疑ったりしていることは真だったり偽だったりするということ、そして自分が間違っていることもありうるということを知っていなければ、何かを信じたり疑ったりはできない。では、自分は誤りうるという観念、事物のありかたが自分の考えるとおりではないこともありうるという観念を、我々はどこから手に入れたのだろうか。ウィトゲンシュタインの提案するところでは、あるいは少なくとも彼が提案していると私の解するところでは、他の人々との相互作用がなければ、事物を間違って捉えたり正しく捉えたりするという概念をわれわれがもつことはなかった。さきに私が記述した三角関係は、人間どうしの間に生じる最も単純な状況を象徴している。そこでは、二個（ないしそれ以上）の生物が、それぞれ外部の現象への自分の反応を他の生物の反応と相関させるのであった。いったんこの相関が確立すると、個々の生物は、外部の現象を、それに結びついた他者の反応を知覚することで予想できるようになる。誤りの可能性は、こうした予想がときに外れるということによってもたらされる。その場合は、反応が相関をなさないのである。ウィトゲンシュタインはこの考えを、規則に従うことと、たんに規則に従っていると思っていることとの違いを語る際に表明している。彼によれば、規則に従う（事物を正しく捉える）とは、根本的には、他者がするようにすることであるという[1]。もちろん、他者が間違っていることもあるだろう。だがその言わんとするところは、合意によって真理の概念が定義されるということではなく、それが適用される空間を合意が作り出す、ということなのである。これが正しいなら、思考は言語と同様、必然的に社会的である。

社会的な相互作用、三角測量はまた、経験がどのようにわれわれの思考に特定の内容をもたらすのかについて、唯一の説明を与える。共通の環境に対する反応を共有する他者がいなければ、世界における何にわれわれは反応しているのか、という問いへの答えは無い。その理由は原因という概念のあいまいさに関わるものである。信念に内容を与えるのは、最も単純な事例においてはその原因であるから、どうしてもそうしたあいまいさは解消されねばならない。目下の場合、原因は二重に不確定である——すなわち、まずその幅に関して、そしてその距離に関して。第一のあいまいさは、信念の原因全体のうちどれほどが内容に関係しているのか、ということに関わる。簡潔な答えは、原因全体のうち、しかるべき類似性のある反応を典型的にひきおこすような部分ないし側面がそれだ、というものである。そして、諸反応がしかるべき類似性をもつものとなるのは、それらに他者が類似性を見いだすという事実による。つまりここでも、反応の社会的共有によって、内容の客観性が有効になっているのである。第二の問題は、しかるべき刺激のあいまいさに、すなわち、それは近位的(たとえば皮膚上のもの)なのか遠位的なのかということに関わる。ここで遠位的な刺激を内容のしかるべき決定要因たらしめるのも、やはりその社会的性格である。それは共有された原因なのである。つまり、刺激は三角測量されており、そこにおいて、原因は世界へと収束してゆくのである。

行動主体たちとそれらが反応しあう環境との三角をなす関係は、前述のとおり思考に不可欠である。だが十分ではない。そのことは、判断を行うとはみなされない動物にもこうした関係が存在しうることからわかる。そうであるがゆえに、われわれはここで、思考が存在するときに存在していなければならない状況——しかも、それは独立にも存在しうる状況であり、それゆえことがらの順序として思考に先行しうる——について、語るべきことを手にしたことになる。それは、さきに存在することが可能であり、また、まちがいなく事実そうなっている。つまり、ある種の原始的な社会的相互作用が、思考がどのように出現したかについての物語の一部をなしている、ということができるのである。

思考にはさらに何が必要だろうか。その答えは、私の考えでは言語である。この答えそのものはたいしたことはない。なにしろ、言語をもつ動物が思考しうることは明らかであり、言語は命題的な内容を表現する道具なのだから。だが、なぜ言語が思考にとって本質的なのか、と問うことはできる。そしてそれは、簡単にいえば、三角形の底辺、すなわち二個の行動主体を結ぶ線が、命題的内容のコミュニケーションを実現しうるほどに強められないかぎり、それら行動主体には、世界についての判断を形成するためにその三角をなす状況を使うことができないから、である。言語があってはじめて、生物は客観的真理という概念を理解することができるのである。人間どうしがコミュニケーションを行う手段としての言語と思考との深い関係については、まだ多くのことが語られうる。だが以降では、この関係を前提したうえで、それを用いて思考の出現についてさらに述べてゆくことにしたい。言語というものは、われわれに、多様な言語的および前言語的なシンボル体系の間の、またそれらを記述する多様な方法の間の、相対的に鮮明な比較を行うことを可能にしてくれるのである。

この目的のために、私は、形式意味論を基礎的な測定の理論と類比的に考えてみることを提案したい。基礎的な測定の理論は、若干の原始概念をもつ。たとえば重さの測定の場合、それにあたるのは、あるものが他のものと少なくとも同じくらい重いという関係や、あるものを他のものに加えるという操作(これは二つのものをその和に写像する関数である)であろう。こうした概念は定義されないが、理論がある一群の対象に適用されたり、それらに対してテストされたりするためには、あらかじめ原始概念に経験的内容を与える方法が提示されていなければならない。(たとえば、ａがｂと少なくとも同じくらい重いのは、一方の皿にａ、他方の皿にｂを置いた天秤のａの側が上昇しない場合である、というように。)さらに一群の公理によって、原始概念と測定される存在者の論理的性質が規定される。(それゆえ、重さに関する公理は、少なくとも同じくらい重いという関係が推移的であることや、aとbの和はbとaの和と少なくとも同じくらい重いということを規定するものとなるだろう。）

この理論の狙いは、一群の存在者に重さを割り当てようとする場合に、それらがもっていなければならない種類の構造を、正確に記述することである。われわれが直観的に期待する諸性質を重さがもつとすれば、公理について、それら諸性質を説明するのに十分であるということが証明されねばならない。ここで証明（理論について
の証明であって、理論におけるそれではない）が求められているのは、一つには表現定理であり、これは、理論がカバーする諸対象に対して、数が、さまざまな対象の間の重さの関係を写しとるように割り当てられうる、と述べる。証明されるべきものの二つ目は一意性定理であり、これは、数のある集合が諸対象の重さを表現するならば、その集合と一定の種類の変換によって関係づけられる他のいかなる数の集合も、全く同等に重さを表現する、と述べる。重さの場合、任意の正の定数による乗法で一つの尺度から他への変換がなされる。ポンドによる計量とキログラムによる計量に優劣はない。

さて、ある話し手ないし話し手の集団についての意味論の理論との比較に移ろう。タルスキの真理定義は、自然言語に適用すべく変更を施せば、そうした理論とみなされるだろう。重さの測定についての理論と同様、意味論の理論は若干の原始概念について制約を設ける。最も重要な原始概念は、真理概念である。（ここで私は、タルスキの関心と意図から逸脱している。彼が特定の言語について真理を定義したのに対して、私が考えているのは、一般的で、それゆえ定義不可能な真理概念の公理化である。このやり方には、タルスキが回避しようとしたもの、すなわち不整合性の危険にさらされている。）この理論は、それが記述するどの言語にも一定の構造をあてがう。ある言語のあらゆる文に真理条件を与え

るうえで、それは必然的に、文どうしの論理的関係を定めるのである。

こうした理論については、ある言語を理解するために必要なことがらを述べるものと考えてよい。それは、話し手が自分の言語について直観的に知っていることを記述しているのであり、それゆえ、そうした話し手が言っていることを解釈するために使われうるのである。こういった目的に対する理論の十全性は、対象言語のもつ諸性質を、人は自分の理解している何らかの言語で再現できる、ということを立証してみせることによって示される。つまり、この理論を使って、翻訳マニュアルの妥当性認定がなされるのである。ちょうど、諸対象の重さを記録する便利な手だてとして数を使うように、われわれは、自分の理解している文を使って、ある言語の意味論的特徴を記録する。そうした任務に数がきわめてふさわしいのは、われわれが数の構造を正確に知っていることによる。そしてほぼ同じように、われわれの理解している言語の文は既知の構造をもち、それを用いることで、われわれは他の話し手を理解できるのである。

測定の形態が異なれば、利用される数の性質も異なってくる。概して、数の性質がより多く使われるほど、測定法はより強いものに、ないし情報に富むものになる。たとえば、数があるチームのメンバーを記録するために用いられる場合は、ある数は他の数と異なるということが、その唯一の意義となる。モース硬度は、ある数が他の数よりも大きいという事実を利用している。他のどのような十個の数（すなわち実際に使われている1〜10以外）も、大きさが増す順序に並べられている限り同等に有効であろう。華氏温度の線形的な変換はいずれも有効だが、より強い重さや距離の尺度は、正の定数による乗法のみを許容する。温度の場合、二つの数、すなわちゼロ点と中間点の数値が恣意的である。結果として、ある物体が他の二倍の温度をもつと言うことは意味をなさない。これに対して、ある物体が他の二倍の重さをもつことは可能である。

このことは、言語の相対的な表現能力について、一つの考え方を与える。伝達していることに関して等値である文がいくつもあるということは、直観的にあきらかである。したがって、いったいどれだけの仕方で、われわれの言語の文を別の言語の文に対して、同じ情報を捉えるようにしながら割り当てることができるのか（すなわち、どれだけのそうした仕方が、等しく満足の行く翻訳マニュアルを構成するものとなるのか）、という問いは意味をなす。むろん、翻訳マニュアルは一文ずつ個別に翻訳するものではない。このマニュアルは、ある言語のあらゆる文を他の言語の文へと写像する関数である。（ちょうど、ポンド単位の重さとキログラム単位の重さを比較できないように、翻訳マニュアルを断りなく使い分けることはできない。それをやると、文どうしの関係が壊れてしまう。）それゆえ、われわれは翻訳のシステム全体について考えねばならない。そして、経験的に同等なそうしたシステムがいくつかあるというのが、クワインによる翻訳の不確定性テーゼであった。ある人がその発言によって何を意味しているのかについて、われわれが知りうることのすべて、したがって、その発言が意味することのすべては、相異なる仕方で記録されうる、ということである。

ここであきらかなのは、他の言語をわれわれの言語で再現する異なった仕方が多ければ多いほど、その言語がもつ表現力は（むろん、われわれの観点から見て）小さい、ということである。いくつか例を考えてみよう。どの言語も有限個の基本的語彙をもつ。そして固有名と述語だけによる言語を想定することもできる。そうした言語の文は有限個にならざるをえないので、われわれの理論がなすべきことは、われわれ自身の言語における何らかの文を、もう一方の言語における個々の文に対応させることに尽きる。そうした言語の意味論はじつに単純である。文をその諸部分へと分かつ必要も、再帰的な装置を用いる理由も、存在論を帰属する根拠もない。こうした言語の意味論がいかに単純であるかを考えれば、はたしてこれは言語と呼ぶべきものかとだれしも思案してしまうにちがいない。つまるところ、その諸部分（「語」）と世界内の存在者との関係を見出す必要のない「言語」は、ほとんどその名に値しないのである。

連言、否定、選言、そして実質含意の記号（「そして」「ない」「あるいは」「もしも……ならば」）のような真理関数的結合子が導入されると、複雑さが一歩前進する。いまや文は無限個である。なぜなら、どの文でもそれに否定記号を付ければまた文ができるし、ある文とどの文を連言にしても新たな文ができるのだから。こうやって生産性という要素が、すなわち、単純な構文論的規則と意味論的規則に基づいて新しい文が作られ理解される可能性が導入される。しかしながら、意味論はまだ初歩的な段階にある。なぜなら、原子文の真理条件を与えるには最初の有限な言語の意味論で不足はなく、分子文の意味論は真理値表によって与えられるのだから。品詞として区別を要するのは、最も単純な諸々の文と文結合子だけである。存在論にはまだ出番が来ていない。

最後の段階は飛躍を要する。ここで導入されるのは量化、すなわち「いくつかの」「すべての」といった語が表現する概念である。ひとたびこの段階に進むと、言語は複雑性においてわれわれ自身の言語に匹敵する。あるいは匹敵しはじめる。意味論は、さまざまな階層の述語、単称名辞、変項の働きをする表現（代名詞の類）、そしてむろん量化子を区別しなければならない。ここで初めて、最も単純な文に構造を見いだし、述語と単称名辞を対象と対応させることが必要となる。私の考えでは、表現力の洗練はここにおいて、われわれが思考と結びつける段階に達する。なぜなら、この水準にあってこそ、その言語の話し手が対象や出来事に対して性質を述定しうることを肯定できる証拠があるのだから。この点を明らかにしたのはアルフレッド・タルスキであった。全称量化をともなう言語について真理を特徴づけるのに何が必要かを初めて示したのは彼だからである。彼はこれを、充足の概念、すなわち任意の複雑度をもつ述語と世界内の諸対象との関係を導入することで遂行した[2]。

形式意味論およびそれと測定理論との類比が、思考の出現に関するわれわれの考察にもたらす相対的な明晰性を認めることは、かならずしも、思考が、また言語がどのあたりで生じたかについて独断的になることにはつながらない。なぜなら、思考と言語にいたる諸段階を記述するというわれわれの企てがいかに問題含みで漠然としたものであろうと、意味論と測定理論は、発展の水準を客観的観点から区別するための基盤を与えているからである。

原注

（1）ただし、第8論文の注意を見よ。

（2）Alfred Tarski, 'The Concept of Truth in Formalized Languages'.

第3部　客観的

第10論文

真理と知識の斉合説

1983

本稿では真理と知識に関する斉合説とでも呼ぶべきものを擁護したい。私が擁護する理論は対応説と競合するものではない。逆に、この理論を擁護する拠り所となる論証の狙いは、斉合性が対応をもたらすことをあきらかにする点にある。

この主題の重要性はあきらかである。もしも斉合性が真理のテストであるなら、そのことはただちに認識論の問題と関わりをもつ。なぜなら、われわれは自分のもつ多くの信念がたがいに斉合的だと信じるべき理由をもっているが、その場合〔右の説に従えば〕われわれは自分の信念の多くを真だと考えるべき理由をもっていることになるからである。信念が真ならば、それが知識となるための基本条件は満たされたことになると思われる。

なかには、真理の斉合説を擁護しながらも、知識の斉合説は擁護しない人もいるかもしれない。おそらく、その理由とされるのは、斉合的な一群の信念をもっている人が、それらの信念が斉合的だと信じるべき理由をもっていないこともありうる、という事情である。そのような人がいる公算は低いが、次のような人ならいるだろう。つまり、真なる信念をもち、しかもそれを保持すべき立派な理由をもっていながら、その理由が信念に対してもっている意義を理解していない人、である。このような人は、知識をもっていながら、もっていることを知らない人、と見なすのが適切である。彼は自分のことを懐疑論者だと考えている。要するに、彼は哲学者である。

逸脱的な事例を度外視すれば、真理と知識をとりまとめるものは意味である。意味が客観的な真理条件によって与えられるとした場合、問題になるのは、この条件が満たされていることを、どうすれば知りうるのかである。というのも、条件が満たされていることを知るには信念と実在の照合が必要であるように思われるが、この照合という考えは不合理だからである。しかし、もしも斉合性が真理のテストであるなら、斉合性はまた客観的な真理条件が満たされているという判断のテストでもあり、だから、意味を照合の可能性にもとづいて説明する必要もなくなる。私の標語は、照合なき対応である。正しい認識論があれば、われわれは〔哲学の〕あらゆる部門において実在論者であることができる。われわれは客観的な真理条件を意味への鍵と見なし、実在論的な真理観を受けいれ、かつ、知識が思考や言語から独立した客観的な世界に関わっていることを主張することができる。

私の知るかぎり、これこそが「斉合説」だと言えるような学説（'the' coherence theory）は存在しないから、私が擁護したいのがどのような種類の見解かをここで特徴づけておきたい。あきらかに、解釈された文からなるすべての整合的（consistent）な集合が真なる文だけを含むわけではない。なぜなら、そのような集合の一つには整合的な文ｓだけが含まれ、別の集合にはｓの否定だけが含まれるといったことがありうるからである。そして、整合性を維持したままそれらの集合に他の文を付け加えていっても、事態は改善されない。われわれの世界の記述ではないような、際限のない状態記述——極大整合記述——というものを想像することができる。

私の斉合説が主題としているのは信念、あるいはそれを理解する人が真と見なす文である。私はここで次のようには言いたくない。すなわち、信念のあらゆる可能な斉合的集合は真である（あるいは、そこに含まれる信念の大部分は真である）、と。私がそのような主張を控えるのは、何が可能かという点が非常に不明瞭だからである。一つの極端な見方を取れば、信念の可能な極大集合は文の可能な極大集合と同じ広さをもつことになるだろうが、その場合、擁護可能な斉合説の主題が文や命題ではなく信念だという主張は、その眼目を失うことになる。しかし、何を信じることが可能かについての別の考え方からしても、現実の信念のすべての斉合的な体系がおおむね正しいと言うことだけでなく、可能な信念のすべての斉合的な体系もまたおおむね正しいと言うことが正当化されるだろう。何を信じることが可能かに関するこの二通りの考え方の違いは、信念の本性やその解釈、その原因、それを抱く人、その類型に関して、われわれがどのような想定を立てるかに依存している。私にとっては、信念とは、意図や欲求や感官をもつ人々の状態である。信念は、それを抱く人の身体の内外の諸々の出来事の原因となったり、そこからの結果となったりする状態である。しかし、これらの制約すべてが与えられてもなお、人々が現に信じている事柄は数多く、信じうる事柄はさらに数多い。斉合説はそれらの事例すべてに当てはまる。

もちろん、一部の信念は偽である。信念という概念の主たる眼目は、この概念のおかげで、真と見なされている事柄と、真である事柄とのあいだに、隔たりの可能性が生じる点にある。それゆえ、たんなる斉合性は、それが説得力のある定義によってどれほどきつく規定されたとしても、信じられている事柄が真である保証を与えない。斉合説が主張しうるのはただ、信念の斉合的な集合全体に属する信念の大部分が真だということだけである。

以上の立場表明は暗示の域を越えるものではない。なぜなら、信念の数を数えるのに役立つ方法などおそらく存在しないため、ある人の信念の大部分が真だという観念には明瞭な意味がないからである。論点をもう少しうまく言い表すなら、かなりの規模の信念の集まりと斉合する信念に関しては、それが真であるという推定が成り立つ、というふうになる。信念の斉合的な集合全体に属するすべての信念は、この推定に照らして正当化される。それはちょうど、合理的な行為者（ベイズの決定理論の意味で「斉合」する選択や信念や欲求をもつ人）が行なうすべての意図的な行為が正当化されるのと同じ事情である。それゆえ、繰り返しになるが、もしも知識が正当化された真なる信念であるならば、整合的な信じ手の抱くすべての真なる信念は、知識であることになると思われる。この結論は、正しいとするにはあまりに漠然としており、また性急なものだが、後ほど論ずるように、真理の一つの重要な核心を含んでいる。ともあれ、ここではただ、検討を要する多くの問題を書き留めるにとどめよう。すなわち、斉合性のためには正確には何が必要なのか。そこにはどれくらいの帰納の実践が含まれ、また証拠による裏づけに関する真なる理論（そのようなものがあるとして）がどの程度まで必要になるのか。人々が抱く一連の確信が完全に整合的であるようなことはないが、そうだとすると、いったいどの信念との斉合性が真理の推定を作り出すのか。これらの問題のいくつかは、論述が進むにつれてより明瞭になるだろう。

誤解されてはならないが、私は斉合性と信念とにもとづいて真理を定義しようと望んでいるのではない。信念や斉合性と較べれば、真理はすばらしく透明であり、私は真理を原始概念と解する。真理は、文の発話に適用された場合、タルスキのT規約が表現しているような引用解除（disquotation）の特徴を呈する。そして、この特徴さえあれば、真理の適用範囲は十分に決定される。もちろん、適用範囲の決定は言語や話し手に相対的に行われるから、真理にはT規約以上のものが含まれている。つまり、どの言語にも共通な、またどの話し手にも共通な何かが、真理の内には含まれている。T規約や、それによって真だとされる陳腐な文——たとえば「日本語を話す人の語る『草は緑だ』が真なのは、草が緑であるとき、そのときにかぎられる」——があきらかにしているのは、発話の真理がまさに次の二つのものに依存することである。すなわち、語られた語の意味する事柄、および、世界のあり方である。真理を概念枠や物の見方や観点へとさらに相対化することはできない。二人の解釈者がどれほど異なる文化や言語や視点をもっていたとしても、ある発話の真偽に関して二人のあいだで意見の相違が可能なのは、二人が共有する世界の中の事物のあり方や、その発話の意味する事柄に関して、意見が異なる場合にかぎられる。

以上の簡単な考察からは二つの結論を引き出すことができると思う。第一に、真理とは事物のあり方との対応のことである。(この論点は、単純明快に、かつ誤解を招かない形で述べるのは困難である。真相を歪めないためには、真理の特徴づけに用いられる充足の概念についての説明を経由する必要がある。)[1] それゆえ、真理の斉合説は、それが受けいれうるものであるかぎり、対応説と両立しなければならない。第二に、真理がわれわれに知られうることを許容する知識理論は、非相対的で非内部的な実在論でなければならない。それゆえ、知識の斉合説は、それが受けいれうるものであるかぎり、非相対的で非内部的な実在論と両立しなければならない。私の場合の実在論は、ヒラリー・パトナムの言う内部的実在論と形而上学的実在論のどちらとも異なると思われる。[2] 内部的実在論は真理を枠に相対化するが、私の考えでは、枠という概念は理解不可能である。[3] それゆえ私の実在論は内部的ではない。じっさい、概念枠と、それによって処理されるべき「世界」との二元論が理解不可能であることこそ、斉合説を受けいれるべき一つの大きな理由である。しかしもちろん、私の実在論は断じて、パトナムの言う形而上学的実在論ではない。なぜなら、後者は「徹底して非認識論的」だとされているが、この規定からは、われわれが探求の末に確立した最良の思考や理論がすべて偽であることもありうることが帰結するからである。私の考えでは、信念と真理の独立性のために必要なのは、各々の信念が偽でありうることだけである。しかしもちろん、斉合説は、すべての信念が偽である可能性を容認することはできない。

しかし、なぜ容認できないのだろうか。おそらく、次の点には異論はないだろう。すなわち、ある信念がかなりの規模の信念の集まりと斉合することが、その信念が真である公算を高めると言えるのは、その信念の集まりの大部分が真だと考えるべき理由がある場合にかぎられる。しかし、斉合性だけによって信念の根拠が与えられるなどということが、どうしてありうるだろうか。ことによると、ある信念を正当化するさいに、われわれにできることは、たかだか他の信念を持ち出すことだけかもしれない。しかしその場合、われわれは哲学的懐疑論を受けいれざるをえない結果になると思われる。たとえわれわれの信念が実際上はどれほど揺るぎないものだとしてもである。

これは伝統的な懐疑論の一形態である。それは次のように問う。すなわち、われわれのすべての信念がたがいにかみ合っていながら、なおかつ全体として現実の世界に関して偽であることが、なぜありえないのか。たしかに、われわれの信念を一つ一つ、あるいは全体として、その主題となる事柄と照合しようとするのは不合理きわまりない。しかし、その点を認識しただけでは右の問いに答えたことにはならないし、右の設問が理解不可能であることが示されたことにもならない。要するに、私の場合のような穏健な斉合説にすら、懐疑論者に対して、斉合的な信念を真だと考えるべき理由を示す義務がある。

斉合説の支持者には、信念体系の外部に保証を求めることは許されない。しかしまた、信念体系の内部にあるものが裏づけを与えうるのは、それがそれ自体として信頼に値する何かにもとづいていることが、終局的に、あるいはただちに、示されうる場合にかぎられる。

斉合説と他の諸説との区別は、次のような問いに照らして行なわれるのが普通である。すなわち、はたして正当化は終結しうるのかどうか。あるいは、終結しなければならないのかどうか。しかし、この問いは諸説を定義するものではなく、たんに、論証がとりうる一つの形を示唆するだけである。なぜなら、斉合説の論者のなかにも、他の信念の根拠の働きをする一群の信念が存在することを認める向きもあり、また他方、斉合性以上のものが必要だと説きながらも、正当化が終結しえないことを認めるような立場もありうるからである。斉合説を他と分かつのは、他でもない、信念を保持する理由となりうるのは他の信念だけだという主張である。斉合説の擁護者は、正当化のこれ以外の種類の根拠や源泉の要求を、理解不可能なものとして退ける。ローティの言うとおり、「正当化はすでに受けいれられている事柄を引き合いに出す形でのみ可能であり、斉合性以外の何らかのテストを見いだすために信念や言語の外に出る方法は存在しない(4)」。この点に関して、見てのとおり私はローティに賛同している。われわれのあいだに相違があるとすれば、それは、「斉合性以外のテストを見いだすために信念や言語の外に出る」ことが不可能だとした場合に、依然として次のような問いが残されるのかどうかに関してである。すなわち、われわれ自身の創作によるのではない客観的で公共的な世界について知識をもったり、その世界を話題にしたりすることが、いかにして可能なのか。私はこの点は依然として問題だと考えるが、ローティはそうは考えていないと推察される。その推察が正しければ、右の問題に答えようとする私の努力は、ローティから見れば、まちがったものと考えられるにちがいない。とはいえ、先を進めよう。

事態の進展を図るには、ここでごく手短に、知識の基礎をわれわれの信念の領域の外部に求めることへの反対理由の一部を復習しておくのが有益だろう。ここで私が「基礎」と呼ぶのは、とくに認識論的な基礎、つまり正当化の源泉のことである。

真剣な検討に値する一連の試論は、信念を何らかの形で感官の証言にもとづかせようとしている。ここで感官の証言とは、感覚、知覚、所与、経験、センスデータ、束の間の現れといったものである。この種の理論はどれも、最低限、次の二点を説明しなければならない。〔第一に、〕感覚が信念を正当化しうるのは、両者のあいだに正確にどのような関係が成り立っているためなのか。〔第二に、〕感覚が信頼できると信じるべき理由は何か。つまり、なぜ感官を信用しなければならないのか。

いちばん単純な考え方は、一定の信念を感覚と同一視するものである。たとえばヒュームは、緑色の斑点を知覚することと、斑点が緑色だと信じることとを、区別していなかったように見受けられる。(そのことには「観念(idea)」という語の多義性が大きく手伝っていた。)他の哲学者たちは、ヒュームの混同には気づきながらも、知覚と判断とのあいだの溝をゼロにまで縮小することによって同じ結果〔一定の信念と感覚との同一視〕を達成しようと試み、そのために、ただ知覚や感覚や現出(presentation)の存在(それが何を意味するにせよ)を述べる以上のことは何も行わないような判断を定式化しようと企てた。この種の理論は、信念を感覚にもとづいて正当化するものではなく、むしろ、一定の信念が感覚とまったく同じ認識内容をもつと主張することで、その一定の信念を正当化しようとする。この種の見解には二つの難点がある。第一に、基礎的な信念は、それと対応する感覚より以上の内容をもつのでないかぎり、客観的世界へのいかなる推論も裏づけることができない。また第二に、基礎的な信念など存在しない。

これよりも見込みのありそうな方策は、次のように主張するものである。すなわち、われわれは事物がわれわれに現れる仕方に関してはまちがいをおかしえないのだ、と。もしもわれわれが、自分がある感覚をもっていると信じているのならば、われわれはその感覚をもっている。この点は〔目下の主張によれば〕分析的な真理、あるいは言語の使われ方に関する事実なのだとされる。

ここで想定されているような、感覚と一定の信念とのあいだのつながりが、どのようなつながりなのかという点は、説明がむずかしい。それを説明しようとすると、どうしても他人の心に関する懐疑論を招く結果となってしまう。しかも、この点について十分な説明がなければ、右に想定されているつながりが正当化にとってどのような含意をもつのか、疑問視されて当然である。しかし、いずれにしろ、目下の方策では、感覚が、その感覚が存在するという信念をどのようにして正当化するのかが、不明瞭である。重要なのはむしろ、この種の信念には正当化が必要ないことである。なぜなら、この種の信念の存在は感覚の存在を含意するため、この種の信念はみずからが真であることを含意するからである。さらに別の主張が付け加えられるのでないかぎり、われわれは斉合説のもう一つの形態に逆戻りしたことになる。

認識論的な問題において感覚や知覚に強調が置かれる背景には、誰もが当然と考える次のような考えがある。つまり、感覚こそが世界とわれわれの信念をつなぐものであり、しかも感覚はわれわれがしばしば気づくものであるがゆえに、正当化を行なうものの候補としてふさわしい、という考えである。われわれが直面している困難はこうである。すなわち、正当化は気づくことに依存すると思われるが、気づくこともやはり一種の信念である。

もっと大胆な針路を取ってみよう。いま、われわれが次のように言うとしてみよう。つまり、感覚自体が、言葉に表されていようといまいと、感覚の内に与えられているものを越え出るような一定の信念を正当化するのだ、と。たとえば、一定の条件下では、緑色の閃光が光るのを見るという感覚をもっていることが、緑色の閃光が光ったという信念を正当化するのだというふうに。問題は、いかにして感覚が信念を正当化するのかを理解することである。もちろん、もしもある人が緑色の閃光が光るのを見ている感覚をもつならば、一定の条件下では、緑色の閃光が光った公算が高い。われわれがそのように言えるのは、われわれが彼の感覚について知識をもっているからである。しかし、彼がそのように言うことはできない。なぜなら、目下の仮定では、彼は〔彼の、緑の閃光が光ったという信念は〕正当化されているが、そのことは、彼が《感覚をもっているという信念》をもつことには依存していないことになっているからである。いま、彼が、自分は問題の感覚をもっていないと信じているとしよう。はたしてその場合にも、当の感覚は、緑色の閃光が光ったのは客観的な事実だという彼の信念を正当化するだろうか。

感覚と信念の関係は論理的ではありえない。なぜなら感覚は、信念をはじめとする命題的態度ではないからである。とすると、それはどのような関係なのか。私の考えでは、答えはあきらかである。すなわち、因果関係である。感覚は一定の信念の原因であり、その意味において、それらの信念の基礎、あるいは根拠である。しかし、信念に関する因果的な説明は、その信念が正当化される仕方や理由をあきらかにするものではない。

原因を理由に仕立て上げるのが難しいという点は、反斉合説の論者が先述の第二の問い、つまり《感官がわれわれを系統的に欺くものではないという信念は何によって正当化されるのか》という問いへの回答を試みるさいにも、悩みの種となる。なぜなら、たとえ感覚が、感覚が存在するという信念を正当化したとしても、いかにして感覚が、外的な出来事や対象が存在するという信念を正当化するのかは、まだ分からないままだからである。

クワインによれば、科学がわれわれに教えているのは、「外部世界に関するわれわれの情報源が、われわれの感官の表面に対する光線や分子の衝撃に尽きている(5)」ことである。ここで気がかりなのは、「源」と「情報」という言葉をどう理解したらいいのかである。たしかに、外部世界の出来事や対象は、外部世界に関するわれわれの信念の原因であり、また、そのさいの因果関係の(すべてではないまでも)大半は、感覚器官を経由している。しかし、情報の概念が字義どおりに当てはまるのは、もっぱら、結果として生じた信念に対してである。それゆえ、「源」はたんに「原因」の意味に、また「情報」は「真なる信念」ないし「知識」の意味に受け取らねばならない。感官によってひき起こされた信念の正当化は、まだ姿を現していない。

正当化の問題に関する、以上に辿ってきたアプローチは、まちがっているにちがいない。われわれが取ろうとしてきたのは、次のような見方である。人は世界に関してさまざまな信念をもっている。それが人のもつすべての信念である。それらの信念が真であるかどうか、あるいは真でありそうであるかどうかを見分けるには、どうしたらいいのか。これまでの想定では、そのような見分けは、ひとえに、信念を世界と結びつけることで可能になる。つまり、一部の信念を感官の反応と一つ一つ照合したり、またことによれば、信念の総体を経験の裁きと照合したりすることによってである。〔しかし〕このような照合はどれも意味をなさない。なぜなら、当然ながら、われわれはけっして、自分が気づいている内的な出来事の原因が何であるかを知るために、自分の皮膚の外部に出ることはできないからである。因果連鎖の中に、仲介者として感覚や観察のような段階ないし存在者を持ち込んでも、認識論的な問題がいっそう明白になるだけである。なぜなら、その仲介者がたんなる原因なら、それは結果する信念を正当化せず、また他方、仲介者が情報をもたらすなら、その情報は嘘である可能性があるからである。学ぶべき教訓は明白である。仲介者に誠実を誓わせることはできないのだから、われわれの信念と、世界内のその対象とのあいだには、いかなる仲介者も介在させてはならない。もちろん、因果的な仲介者は存在する。用心すべきは、認識論的な仲介者である。

言語に関してよく取られる見方には、悪しき認識論を助長するものがある。もちろんそれは偶然ではない。なぜなら、意味に関する諸理論は、《文が真であることはどのようにして確認されるのか》という問いに答える企てを介して、認識論とつながりをもつからである。もしも、ある文の意味を知ること(その文に正しい解釈を与える方法を知ること)が、その文が真であることを認識する方法を知ることを含んでいるか、もしくはそのような方法を知ることにほかならないならば、意味の理論もまた、これまでわれわれが取り組んできたのと同じ問題を提起することになる。なぜなら、この場合、文の意味を与えるためには、文の主張を正当化するものの特定が必要であることになるからである。この局面で、斉合説の論者は、正当化の源を、真と見なされている他の文以外のところに求めるのは無駄だと主張する。他方、基礎づけ論者は、すくなくとも一部の語や文を、非言語的な岩盤につなぎ止めようと試みる。私見では、クワインとマイケル・ダメットはどちらも後者の見解を取っている。

もちろん、ダメットとクワインには違いがある。とりわけ、二人は全体論、つまり文の真理性は個々の文ごとにではなくいっしょにテストされるべきだという主張に関して、意見を異にしている。したがってまた、分析的な文と総合的な文の区別の効用について、また、満足の行く意味理論がクワインの擁護する種類の不確定性を許容しうるかどうかについて、両者は対立する。(これらすべての点に関して、私はクワインの忠実な弟子である。）

しかし、いま問題にしたいのは、クワインとダメットがどちらも次の基本原則に同意している点である。つまり、意味に関わる事柄はどれも、何らかの形で、経験なり、所与なり、感官の刺激過程のパターンなりといった、信念とそれが関わる日常的な対象とを仲介する何かに、由来していなければならないという原則である。いったんこの原則が受けいれられると、懐疑論への扉が開かれたことになる。なぜなら、その場合われわれは、自分が真と見なしている文の非常に多く――ことによればほとんど――がじつは偽であるという可能性を、認めざるをえないからである。これは皮肉な事態である。意味を接近可能なものにする試みによって、真理が接近不可能なものになるわけである。意味がこのような仕方で認識論的なものになると、真理と意味の離別は避けられない。もちろん、真理を《その主張が正当化されているもの》として定義し直すことで、意味に真理との結婚を強制することもできる。しかしその場合、結婚相手は元々の相手とは別人である。

ここでクワインの提案を見ておこう。それによれば、ある観察文の意味（情報価値）の内に含まれているすべてのものは、その文に対する話し手の同意・不同意をひき起こす感覚的な刺激過程のパターンによって決定されているのだという。この提案は、検証主義的な理論の美点を捉えていながら、意味やセンスデータや感覚への言及を避ける、実に見事な方法である。クワインのこの提案によってはじめて、次のような考えが現実味のあるものとなった。すなわち、私が意味理論と呼ぶものを展開するさいには、クワインが意味と呼ぶものはかならずしも必要ではなく、また必要であってはならない、という考えである。しかし、クワインの提案は、他の形の検証主義と同様、懐疑論を助長する。なぜなら、あきらかに、ある人の感覚的な刺激過程が現にあるとおりのままであっても、外部の世界は大きく異なっていることがありうるからである。(培養槽の中の脳を思い起こしていただきたい。)[1]

意味をなしで済ませるためのクワインの方法は、巧妙であり手が込んでいる。彼は一定の文の意味を直接に刺激過程のパターンと結びつける(クワインの考えでは、その刺激過程のパターンはまた、当の文に同意するための証拠となるものでもある)が、それ以外の文の意味は、それがどのような形で先述の文(観察文)に対して条件づけられているかによって決まる。このような条件づけが成り立つからといって、意味のおかげで真と見なされる文と、観察にもとづいて真と見なされる文とを、はっきり区別できるわけではない。クワインはその点を立証するために、次のことをあきらかにした。すなわち、ある話し手の発話に関して一つの解釈方法が満足の行くものである場合には、満足の行く解釈方法は他にも数多く存在する、ということである。クワインはそれを翻訳の不確定性の学説と呼ぶ。これは神秘や脅威と見なされるべきものではない。それが神秘でないことは、温度が華氏でも摂氏でも(あるいはそれらの数値のどのような一次変換によっても)測定されうるという事実の場合と同様である。また、それは脅威でもない。なぜなら、不確定性の程度をあきらかにする当の手続きによって、同時に、確定した事柄だけでわれわれの必要が満たされることがあきらかになるからである。

私の考えでは、分析的と総合的の境界線の抹消は、ありえないもの——確定した意味——なしにも言語哲学の追究が可能であることをあきらかにすることで、重要な主題としての言語哲学の面目を救った。いまや私は、さらに、観察文とそれ以外の文とのあいだの区別を破棄することを提案する。なぜなら、《それが真であるという信念が感覚によって正当化される文》と、《それが真であるという信念が、真であると見なされている他の文を持ち出すことによってのみ正当化される文》の区別は、感覚によって正当化される信念と、別の信念を持ち出してはじめて正当化される信念との区別と同様、斉合説の論者が忌み嫌うべきものだからである。したがって私は、意味や知識が、証拠の究極的な源と見なされるような何かに基礎をもつという考えを放棄するよう提案する。なるほど、意味と知識は経験に依存し、経験は究極的には感覚に依存している。しかし、これは因果的な「依存」であって、証拠や正当化という意味での「依存」ではない。

さて、以上の論述によって私は、本稿の問題を私にできうるかぎりで陳述し終えたことになる。意味や知識のための経験的基礎は懐疑論に通じるが、他方、見受けるところ、斉合説には、信じ手に《自分の信念は、もしも斉合的ならば、真である》と信じるべき理由を与える術がない。われわれは、懐疑論者への誤った解答と、無解答のあいだで、立ち往生している。

このジレンマは本物ではない。懐疑論者に答えるには、次のことをあきらかにすればよい。すなわち、信念の（程度の差はあれ）斉合的な集合をもっている人は、自分の信念が大筋ではまちがっていないと考えるべき理由をもっていることである。これまでのところであきらかにしたように、信念の総体を正当化するような根拠、つまり、この総体の外部にあって、信念をテストしたり、信念と比較するために使えるような何かを探し求めるのは、不合理である。とすれば、われわれの問題への解答は、われわれの信念の大部分が真であることに関して、証拠とは別の形での理由を見出すことにあるのでなければならない。

私の論証は二つの部分からなる。最初に私は次の点を力説する。すなわち、人の発言や信念や欲求や意図その他の命題的態度に関する正しい理解は、人のもつ信念が大部分は真でなければならないという結論へと通じるものであり、だから、任意のどの信念も、それが他の大部分の信念と斉合する場合には、真であるものと推定されてしかるべきである、と。次いで私はさらにこう主張する。誰であれ考えをもつ人、したがってまた、より特定的に言えば、自分が周囲の世界の本性をおおむね正しく把握していると考えるべき理由をもっているのかどうかを思案する人は、信念とは何であり、また一般に信念がどのような方法で探り出され解釈されるのかを、知っているのでなければならない、と。これらはまったく一般的な事実であり、われわれは、他人とコミュニケーションを行っているときにも、他人とコミュニケーションを行おうと試みているときにも、さらにはまた、他人とコミュニケーションを行っているつもりでいるにすぎないときでさえ、右の事実を例外なく利用している。それゆえ、一つの極めて強い意味において、われわれは、われわれ自身をも含めたどのような人の信念に関しても、それらが大筋では真実であるという推定が成り立つことを知っている、と言うことができる。それゆえ、何かそれ以上の念押しを求めても無益である。それは既存の信念に新しく一つを付け加えることにしかならない。必要なのは、信念が、その本性からして信頼のおけるものだという点を認識することだけである。

　信念が信頼のおけるものであることを理解するには、信念の存在と内容を決めるものが何であるかを考察すればよい。信念は、他のいわゆる命題的態度と同様、いろいろな種類の事実に随伴している。行動的な事実、神経生理学的な事実、生物学的な事実、物理的な事実にである。このことを指摘するのは、けっして、心理現象を定義や法則を介してより基礎的な現象へと還元するよう奨励するためではなく、またもちろん、認識論上の優位関係を示唆するためでもない。力点はむしろ理解にある。われわれは、命題的態度を、相互に、もしくは別水準の現象と、系統的に関係づけることで、命題的態度の本性に関する一つの種類の洞察を手に入れる。命題的態度は相互に密接に関連し合っているから、まず一つの命題的態度の本性を理解し、それによってもう一つの命題的態度の本性を理解するというわけにはいかない。われわれが解釈にあたって［命題的態度の］体系全体へと分け入る道を探るとき、重要な拠り所となるのは、〔命題的態度の〕相互関係のパターンである。

たとえば信念と意味の相互依存を考えてみよう。文が何を意味するかは、部分的には、その文が一定程度の確信を得る原因となった外部の状況に依存し、また部分的には、その文が、さまざまな程度の確信を伴って真と見なされている他の一連の文に対してもつ文法的または論理的な関係に依存している。これらの関係は、それ自身、ただちに信念として読み替えることもできる。それゆえ、意味が信念に依存する次第は容易に理解できる。しかし、それにおとらず、信念も意味に依存している。なぜなら、信念相互を区別している、信念の細部の構造を知るには、話し手や解釈者が信念を表明・記述するさいに用いる文を手がかりとする以外に方法がないからである。それゆえ、意味と信念の本性を解明したければ、どちらをも前提しない何かを出発点に取る必要がある。私は本質的な点ではクワインの提案を踏襲する。それは促された同意――文への同意と、その同意の原因とのあいだの因果関係――を基本と見なすものである。これは諸々の信念や意味を同定する企ての出発点として好都合である。なぜなら、文に対する話し手の同意は、話し手がその文によって意味する事柄と、話し手が世界に関して信じている事柄の双方に依存している。しかもそれでいて、話し手がある文に同意していることは、彼が話した文が意味する事柄や、その文によって表明された信念を知らないでも、知ることができる。また、同じく明白な事実として、同意されたある文に対していったんある解釈が与えられれば、それによってある信念の帰属が行われたことになる。正しい解釈理論が一つには決まらないとすれば（唯一の正しい解釈をもたらすものではないとすれば）、当然、特定の文への同意との関連で行われる信念帰属についても、同じことが言えるだろう。

自分の言葉を理解してもらおうと望んでいる話し手が、自分がどんな場合に文に同意するか――つまりその文を真と見なすか——に関して、彼を解釈しようと望む人々を系統的に欺くはずはない。それゆえ、原理的には、意味は、したがってまた意味と結びついた信念は、公共的な形で確定されうる。以下において私は、この事実を活用しつつ、根本的解釈者の視点に立って信念の本性を問うことにしたい。完全な情報を与えられた解釈者が、ある話し手の意味する事柄について知りうる事柄でもって、知るべき事柄は尽きている。同じことは話し手が信じている事柄についても言える(6)。

解釈者にとっての問題は、次の点にある。すなわち、彼〔根本的解釈者〕が知っているものと仮定されている事柄——文に対する話し手の同意の原因——は、すでに見てきたように、彼が知らないものと仮定されている二つの事柄——意味と信念——の積だという点である。解釈者は、意味が分かれば信念が分かり、また、同意された文が表現している信念が分かれば、意味も分かるだろう。しかし、両者が相互依存的だとすれば、解釈者はどうやって両者を一挙に知ることができるのか。

解答のための一般的な方針もまた、問題自体と同様、クワインに負うものである。しかし、問題の述べ方に関してと同様、こんどもまた私は、クワインの解答にいくつかの変更を加えるつもりである。それらの変更は、認識論的懐疑論の問題と直接のつながりをもっている。

根本的な解釈(これはクワインの根本的翻訳とよく似ているが、まったく同じというわけではない)の目標は、話し手の言語に関する真理のタルスキ流の特徴づけ、ならびに話し手の信念に関する理論を与えることにある。(後者は、前者に、そこで前提されている《どの文が真と見なされているか》に関する知識を付け加えることで得られる。)これはクワインの翻訳計画にほとんど何も付け加えない。なぜなら、話し手の言語から自分の言語への翻訳に、自分の言語に関する真理理論を付け加えれば、話し手に関する真理理論が得られるからである。しかし、翻訳という統語論的な概念から真理という意味論的な概念へと移行すると、真理理論の形式的な制約が前面に押し出され、意味と真理とのあいだの密接なつながりの一面が強調されることになる。

善意の原則はクワインの方法においてきわめて重要な役割を演じるが、その変種にあたる私の方法では、なおいっそう重要な役割を演じる。どちらの場合にも、この原則が解釈者に命ずるのは、解釈や翻訳のさいに、話し手が真と見なす文のパターンの中に、真理に関する解釈者自身の尺度を読み込むべきことである。この原則の眼目は、話し手を理解可能にする点にある。なぜなら、矛盾や誤りがあまりに大きくなると、意見の一致・不一致を判定するための共通の土俵が失われてしまうからである。形式的な観点から言えば、善意の原則は、言葉の解釈方法を決めるさいの〔話し手に帰されてよい〕信念の自由度に制限を加えることで、意味と信念の相互作用の問題の解決を助けるものである。

クワインの主張では、われわれは、自分自身の論理学を話し手の思考の内に読み込まざるをえないのだという。クワインはこの点を文計算〔命題論理学〕について述べているが、私は同じことを第一階量化理論についても主張するつもりである。そうすればただちに、論理定項が同定され、またすべての文に論理形式が割り当てられることになる。

〔文への〕同意の原因が時と場所によって生じたり消えたりする種類の文〔場面文〕を解釈するときにも、善意に類する原則が働く。つまり、話し手のある文に関して、解釈者に知られた一定の条件の下では話し手がきまってそれに同意することが見出されれば、解釈者はその条件を、話し手の当の文の真理条件だと見なすということである。これはあまり正確な言い方ではないが、その辺の事情は後ほどあきらかになる。

容易に確認される出来事とはあまり直接的なつながりをもたない文や述語は、クワインの基本原則では、世界に直接に条件づけられている文との相互連関という制約さえ満たせば、随意に解釈してよい。この点に関して、私としては、善意の原則を拡張することで、できるかぎり真理を保存するような解釈を優遇することにしたい。つまり私の考えでは、話し手が真と認める事柄ができるかぎり真となるように解釈することは、相互理解を促進し、ひいては解釈をよりよいものにするのである。この点で、私に与えられた選択範囲は、クワインの場合よりも狭い。なぜなら、どうすれば観察文と理論文とのあいだに最初から境界線を引いておくことができるのか、私には分からないからである。これにはいくつかの理由があるが、当面の話題にとって最も重要なのは、この区別が、最終的に、私が放棄した種類の認識論的な考察にもとづいている点である。すなわち、観察文は感覚に類するもの――感覚的な刺激過程のパターン――に直接にもとづいているという考えである。この考えが懐疑論に通ずるものであることは、先に論じたとおりである。感覚や刺激過程との直接のつながりなしには、観察文とその他の文とのあいだに、認識論的に意味のある根拠にもとづく境界線を引くことはできない。とはいえ、文への同意の原因が観察可能な状況に応じて生じたり消えたりするような文と、変化に動じることなく話し手が同意し続ける文とのあいだには、依然として相違がある。そして、論理的な語や文以外の語や文を解釈することができるのは、この相違のおかげである。

ここでは細かい点は重要ではない。はっきりさせておかなければならないのは、次の点である。すなわち、信念と意味の相互関係、ならびにそれらが解釈者によって理解される仕方に関して私が与えた説明が正しければ、話し手が真と見なす文――とりわけ、話し手が最も頑固に保持し、話し手の信念体系の最も中心部に位置する文――は、その大部分が、すくなくとも解釈者の見方からすれば、真である、ということである。なぜなら、解釈者が取りうる唯一の、それゆえ非の打ちどころのない方法の下では、話し手の信念は自動的に解釈者の論理の尺度に合致し、したがってまた、話し手には平易な論理的真理の知識が帰属させられるからである。言うまでもなく、論理的な整合性やその他の整合性にはさまざまな度合いがあり、完全な整合性は望むべくもない。しかし、十分な程度の整合性を見いだすことが方法論的に不可欠だという点だけは力説しておかねばならない。

このことと類比的に、解釈者が、話し手を理解すると同時に、世界に関する話し手の信念が大部分誤っていることを見出すというようなことは、ありえない。なぜなら、真と見なされている文を解釈する(それは信念を帰属させることと区別不可能である)さいに、解釈者の拠り所となるのは、それらの文が真と見なされる原因に当たるような、外部世界の出来事や対象だからである。

私がこのアプローチのもつ重要な側面とみなしているものは、えてして見落とされがちである。その理由は、このアプローチが、コミュニケーションに関するわれわれの自然な考え方——それは理解がすでに確保されているような状況から導き出されたものである——を、逆転させるものだからである。いったん理解が確保されてしまえば、われわれは多くの場合、ある人が信じている事柄を、その人がその信念を抱いた原因とはまったく独立に知ることができる。そのために、われわれは、次のような、きわめて重大な、それどころか致命的な結論へと導かれかねない。つまり、《一般に、ある人が意味している事柄は、その人が信じている事柄とは独立に、しかもその信念の原因とは独立に、決定されうる》という結論である。しかし、私が正しければ、一般にわれわれは、けっして、まず信念と意味を決定してから、その上でそれらの原因が何であるかを問うというわけにはいかない。因果関係は、われわれの発言や信念の内容を決める上で、欠くことのできない役割を演じている。これは、本稿におけるように、解釈者の視点を取ることで認識できるようになる事実である。

ある人の思考と発言がかなりの程度真であり、整合的であることは、その人の発言や態度に関する解釈者の正しい解釈から生じる人為の産物である。しかしそれは、解釈者の尺度に照らしての真理と整合性である。話し手と解釈者が、共通の誤った信念にもとづいて相手を理解しあうようなことも、起こりうるのではないか。それは起こりうるし、またまちがいなく、現によく起こっている。しかし、それが通例となることはありえない。なぜなら、いま、世界に関してすべてを知っている解釈者、しかもまた、ある話し手に、彼が使いこなしている一群の（潜在的には際限のない）文の中の任意の文への同意をひき起こしている（あるいは、ひき起こすであろう）原因に関しても、すべてを知っている解釈者を思い描いてみよう。この全知の解釈者は、誤りをおかしうる解釈者と同じ方法を用いて、誤りをおかしうる話し手が、おおむね整合的で、かつ正しいことを見出す。もちろん、この整合性や正しさは、解釈者の尺度にしたがってのものだが、全知の解釈者の尺度は客観的に正しいから、誤りをおかしうる話し手は、客観的な尺度に照らして、おおむね正しく、また整合的であるものと見なされることになる。われわれは、その気になれば、誤りをおかしうる話し手と取り組んでいる、誤りをおかしうる解釈者へと、全知の解釈者の注意を促してもよい。そうすれば、誤りをおかしうる解釈者はいくつかの事柄については誤りをおかしうるが、全般的な誤りをおかすことはありえないことが分かる。それゆえ、誤りをおかしうる解釈者が、彼が解釈している相手と、全般的な誤りを共有することはありえない。私が素描した一般的な解釈方法にいったん同意すれば、事物のあり方についてほとんどつねに誤りをおかすような人がいるという考えは、正しいものではありえないことになる。

先にも述べたように、私がいま提唱している根本的解釈の方法と、クワインの根本的翻訳の方法とのあいだには、一つの重要な相違がある。その違いは、解釈を左右する原因の選択が、どんな形で行なわれるかにある。クワインの考えでは、解釈の拠り所は感覚的な刺激過程のパターンにあるが、私の考えでは、解釈の拠り所となるのは、文がそれに関わるものと解釈される当の外的な出来事や対象である。こうして、クワインの意味概念は感覚的規準と結びつけられ、後者はクワインの考えではさらに証拠とも見なされうる。その結果、クワインは、観察文とその他の文とのあいだの区別に、認識論的な意義を与えることとなる。なぜなら観察文は、クワインの想定では、感官に直接に条件づけられているがゆえに、一種の言語外的な正当性をもっているからである。これは私が本稿の最初の部分で反論した見解である。そのさいに論じたように、感覚的な刺激過程はたしかに信念へといたる因果連鎖の一部だが、それを刺激過程によって生じた信念のための証拠、あるいは正当性の源泉と見なすのは、混同以外の何ものでもない。

私の考えでは、感官に関する全面的な懐疑論に立ちはだかるのは、われわれが、いちばん分かりやすく、方法論的に最も基礎的な事例においては、信念の対象を、その信念の原因と解さなければならないという事実である。そして、われわれ解釈者が信念の原因と解さざるをえないものが、事実、信念の原因なのである。コミュニケーションは、原因が収斂するところから始まる。つまり、あなたの発話が私の発話と同じ事柄を意味するのは、それらの発話が真だという信念が、同じ出来事や対象から系統的に結果としてひき起こされている場合である。(7)

この見解の行く手にはあきらかな困難が立ちはだかっているが、私の考えでは、それらは克服可能である。〔まず、〕私の方法を直接に適用できるのは、たかだか場面文――文への同意が、世界の側での共通の変化からの結果として系統的にひき起こされるような文――だけである。それ以外の文は、それらの文が場面文に条件づけられていること、そしてまた、その中に場面文の場合と共通の語彙が現れることによって解釈される。場面文のなかにも、環境の変化ばかりでなく、関連する他の文に対する信念の変化に応じて、同意を促す度合いが変動するものがある。この点を拠り所とすれば、信念体系の外部にある信念の基礎という概念を援用しないでも、内部的根拠にもとづいて、観察性の度合いを区別する基準を述べることができる。

以上の問題と関連したもっと分かりやすい問題に、誤りの問題がある。というのも、最も単純な事例を考えただけでもあきらかなように、原因が同じ（ウサギが疾走していく）でも、話し手と観察者に別々の信念が生じることがあり、さらには、同じ解釈を受けえない文への同意がひき起こされることがあるからである。おそらくはこの事実に促されて、クワインは、ウサギではなく、刺激過程のパターンを、解釈の鍵として採用した。純粋に統計的な問題として見た場合、二つのアプローチのあいだにどれだけの優劣があるのか、私には定かではない。はたして、同一パターンの刺激過程が「ガヴァガイ」と「ウサギ」への同意をひき起こす相対頻度は、ウサギが話し手と解釈者の内に同じ二つの反応をひき起こす相対頻度と較べて、より大きいと言えるのだろうか。この問いを納得の行く形でテストするのは容易ではない。しかし、テストの結果、クワインの方法に軍配が上がったと想像してみよう。その場合でも、私は、これはいずれにせよ言わなければならないことだが、誤りの問題は、最も単純なレベルにおいてすら、文単位では解決できない、と言わなければならない。われわれが取りうる最良の方法は、誤りへの全体論的な対処である。つまり、ある人の行為と発話と世界内での位置を踏まえた上で、その人ができるかぎり理解可能となるような形で解釈を行なうことである。われわれは、ある事柄に関しては彼が誤っているのを見いだすだろうが、それは、別の点では彼が正しいことを見いだすための必要経費である。大まかに言えば、彼が正しいことが見いだされる、ということが意味しているのは、われわれが――最も単純な事例をとくに重視し、また誤りがおかされそうなところとしていちばん納得が行くところで誤りを認めた上で――彼の信念の対象を、その信念の原因と同一視する、ということである。

いま、私が主張したとおりに、解釈者は、話し手や行為者が世界をおおむね正しく把握していることになるような形で解釈を行わなければならないのだとしてみよう。はたしてこのことは、自分の信念の大部分が真だと考えるべきどのような理由があるのかを思案している人にとって、どのような助けになるだろうか。解釈者は、実在世界と問題の人の信念とのあいだの因果関係を踏まえて、その人がおおむね正しい道に立っていると解釈するが、その人自身は、実在世界と自分の信念とのあいだの因果関係をいかにして知ることができるのか。

答えは設問の内に含まれている。自分の信念の由来について疑問をもったり思案したりすることができるためには、信念とは何かを知っていなければならない。その点についての知識には、客観的な真理という概念が含まれている。なぜなら、信念の概念とは、実在と合致したりしなかったりするような状態の概念にほかならないからである。しかし、信念はまた、直接間接に、その原因によっても同定される。全知の解釈者が知る事柄を、誤りをおかしうる解釈者もまた、話し手を理解できているかぎりにおいて、十分に正しく捉えている。彼が捉えるのは複雑な因果的真理である。その複雑な因果的真理のおかげで、われわれは現にあるとおりの信じ手となるのであり、また、われわれの信念の内容が決定されるのである。自分の基礎的な信念の大半が真であること、またとくに、最も固く保持され、信念体系の本体と斉合する信念は、真である公算が高いこと――これらのことを理解するには、信念とは何かを反省するだけで足りる。それゆえ、「いかにして私は、自分の信念が概して真であることを知りうるのか」という問いは、みずからのうちに答えを含んでいる。理由は単純である。信念はその本性からしておおむね真なのである。右の問いを換言、あるいは敷衍すれば、「いかにして私は、その本性からしておおむね真である自分の信念が、おおむね真であることを、知りうるのか」となる。

すべての信念は次の意味で正当化されている。すなわち、信念は他の無数の信念に裏づけられており（そうでなければ信念は現にあるとおりの信念ではありえない）、それが真であると推定すべき理由を備えているのである。ある信念と斉合する信念体系の規模と重要性が増すのにつれて、その信念が真であると推定すべき理由もそれだけ強力なものになる。そして、孤立した信念などというものは存在しないから、真であると推定すべき理由をもたないような信念は存在しない。この点に関して、解釈者と被解釈者とでは事情が異なる。解釈者の視点からみれば、信念体系の全体に関しては、［解釈の］方法論からして、おおむね真であるという推定を立てざるをえないが、しかし、解釈者は、他人の抱く個々の特定の信念に関しては、それが真だという推定を立てる必要はない。一般的な推定を他人に適用しても、先に力説したように、他人が全面的に正しいことになるわけではない。むしろそれは、他人の誤りを非難するための背景を与えるのである。しかし、各々の人自身の有利な視点から見れば、自分自身の信念の一つ一つにはそれぞれ度合いの異なる推定根拠があるにちがいない。

残念ながらわれわれは、すべての真なる信念が知識であるという見栄えのする楽しい結論を導き出すことはできない。なぜなら、ある信じ手のすべての信念は当人にとって一定程度の正当性をもっているが、それらの信念のなかには、正当化が十分でなかったり、正しい仕方で行われていないために、知識とはならないものもあるだろうからである。一般に信念は真である、と推定すべき理由が存在するがゆえに、われわれのすべての信念が総じて偽であることが不可能であることはあきらかであり、われわれは通常の形の懐疑論から救い出される。しかし、それだけでは、知識の条件を特定する仕事はまだほとんど手つかずのままである。私が取り組んできたのは、証拠による裏づけに関する基本原則（そのようなものがあるとして）ではない。私があきらかにしようとしたのは、むしろ次のこと、すなわち、ある信念のための証拠や正当化と見なされるすべてのものは、当の信念が属するのと同じ信念の総体から来るものでなければならない、ということである。

1987

追記

老境に近づいた数人の哲学者――そこに含まれそうなのはクワイン、パトナム、ダメットであり、もちろん私も含まれる――が、あいかわらず、真理の本性、またそれが意味と認識論に対してもつ（あるいはもたない）つながりについて思い悩んでいる。ローティは、思案は止めにすべきだという考えである。彼の信ずるところでは、哲学はこの難問をすでに喝破し、乗り越えたのであり、哲学はさほど重苦しくはなく、もっと興味深い問題に眼を向けるべきなのだという。彼はとりわけ、私が古いゲームの終結を認めない点に苛立ちを示す。というのも、彼は私の業績が彼の啓蒙されたスタンスのための有益な裏づけになると見ているからである。彼は私の「時代遅れのレトリック」の背後におおむね正しい態度の輪郭を探るのである。

ローティは論文「プラグマティズム、デイヴィドソン、真理」の中で、二つのことを提唱している。私の真理論は斉合説と対応説の両方の放棄に帰着するものであり、正しくは、プラグマティズムの伝統に属するものとして分類されるべきだということ、そしてまた、私は懐疑論者に答えているかのような素振りを示すべきではなく、私はじつは懐疑論者に退席を求めているのだということである。どちらの点に関しても私はローティに大賛成である。

一九八三年のアメリカ哲学会太平洋岸部会大会での議論の中で、私は、もしもローティが真理についてのプラグマティズムを放棄するならば、私も自分の立場を斉合説や対応説と呼ぶことを止めるという点に同意した。彼は責務を果たした。現在のローティはジェームズとパースの真理論をどちらも明言的に退けている。私は喜んで私の責務を果たす。すでに公刊されているのでなかったら、私は「真理と知識の斉合説」の表題を変更するだろうし、そこでの企てを、「斉合性が対応をもたらす」ことの解明というふうには呼ばないだろう。ローティが指摘するように、内部的証拠だけにもとづくかぎり、私の見解は対応説と呼べるものではない。私は、遅くとも一九六九年には（「事実との一致」[8]）、こんなふうに論じていた。つまり、いかなるものに関しても、それが文に対応すると言うことが有益かつ理解可能であることなどありはしない、と。そして、私はその論点を「真理と知識の斉合説」でも繰り返している。当時私は、ある言語に関する真理を特徴づけるさいに言葉を対象と関係づける必要があるという事実が、対応という観念について一応の理解を得るには十分だと考えた。しかし、いまとなっては、これは誤りだったと思われる。この誤りは、ある意味では呼びまちがいだが、不適切な用語は概念的混同の温床であり、そのことはいまの場合にも当てはまる。対応説はいつも、真理についての説明あるいは分析を提供するものと考えられてきた。そして、タルスキ流の真理理論がそのようなものでないことはまちがいない。また、現在の私は、広く行われてきた対応説への反論も退ける。それは、われわれの文や信念が実在に対応しているかどうかを見分けることはけっしてできない、という反論である。この批判は控え目に言っても誤解を招く。なぜなら、その種の対応の実質が何であるかを説明した人などついぞいないからである。そして、悪く言えば、この反論は、真理があきらかに認識論的だというまちがった想定にもとづいて述べられている。

私はまた、自分の見解を「斉合説」と呼んだことも後悔している。私が斉合性を強調したのは、正しくは、「ある信念のための証拠や正当化とみなされうるすべてのものは、その信念が属するのと同じ信念の総体から来るものでなければならない」という否定的な論点を述べる一つの方法にすぎなかった。たしかに、この否定的な主張は、多くの場合、それを受けいれる哲学者たちを、実在と真理が思考の構成物だという結論に導いた。しかし、私はこの主張からそのような結論には導かれなかったから、その理由からだけでも、私は自分の見解を斉合説と呼ぶべきではなかった。斉合性を強調すべきでないことについては、それほど重大ではないもう一つの理由もある。斉合性(coherence)とは整合性(consistency,無矛盾性)のことにほかならない。ある信念集合が整合的であることは、たしかに、その信念集合にとって好都合である。しかし、ある人の信念がおおむね整合性を欠いているということなど、あるはずがない。なぜなら、信念は部分的にはその論理的性質によって個別化されるからである。他の多くの信念とおおむね斉合するのでないかぎり、信念が信念として同定されることもありえない。「真理と知識の斉合説」の主たる論点は、整合性とはほとんど関わりをもっていない。私が擁護した重要テーゼは、信念は本質的に信頼のおけるものだというものである。これが、真理は認識論的概念ではないが、しかし(対応説や斉合説の場合とは違って)信念から完全に切り離されることもできない、という私の主張の根拠である。

私が斉合性を強調したのは勘違いだったが、私が自分の見解を「理論」と呼んだのは明白な過誤だった。ローティは前掲の論文の中で、彼が正当にもわれわれの共通見解と見なしている、真理に対するミニマリズムの態度を強調した。それはこんなふうに言い表すことができる。すなわち、真理はわれわれのもつ最も明瞭で基本的な概念のひとつである、と。タルスキは、われわれがこの一般的な概念をすでに理解しているという想定にもとづいて、その一般的概念を特定の言語に適用する（あるいは適用しようとする）方法をあきらかにしてくれた。しかし、もちろん、タルスキはその概念を一般的に定義する方法は示さなかった（彼はむしろ、それが不可能であることを証明した）。この概念を説明、定義、分析、解明する更なる企てはどれも、空疎であるか、まちがっている。対応説、斉合説、プラグマティストの真理論、真理を保証された主張可能性（おそらくは「理想的」ないし「最適の」条件の下での）と同一視する理論、真理に科学の成功の説明を求める理論、真理に科学や一部のエリートの会話の最終結果の役目を負わせる理論、これらの理論はどれも、真理に関するわれわれの理解に何も付け加えるところがないか、もしくは、明白な反例をもっている。いったいどうして、真理をより明瞭でより基本的な何かに還元できるなどと期待しなければならないのか。結局のところ、プラトンが定義に成功した唯一の概念は泥（土と水）だけだった。パトナムは、真理を特徴づける多様な企てを、「よい」を自然主義的に定義する企てになぞらえている。この比較は、ローティにとってと同様、私から見ても当を得ている。それはまた、パトナムによる真理と理想的に保証された主張可能性との同一視にも、当てはまるように思われる[9]。

　ある話し手や話し手集団に関する真理理論は、一般的な真理概念の定義ではないが、この概念が何の役に立つかについて確かな理解を与えてくれる。というのも、このような理論があれば、問題の話し手や話し手集団を理解している人が知っている事柄を、簡潔明瞭な仕方で述べることができるからである。

この種の理論はまた、いかにして解釈者が、その理論が真であることを確認できるかという問題をひき起こす。この問題は、真理理論なしには分節化できなかったはずのものである。この問いへの答えは、「真理と知識の斉合説」であきらかにしようとしたように、意味と真理と信念という概念のあいだの本質的な関係をあきらかにするものとなるだろう。私が正しければ、これらの概念はどれもおたがいを必要とするが、どの概念も他の概念に従属したり、他の概念にもとづいて定義されることはない。このような理解のもとでは、真理は、(対応説には反して)信念から完全に遊離したものではなく、しかも(斉合説に反して)人間による発見の方法と力に依存したものでもない。真理を(パトナムの言葉を借りると)「根本的に非認識論的」であることから救うのは、真理が認識論的だという事情ではなく、信念が、意味とのつながりをとおして、本質的に信頼のおけるものだという事情である。

最後に、ローティが懐疑論者に答える試みを止めるように勧告し、懐疑論者に退場を求めている点についてはどうだろうか。手短に答えれば、懐疑論者へのこのような勧告は千年にもわたって再三行われており、懐疑論者がそれに耳を傾けるとは思われない、となろう。哲学者の常として、懐疑論者は論証を求めているのである。この点をもう少し敷衍してみよう。おそらくローティの論文「プラグマティズム、デイヴィドソン、真理」が示唆しているのは、意味と命題的態度の問題への「自然主義的」なアプローチを取れば、懐疑論者の居場所は自動的に失われる、という点である。この考えは、ローティの場合にかぎらず、まちがっている。クワインの自然化された認識論は、われわれが意味し考える事柄が概念的に(たんに因果的にだけでなく)感官の証言にもとづくという経験主義的な前提に立っているために、標準的な形での懐疑論者の攻撃の的になる。私が「真理と知識の斉合説」で意を注いだのは、意味と知識に関するこれとは異なるアプローチを擁護し、この代替アプローチが正しければ懐疑論は出発点を失うはずだという点をあきらかにすることだった。私は次のかぎりではローティに同意している。私は懐疑論者を「論駁」しようとしたのではなく、言語的コミュニケーションの基礎と、それが真理、信念、知識に関してもつ含意とについての正しい説明と思われるものを略述しようとしたのである。この説明の正しさを認める人は、懐疑論者に退席を求めることができる。

ローティと私にちがいがあるとすれば、それは、懐疑論者の無力化につながる論証をどれだけ重要視するか、そしてまた、知識と信念と真理と意味に関するその論証からの帰結にどれだけの関心を寄せるかの違いである。ローティは論証の帰趨にこだわろうとする。つまり、懐疑論者の疑いを退けることを可能にし、ひいては、知識主張の一般的正当化を与える企てを放棄することを可能にする立場に。そのような正当化は可能ではないし、必要でもない。ローティによれば、西洋哲学の歴史は、理解不可能な懐疑論と、それに答える無力な企てとのあいだの、混乱した、勝者のいない戦闘である。デカルトからクワインにいたる認識論は、私見では、哲学の企ての中のほんの一つの、複雑な、しかしそれなりに啓発的な章である。その章が終わるとすれば、それを終わらせるために引き合いに出される分析法、準拠される明瞭さの尺度は、つねに最善の哲学を特徴づけてきたような、そして今後も、幸運と英気とがあればそうであり続けるような、そのような分析法と明瞭さの尺度とであるだろう。

原注

（1）私の論文「事実との一致」（『真理と解釈（*Inquiries into Truth and Interpretation*）』の第三論文〔邦訳、第一章〕）、ならびに本章の「追記」を参照のこと。

（2）Hilary Putnam, *Meaning and the Moral Sciences*, p.125.〔邦訳、一六三頁〕

（3）私の論文「概念枠という考えそのものについて」（『真理と解釈（*Inquiries into Truth and Interpretation*）』の第十

三論文〔邦訳、第九章〕）を参照のこと。

（4）Richard Rorty, *Philosophy and the Mirror of Nature*, p. 178.〔邦訳、一九四頁〕

（5）W. V. Quine, 'The Nature of Natural Knowledge', p. 68. クワインが感覚の原因を証拠と同一視しようと望んでいることは、彼の著作の他の多くの箇所からあきらかである。*Word and Object*, p. 22〔邦訳、三五頁〕では、彼は、「体表への刺激が……外部世界への手がかりのすべてである」と書いている。*Ontological Relativity*, p. 75には、「感覚受容器の刺激過程こそ、人が自分の世界像に到達する上で最終的に依拠する証拠のすべてである」とある。同じ頁ではさらに次のように言われる。「経験主義の二つの基本教義は不動のままである。……一つは、科学にとって存在するすべての証拠は感覚的な証拠である、というものである。もう一つは、……言葉の意味の教授はすべて、最終的には、感覚的な証拠にもとづいていなければならない、というものである」。*Roots of Reference*, pp. 37–8でクワインは、「観察」は「理論の裏づけのさいにも言語の習得のさいにも」基礎的であると言い、さらに、「観察とは何か。それは視覚的、聴覚的、触覚的、嗅覚的である。それらはあきらかに感覚的であり、それゆえ主観的である。……では、観察は感覚ではないと言うべきなのだろうか。……否。……」と続ける。そしてクワインは、観察という言い方をやめて、観察文という言い方をするようになる。しかしもちろん、観察とは違って、観察文が証拠の役割を演じうるのは、それが真であると信じるべき理由をわれわれがもっているかぎりにおいてである。

（6）いま思えば、根本的な解釈を行なうさいには、最初から話し手の欲求を含めておくことが本質的に重要である。それゆえ、行為の発動と意図、また信念と欲求の両方が、意味と関係を持つ。しかし本稿ではこのさらなる要因を持ち出す必要はない。

（7）あきらかに、目下の意味の因果説は、クリプキとパトナムの指示の因果説とはほとんど共通点を持たない。クリプキやパトナムの理論は、名前と、話し手には知られていないかもしれないその対象とのあいだの、因果関係に注目する。そのため系統的な誤りが生じる公算も高まる。私の因果説は、信念の原因を信念の対象と結びつけることで、それとは逆の結果をもたらす。

（8）『真理と解釈（*Inquiries into Truth and Interpretation*）』所収。

（9）Hilary Putnam, *Realism and Reason*, p. xviii.〔邦訳、一八頁〕

訳注

［1］言うまでもなく、ここで念頭に置かれているのは、パトナムによる「培養槽の中の脳」の議論である。Cf. ヒラリー・パトナム（野本・中川・三上・金子訳）『理性・真理・歴史』法政大学出版局、一九九四年。

第11論文

経験的内容

1982

経験的知識の基礎をめぐるシュリックとノイラートの論争は、意味の検証説から認識論的結論を引き出そうとするさいの困難を例示するものとなっている。さらにそこでは、科学は一般的に正しいとみなすことが、いかに懐疑論の自動的な回避にもならず、簡単な答えをそこに与えることにもならないか、が示されている。しかし、シュリックもノイラートも、経験的知識の満足な説明には到達していないものの、彼らの著作には、よりよい理論への有望な手がかりが残されている。そうした手がかりに従いつつ、ヘンペル、カルナップ、そしてとくにクワインの考え方を活用することで、私は以降、自然主義的認識論がとるべき進路と私に思われるものを示してゆきたい。

ある解釈された文の経験的内容は、観察ないし経験を報告する文、もしくはそれらに基づく文総体の部分集合との関係から出てくるとする点で、論理実証主義者たちは一致していた。だがすぐに、不和と論争の主要な二つの源泉が明白となった。一つは、プロトコル文と他の文の関係をどう特徴づけるかという問いである。この問題に関する論理実証主義者とその後継者たちの見解における進展と変転の歴史については、カール・ヘンペルが、当事者としての寄与とともに、手際のよい記録を残している。(1) ここで私が取りあげる主題は、こちらではない。

二つ目は、プロトコル文はいかに定式化されるべきか、またプロトコル文と経験ないし観察との関係とはいかなるものか、という問いである。私がここで論じるのはこの問題であり、またシュリックとノイラートが対立していたのも、この点についてであった。シュリックは基礎づけ主義的認識論を、ノイラートは斉合説を支持していた。両者の食い違いは、かなり強い語調で表明されている。ノイラートは、基礎づけ主義的な立場を、「伝統的な講壇哲学において流布している直接経験への信憑と結びついたもの」として記述し、「方法論的独我論」(シュリック流の見解に対するカルナップの呼称)は、「方法論的」という語の付加によって実用性を増すわけではない、と述べる。(2) 対するシュリックは、ノイラート流の斉合説を「仰天すべき誤り」としている。(3)

仰天すべき誤りだったかどうかはともかく、カルナップとヘンペルは、一時期ノイラートに同意していたようである。ヘンペルは一九三五年に、「私の考えでは、もはやプロトコル言明と他の言明のあいだに本質的な相違は無い」と記し、さらにカルナップに同意して、どの文が基礎的であるかという問いを「形式語法」で書き直せば、答えは規約をどう決めるかという問題になると主張している。「この洞察は」――と、ヘンペルはカルナップの言にならって結論する――「論理実証主義者による検証と真理の理論から、形而上学的傾向に由来する絶対主義の残滓を除去するものである」。(4) シュリックはこの種の規約主義をあざけって、それは真理を「物理学に用いられるさまざまな物差し」と同じぐらい相対的にするものだと述べ、皮肉っぽくこう付け加えている。「そしてこの見解こそが、その諸帰結とともに、哲学から『絶対主義』の最後の遺物を消去するものとして推奨されてきたわけである」[5]。

しかしながら、どこに争点があったのかは、さして定かではない。十五年後、準学説史的なある論文の中で、ヘンペルは、「現代経験主義の根本的教説は、あらゆる非分析的知識は経験に基づくという見方である」と明言している。つづけて彼は、知識が経験に基づくとはどういうことかについて、非分析的知識を表現できるのは、観察文によって（特定の仕方で）確証された文であり、観察文が真であることは直接的観察によって「確認」される、との説明を与えている[6]。これはむしろシュリックを、またじっさい、ヘンペルが以前に退けていた「言明と事実との命脈なき照合」を、思わせるものである[7]。「確証の論理の研究[8]」の再録時に追記された覚書において、ヘンペルは、一見して対立しているこれらの見解について、部分的な調停策を提示している。それによれば、真理は――タルスキの業績のおかげで、彼とカルナップはこれを了解するに至ったのだが――ほんらい意味論的概念なのであって、斉合性の問題として扱われてはならない。他方、確証には相対的と絶対的の二種類がある、とされた。確証の論理的研究とは、ある仮説を任意の文集合が確証する程度の研究である。その文脈では、仮説はある文集合に（それがどこから出てきたものであれ）相対的に確証もしくは反証される、ということしか言えない。他方、絶対的確証とは、一定の文を真なるものとして扱うという「プラグマティック」な決定に依存するものである。ヘンペルが言うには、ノイラートとカルナップが考えていたのは相対的確証であり、これが斉合説を招いた。そして、シュリックおよび一九五〇年のヘンペルが考えていたのは絶対的確証のほうだった、というのである。

ヘンペルによるこの重要な区別は、啓発的なものである。じっさい、プロトコル文に関する初期の論議は、ときとして、特定の構文論的特性をもつ文としてそれらを扱うことと、観察ないし経験に基づいて受容されたような文としてそれらを扱うこととの間を、揺れ動いていたように見受けられる。だが、この区別であらゆる食い違いを調停できたわけではない。まだ以下の食い違いが残っていた。すなわち、シュリックがプロトコル文はひとたび真なるものとして確立されたらそのままだと考えたのに対して、ノイラートはそれを否定していた。また、シュリックが文と実在の対比を語ることは不可解ではないと主張したのに対して、ノイラートはそれを否定していた。さらに、プロトコル文のしかるべき主題についての問い、また、プロトコル文が報告するのは私秘的なことなのか公共的なものなのかという問いに関しても、食い違いは残ったままであった。あきらかに、これら多様な問題点は、緊密に関係しあっている。

目下の中心問題にアプローチする一つの手立ては、証拠の本性を問うことである。証拠をなすのは対象なのか、出来事なのか、事実なのか、経験なのか、感覚なのか、信念なのか、命題なのか、文なのか。これら諸々の回答のほとんどすべてを、われわれはウィーン学団の著作の中に見いだすことができる。

> 私は緑色の紙二枚を観察し〔と、シュリックは記している〕、それらの色は等しいと判定する。色の等しさを主張する命題は、とりわけ、私が同時に等しい色の経験を二つもつという事実によって、検証される。「いま私の前に等しい色の箇所が二つある」という命題は、別の命題には還元されない。この命題は、それが所与を記述しているという事実によって検証されるのである。(9)

正確なところ、検証をなすのは何なのか。シュリックは、実状を呈示する（veridical）一定の経験をもつという事実がそれであると言う。だが、その同じ経験が実状を呈示するものではなかったとしても、それはやはり同じ命題を検証するだろうか。私が一枚の紙を見るという事実からは、たしかに一枚の紙の存在が導かれるが、ここにおいてわれわれは、証拠から仮説への興味深い移行をなしているわけではなく、含意される命題を演繹しているにすぎない。別の箇所を見ると、シュリックは、われわれは観察文に「起源をもつ」言明から出発すべきだと力説し、こんな言い方をしている。「それらは――臆することなく、伝統的な意味合いでこう言っていい――『経験から』来ている」[10]。彼はまた同じ論文でこうも明言する。「生活と科学における知識は、ある意味で諸事実の確証をもって始まるのであり、その成立の場たる『プロトコル言明』は、同じ意味で科学の始点に位置しているということ――この点はあきらかであり、また私の知るかぎりこれに異論が申し立てられたことはない[11]」。さらに別の箇所では、すべては「直接に観察」されたものに帰着する、と言われている[12]。エヤーの言い回しを借りれば、ある種の命題は「事実と直接に照合」されうる、ということである。

証拠の存在論的身分に関するこの一見して悩ましい問いを、さらに別の仕方で呈示してみよう。われわれは、法則はその肯定的事例によって確証される、とみなしている。それゆえ、肯定的事例は、それによって確証される法則の証拠であることになろう。ここで、一面の明瞭さを得るための便宜として、諸法則を全称量化条件文――言うまでもなく、すでに解釈済みのそれ――とみなされているものと仮定しよう。さて、肯定的事例とは何か。法則の形式が「(x)(Fx→Gx)」であるとする。この場合、ヘンペルに従えば、FでありかつGである対象が法則を確証するとみなすのが適切である[13]。(グッドマンは、『事実・虚構・予言』において、しばしばこうした言い方をしている。)ヘンペルはそのさい、確証を、「証拠の役目をする対象ないし対象の順序集合と、仮説の役目をするある文との関係」と見るのではなく、証拠を記述する文と仮説との関係であると解したい、との説明を与えている。かくして、「科学的仮説の支持と批判にさいしてあげられる証拠は、つねに文で表現され、しばしばそれは観察報告という性格をもつ。……証拠とは……つまるところ、ゆるやかに直接的観察と呼ばれるもので接しうるデータであり、そうしたデータは『観察報告』という形態で表現されうる」[14]。観察によって接しうるのは、対象や出来事である。これらは事実と同じではないし、むろん文とも同じではない。文は、あるゆるい意味において、事実を（すなわち真なる命題を）表現しうるもの、そして対象を記述しうるものである。私はべつに、確証を文どうしの関係とするヘンペルの模範的業績を批判しているわけではない。私が法則（ないし法則様の文）への肯定的事例を述べるいろいろな仕方について分類を設けているのは、証拠について自然に語る仕方がけっして一様ではないことを強調するためである。

おそらく、黒いカラス――ある現実の鳥――を法則の事例と呼ぶのはおかしなことではない。しかし、その鳥が法則の証拠だという言い方は、やはり奇異に聞こえる。せいぜいこの鳥は黒いカラスであるという事実が証拠になっている、という言い方の省略形であると思われる。あるいは、この命題ないししかるべき文が真であるということが言われているのかもしれない。さてしかし、これまでわれわれはまだ、認識論的な問題、すなわち、だれかが法則を受け入れるべき理由をもつ、その証拠を保有する、とはどういうことであるのかという問いに触れていなかった。黒いカラスの存在も、黒いカラスが存在すると述べる命題や文が真であることも、それ自体では、黒いカラスが存在すると信じる理由をだれかに与えはしない。すべてのカラスが黒いと信じる理由についてはなおさらである。すべてのカラスが黒いと信じる理由をもつためには、たとえば、ここに黒いカラスがいると信じているということが必要である。

われわれは、踏みならされた道に投げ出されている。いうまでもなく、ただここに黒いカラスがいると信じているだけでは十分ではないし、その信念がさらに真であるとしても、やはり十分ではない。これらが一緒になっても、人がその信念をもつのに十分な理由を持っていなければ、証拠は結果しないのである。もし理由がさらなる信念でなければならないとしたら、われわれは無限後退か循環に直面することになる。無限後退は知識を不可能にするであろうし、他方、循環は知識についての純粋な斉合説がはらむ困難につながる。後者については、すぐあとで述べよう。

この場面でわれわれが出会うのは、感覚という真偽が問題にならない領域と、証拠の源泉と目される判断とのあいだの溝を、架橋ないし除去してくれる心の状態を見つけようとするさまざまな試みである。「黒ここいま」といった疑似文が、そうした心の状態を表現するものとして提案されてきた。このような心の状態が存在するということに人が納得するのは、おそらく、動詞が（それを加えると判断に近づきすぎるので）除かれてしまっていることと、「ここ」「いま」のような語がある主体への言及なしには理解されえないということを、見落としている場合である。いずれにせよ、科学をこの種の心の状態に基づかせようとする試みに見込みはない。なにしろ、客観的な共有された世界に関する知識が、どうやってこの種の「証拠」に基づくのかを、だれ一人として示しえていないのだから。シュリックは、「A氏が時点tに黒を経験する」という形のプロトコル文が、A氏が言うか思うかする何かしら「黒ここいま」で表現されるものによって裏打ちされることを、ともあれ望んではいたが、その彼でさえ、「直接経験」に基づく構成をもって、科学ないし公共的世界の構成がなされると信じてはいなかった。

ここで知覚を持ち出しても、何がある人の証拠の究極的源泉をなすのかという問いに決着がつかないことは明白であろう。というのも、もし知覚を、世界の中の（あるいは知覚者の体内の）ある出来事がひきおこす（cause）感覚とみなすなら、その感覚を別として、因果的なそうした事実は所与たりえないうえに、ある信念をひき起こさないかぎり、その感覚は証拠の役目は果たさないからである。信念がある感覚によって引き起こされたということを、人はいかにして知るのか。ここで援用されうるのは、さらなる信念のみである。他方もし、知覚が「Aは黒いカラスがいることを知覚する」といった言い方で述べられている場合は、たしかに知覚が証拠の役割を果たすといえる。だが、これは問題を解決しているのではなく、知覚という概念へと問題を移し換えているに過ぎない。というのも、黒いカラスがいることを知覚するとは、カラスによって、しかも正しい仕方で、黒いカラスがいると信じる状態がひき起こされることだからである。

ウィーン学団構成員の初期の著作を読むと、経験、無媒介的に与えられるもの、直接に観察されるものに言及するさいの彼らのまごつきぶりに驚かされる。たとえばシュリックは、あらゆる意味は直示的状況に遡るものであり、「そしてこれは、明白な意味合いにおいて、『経験』ないし『検証の可能性』が参照される、ということである[15]」と言う。「哲学の転回点」ではこうも言われる。「問題解決の道のりに最終的な決着をつける検証という行為は、つねに同種のものとなる。すなわちそこでは、無媒介的経験による観察をもって確証される、特定の事実が出来する[16]」。ところが、「実証主義と実在論」では、彼は「所与 das Gegebene」のような用語への深い疑念を表明し、「経験」という語を用いるとき、われわれは「経験するものと経験されるものとの対比を前提する[17]」ことになってしまうだろう、と危惧している。

かくして、われわれの信念と実在を対比するとか、われわれの仮説と観察を照合するとかいった観念に、明瞭な意味などないという結論に至るのは、理にかなったことだといえる。むろん、実験を行って結果に注目するとか、日々の探究を通じてわれわれの信念のどれが真でどれが偽かであるかを見いだす、といった日常的な意味合いがそこにあることを否定しようというのではない。否定されねばならないのは、このようなありふれた出来事について、その性格上命題的ではない証拠――何らかの信念ではないところの証拠――を伴うものとして分析されるべきだとする考えである。ノイラートとカルナップが斉合説の考え方に惹かれたことにも、納得がいこうというものだ。

もっとも、知識の斉合説にしても困難を免れているわけではなく、すでに見たとおりシュリックは鋭敏にそれを指摘している。この点については、知識の斉合説と真理の斉合説との明白な相違をはっきりさせたうえで話を進めたい。ヘンペルは、一九三五年の論文「論理実証主義者による真理の理論について」において、両者をほとんど区別していない。それは無理もないことで、真理を意味論的に定義するタルスキの方法を、彼はまだ知らなかったのである。そのために当時の彼は、「文Sは真だ」という句は「Sは受容された観察報告によって高度に確証されている」ということとしてのみ理解されうる、という考え方に傾いていた[18]。だが、受容された観察報告によって高度に確証されていること、という概念は、むしろ認識論の領域に属している。そしてこれが、プロトコル言明はそれが受容されている（すなわち、真だと信じられている）という「歴史的事実によってのみ特徴づけられうる」という考え方と結びつけば、ただちに知識の斉合説に至る。まさにこの斉合説に対して、シュリックは異を唱えたのである。

シュリックは、プロトコルが一般的な仕方で科学の仮説に属していると認める点で、ノイラートと一致していた。すなわち、プロトコルは客観的で、それゆえ間主観的に理解され、テストできる。それらは観察ないし経験に関するものではあるが、それらを表現しようとするものではないのである。またプロトコルは、すくなくともおおまかには、「Aが時点tに黒いカラスを見る」といった文の形をとる。あきらかに、こうした文が真であることはだれにとっても確実でありえない。上記の時点tにおけるA

にとってさえ、黒いカラスを彼が見ているということは確実でありえない。また、確実性の問題はおくとしても、あきらかに、こうした文を真と判断する者は、だれしも誤りうる。つねに新たな証拠が考慮されうるのであり、当座の証拠はそれに凌駕されるかもしれないからである。シュリックとノイラートが対立したのは、われわれがプロトコルを真と判断するさいの異論の余地がない根拠はあるのかどうかという問いについてであった[19]。

ノイラートの斉合説に向けられた反論は、この種のあらゆる説への標準的反論、すなわち、対立し合うさまざまな整合的理論のあいだで選択を行うさいの基礎を残しておかない以上、整合性では不十分だ、というものであった。おそらくこの種の説は——シュリックがノイラートの申し立てについて述べたように——哲学から絶対主義の最後の残滓を除去しはするが、真偽を判定するさいの基礎をも残してはおかない。シュリックの主張するところでは、他ではなくあるいくつかの文を真なるものとして選択するための不可疑の根拠がわれわれには必要なのであり、また現にわれわれはそれをもっている。すなわち、プロトコル言明ではなく、「自分自身の『知覚』の諸事実を表現する」——「知覚」以外の言い方をしてもらってもかまわないのだが、と彼は言い添えている——言明がある、というのである。シュリックもここで、「この種の言明が実に単純かつ明瞭なものと思われるという事実にも関わらず、これらをじっさいに全知識の基礎として使おうとしたとたん、哲学者たちは、自分が絶望的な迷宮に迷い込んでいることに気づかされてきた」と認める。けれども、彼の考えでは、「結局のところ、当人自身の言明は、もっぱら決定を下すさいにその役割を果たす」ということを思い起こせば、周知の諸困難を切り抜けることができるのだという。

自分の見解を説明しようとするシュリックの試みが、あいまいなままに終わっていることは認めざるをえない。全知識の「最終的規準」をなすというそうした観察「文」は、つねに「ここ いま しかじか」という形を取るので、じっさいには文ではない。また、そうした文は（瞬時に確実性を失うので）書きとめることもできず、ただ「ある充足の感触、申し分なしだ（we are *satisfied*）」というまったく特徴的な得心（satisfaction）」を表現するものであるという。さらに、「こうした確証の上に論理的に維持可能な構造を建てることは、その構成を始めた途端に確証が消え去っていく以上、不可能である」とされる。そして結局、こう述べられる――「〔そうした観察言明が〕理解されるときとは、それが検証されるそのときである。私は、それが真であることを捉えると同時にその意味するところを捉えるのである」。この最後の段階を拒否するという点においてノイラートに同調する、という選択もここにはありうる。だがその場合、ひとは一つの斉合説を手にしていることになる。

ヘンペルは、ノイラート‐カルナップの立場を「抑制された」斉合説と呼んでいる。その理由は、ノイラートとカルナップがわれわれに、一つの科学理論を、整合的な諸理論の中から選び出すための規準を与えている、という点にある。「人類、とくにわれわれの文化圏の科学者たち」によって歴史的に真とみなされている諸言明ともっともよく一致する整合的理論を選ぶべし、という規準がそれである[20]。つまるところ、プロトコル文はけっして特権的なものではなく、他の文と同様、われわれが真とみなす文のあまりに多くと対立するなら放棄されうるのである。

かくして、やや驚くべきことだが、シュリックとノイラートがいずれも「抑制された」斉合説と呼ぶべきものを支持していたということがわかる。彼らはまず、科学をかたちづくる言語的資源は、プロトコル文を含めてすべて、科学の進展のどの段階においてであれ、ただ試験的に設置されたものと見られるべきであり、どの文も新たな証拠に照らしての改訂に対して開かれている、とする点で一致していた。

彼らはまた、改訂を要する場合どこを改訂するかを決定するための厳格な規則はなく、まさにそれは「決定」の問題である、とする点でも一致していた。彼らの唯一の重大な相違点は、科学のある特定の時点で受容されている文の総体的パターンが、経験、観察あるいは実在世界にどう関係づけられるべきか、という問いに関わっている。そして、この問題に関する彼らの回答については、明確とも十分とも言いかねる。

シュリックの回答が不十分なのは、その意味すらある瞬間ある個体にしか与えられないような、極めて私的なものへの訴えで終わっていることによる。そうした基礎がどのように公共的で客観的な世界についての信念を保証するのか、それが説明されぬままなのである。ノイラートは、世界についての信念と世界そのものの照合という観念を、また、科学的知識のための訂正不可能な主観的基礎という観念を退けた。だが、斉合説をどうやって「抑制」するかについての彼の提案はいただけない。それによれば、われわれは「Aは時点tに黒いカラスを見る」といった形のプロトコルから出発するのだが、彼はここで、こうしたプロトコルはAにおいてもBにおいても同じように知識の基礎となるわけではない、という考え方を却下する。これによって、科学の言語の間主観的な側面が、一気にプロトコルにまで保証されることになる。（なにしろ、ノイラートが言うには、「言語たるものはすべて間-主観的なのである[21]」。あきらかにこれは、シュリックと、ただ一人にただ一瞬だけその意味が示されるという、彼の言う観察言明に対するあてこすりである。）ノイラートは、すべてのプロトコルが投入される一つの巨大な機械を想像している。矛盾が生じるとベルが鳴る。すると何かが排出されねばならない。それは一つかそれ以上のプロトコルかもしれないし、ひょっとすると法則や他の理論的言明かもしれない。だがこのとき、「だれが機械を作り直すのか、だれのプロトコルが機械に投入されるのかといったことは、なんら問題ではない[22]」とされる。

ここにはあきらかな難点がある。もしプロトコル文がその形式によってのみ知られるのなら、そのすべてが機械に投入されるということは、個々の文およびその否定が、すなわち「Aが地点s時点tに黒いカラスを見る」に加えて「Bが地点s時点tに黒くないカラスを見る」もが、投入されうる、ということになるだろう。ここからは、科学の基礎などではなく、ただ無数の整合的体系が生じるのみである。他方、プロトコルが信念を表す文に限定されるとしたら、こんどは、だれが機械を修正するのか、だれのプロトコルが投入され、また排出されるのか重要になってしまう。なぜなら、人はそれぞれ、(プロトコルであれ他であれ)自分の受容する文を、自分の信念の強さに合わせて重みづけするであろうから——これこそ、当人の信念であるということの意味するところにほかならない。まさにシュリックが主張するように、人は他人のプロトコルに、自分がそれらを真だと信じる限りにおいて重みを与えるのである。

もし私が、シュリックとノイラート、さらにその後継者たちを悩ませた周知の認識論的問題を、哲学はすでに棄却ないし解決していると考えていたなら、こうも長く私はこの件にこだわりはしなかっただろう。だが私の考えでは、むしろ認識論上のある中心的な未解決の問題を、ウイーン学団構成員とその共鳴者たちは、大いに有益な仕方で——彼ら自身の意図に部分的には反してであれ——強調しているのである。また私の考えでは、これまで扱ってきた著作の中に、この古い問題についての新しい見方の方向を指し示す数々の考え方と直観を見いだすことができる。

その中心的な問題は、知識の理論におけるディレンマとして提示することができよう。信念の複雑なネットワークを各人が持っている。そこに知識が成り立つには、すくなくとも二つのことが必要である。

すなわち、それらの信念の一部が公共的な世界について真であることと、それらの信念をもつのに十分な理由を各人が持っていることである。一つ目の条件は満たされているとしたい。困難な問題は二つ目の件、すなわち、信念体系が意味論的にのみならず認識論的に世界と関係づけられるその仕方に関わる。ディレンマは、次のように発生する。まず、もし紐帯として（シュリックの観察言明や観察がなされたという出来事のように）自己保証的な何かを採用すると、それはあまりに私的で、公共言語の文――科学的な主張は、いや、たんに客観的な主張でさえ、それらによってのみ可能なのだが――との繋がりをもてない。かといって、すでに公共言語に属する（ないしそこで表現されうる）文や信念から出発すると、自己保証的な何かの上にそれを基礎づける理解可能な仕方が見あたらない（ノイラートの問題）。つまり、知識の基礎には、同時に主観的でありかつ客観的であること、確実でありかつ問い直される余地を残すことが求められているのである。

いま私がおさらいしている問題は、周知のように認識論の基礎に属しており、なにがしかのかたちで、古代から問題になっていた。だが、その著作からすぐ分かるように、論理実証主義者たちにとって、この種の問題はもどかしいものだった。彼らはこの種の問題を、ほとんど無意味であるか、あるいはたんなる「約定」や「決定」によって解決すればよいものと感じていたのである。こうした態度は、彼らの大胆な古典的著作をこんにち再読するわれわれの目には、傲慢なものに映る。しかし、その情熱と知力の前にはいずれ明瞭で正確な筋道が開けてくるはずだという、神がかり的な彼らの確信は、ある根本的に新しく有益な手がかりを生み出してもいた。こんにち表面的には素朴で誤った企てとも見えるものが、根本的に新しい考え方についてのじつに示唆的な直観を含んでいたのである。

間主観的な観念や仮説を語る語彙のうちにとどまろうとする実証主義者の傾向を思えば、ノイラートとシュリックが、またヘンペルとカルナップが、あるかたちの認識論的斉合説にひかれたことは驚くにあたらない。けれども、斉合説はつねに、真理の斉合説と知識の斉合説とが区別されないせいで台無しにされてきた。ただ、それも無理からぬことではあった。なにしろ、知識とは真なることについてのものである以上、その成立に信念の斉合性以外が不要なら、どうして真理の成立に一群の斉合的命題以上の何かが必要となるというのだろう？　ひとはこうして、信念の斉合性と文（ないし言明、命題）の斉合性との——すなわち、知識の試金石と真理のそれとの——相違を消し去るほうに誘われるわけである。しかしまた、シュリックとノイラートの著作には、この混同が散見されるいっぽうで、はっきりとした区別がなされている箇所もある。先述のとおりノイラートは、プロトコル言明から主観性のオーラを除去すべく、たしかに「歴史的偶然」として、だれもが他人のプロトコルより自分のそれをより受容しがちだろうが、じっさいにはいずれもが同じレベルで受容されるべきなのだ、と主張する。そしてこうした考えのもとに、プロトコル文が投入される非個人的な選別機械を描いてみせるのである。このアイデアを呈示する中で、ノイラートが、あるひとの真と見なした文だけがカウントされるのであるように語ることは全くない。そしてこのことが、シュリックをこう憤慨させたのである——「『斉合説』という仰天すべき誤りは、その提唱者や擁護者が科学の中でじっさいに生じる言明のことだけを考えている、という事実によってしか説明できない(23)」。むろんシュリックがここで言っているのは、主張として生じる言明のことである。さてしかし、プロトコル文に関するノイラートの論文に見いだされる多くのことを前にして、はたして彼を、任意の文集合の斉合性と真とされた文の集合の斉合性との相違を見逃していると非難できるだろうか。海上で少しずつ改修される船という有名なたとえは、たんなる文ではなく信念が問題になっているということに、彼が気づいていたことの証しである。なぜなら、われわれの携わっているのが任意の文集合だったとしたら、乾ドックでいっぺんにすべての文を設置することを、何も阻みはしないであろうから。そしてヘンペルは、先述のとおり目下の区別をはっきり設けている。

知識の斉合説に対する標準的反論は、真理の斉合説への標準的反論とパラレルなので、これらの区別の重要性は、ただちにあきらかというわけではない。しかしもちろん、信念は歴史的にも因果的にも恣意的ではない。われわれの信念の理由がつねに他の信念であるとしても、ときに信念の原因は別にある。のちに見るとおり、論理実証主義者たちには、この点の重要性について一定の理解があったと認められるべきである。

論理実証主義者は、信念よりも文や「言明」について語ることを好む。そして、信念に対応する文とは、(1)だれかによって真とされており、かつ(2)解釈をもつ文である、ということを忘れないかぎり、われわれはごく容易にこの変換をなしうる。私がどの文を真とするか、そうした文が何を意味するかを知ることで、他人は、私が何を信じているかを知ることができるのである。こうしたシンプルな考え方にしたがって、論理実証主義者たちの見解のいくつかを検討してゆこう。

シュリックには、観察文はその真理性を把握する行為において理解される、という考えがある。この考えは、極端あるいは曖昧と思われてもいたしかたないが、しかし、解釈者は第一人称現在形による態度の帰属を、さしあたり真とみなさざるをえない、という適切な学説に関係している。「私は、自分がいま黒いカラスを見ていると信じている」といった（日本語[1]の）文が話し手によって真とされている場合、解釈者には、この文の真理性に高いアプリオリな蓋然性を割り当てることが求められる。すなわち、こうした文は、できるかぎり真となるように解釈されねばならない。

ヘンペルは、異なるひとたちによって「産出された」プロトコル言明は単一の科学的言明の体系を構築できないようなものでもありえた、ということに言及している。それについて、彼はこう述べる。「だが幸い、その可能性は実現していない。実際のところ、圧倒的に大部分の科学者がいずれは合意するであろうし、またそれゆえ、経験的事実として、彼らのプロトコル言明からは、絶え間なく増え拡がってゆく一つの斉合的な言明と理論の体系が帰結するのである(24)」。ここでもわれわれは、「プロトコル言明」とは、書き記されたり述べられたりしたなんらかの文のことではない、と考えるべきである。それらは、話し手が真だと信じている文、あるいはすくなくとも、話し手はそれを真としていると聞き手が信じている文でなければならない。しかしながら、ここに高度な同意が成り立っていることを、たんに「幸い」とするのは、たしかにおかしい。それに、なぜわれわれは、時とともに合意が増してゆくと思うのだろうか。

シュリックは、もっと驚くべき議論を行っている。それは、あるひとが、自分のあらゆる観察は、世界について他のひとびとがなす主張をまるで支持していないと認める、という状況に関するものである。彼が言うには、こうした状況におかれた場合、ひとはけっして、ノイラートのプロトコル機械のように、簡単に自分のプロトコル言明を犠牲にはしない。むしろ、ひとが求めるのは、

自分の観察が無傷で適合する知識体系である。そして私は、そうした体系をいつでも構築できる。他人は気がふれている、ただしその狂気はたいへん秩序正しい、と考えるだけでよい。さもなくば——より客観的に表現するとしたら——私は、他人は自分と違う世界に生きているのだと言うことだろう。いずれにせよ、私がどんな世界像を構築しようと、私はつねにその真理性を、私自身の経験によってテストするだろう(25)。

受容不可能な相対主義をもたらすとして斉合説を非難したひとの発言としては、これはたいへんな譲歩である。

しかしながら、シュリックの著作には、大規模な不一致の可能性へのまた違った見方が述べられた箇所もある。彼は、二枚の紙が同じ色かどうかについての不一致と、双方が何色であるかについての不一致のあいだにある基本的なコントラストを指摘する。前者について、彼は、「言語慣用上、この命題が表現するのは、まさにそうした経験である」――すなわち、同等性の経験である――と言う。けれども色の場合、あなたと私が同じ色を経験しているかどうかを判定する客観的な方法は――つまり、いかなる方法も――ない。シュリックによれば、色に関するあなたのあらゆる判断が全面的に私のそれと一致したとしても、そこから、あなたが同じ質を経験していると推論することは、私にはできない。あなたの経験の内的秩序が私のそれと一致しているかぎりで、われわれは完全に理解し合うことになるだろうが。[26]

シュリックは結局のところ、経験には探知不可能な相違があるかもしれないという見方を、退けているように見受けられる。「……異なる個人が同じ経験をもつという言明の唯一検証可能な意味は、彼らの全主張が……一定の一致を呈するという事実に存するのであり、……それのみをこの言明は意味する」。[27] シュリックが、経験は原理上われわれの識別できない、ないし有意味に主張できない質的相違をもちうると考えているのか、それとも、そうした事態は生じえないと考えているのかについて、この箇所から判断を下すことは容易ではない。だが、斉合説に対するシュリックの攻撃に、あるラディカルな示唆を読み取ることもけっして不可能ではない。それは、われわれが他人の発話の意味を――またそれゆえ信念の内容を――確定する仕方に、ひとびとのあいだの一致が――またそれゆえ客観性が――組み込まれている、ということである。

先述のとおり、ヘンペルは、異なるひとびとのプロトコル言明は「幸い」単一の科学の体系を構成させている、と述べている。これに加えて彼は、カルナップが「おそらくこの幸運な事実を説明する可能性を提示している」と言う。[28] 可能なその説明とは、「若い科学者たちは真なるプロトコル言明を産出するように条件づけられている」という事実によるものであり、さらにヘンペルによれば、「おそらく、一般的でほぼ同型的な科学者の条件づけという事実が、ある程度、科学が単一の体系をなすという事実を説明するだろう」という。[29]

ひとびとはまずさまざまな文の意味を教わり、しかるのちに真なる文を「産出する」ように条件づけられる、という想定は不可解であろう。これは、ひとびとに一方でいかにしてよりよい観察者になるかを教え、他方でいかにして本当のことを言うかを教える、ということに等しい。それよりも、ひとびとは——これがまさに実情なのだが——公共的に観察可能な条件のもとで一定の文を真とするように条件づけられるのであり、その条件づけの成功に応じて文の発話に対する解釈が定まる、と考えることができよう。これなら、環境の主たる特徴についてひとびとのあいだに成り立つ一致が、自然な仕方で説明されるだろう。

ある時期のカルナップは、はっきりこの路線を採っていたようである。「物理的言語による心理学」(一九三二年著)において、カルナップは、あなたのプロトコル文を私は自分自身のそれと同等に扱うべきである、ないしそうしてよい、というノイラートの考えを端的に退けている。

一般に[として、カルナップが述べるには]、話され、書かれ、印刷された心理学者のプロトコル文が、いわゆる内観に基づいている場合、それらは、基本的に科学的言明としてではなく、科学的事実として解釈され、またそうしたものとして間‐主観的科学に登場するのでなければならない。現代心理学における認識論的混乱は、かなりの範囲で、文というかたちをとった事実と、それじたい科学の一部とされる文との混同に由来している。(30)

他人がある文を発話したという事実から、われわれに引き出すことのできる推理は、解釈されたものとしてのその文から導かれる演繹的な帰結ではなく、電圧計の動きや雨粒の動きの観察から引き出される推理と同じ類のものである。これは、発話した文によって他人は何ごとも意味していない、ということではない。他人が何を意味しているのかを既に分かっているものとして当然視してはならない、ということである。明示的な解釈が必要とされているか、さもなくば暗黙裏に仮定されているか、なのである。

私の考えでは、こうした路線を、これまでに引用した箇所から得られる他のいくつかの示唆を考え合わせつつ進むことで、経験的知識の基礎にたいする適切な見方の輪郭を見いだすことができる。それは、ノイラートの斉合主義的な理論を、経験と観察への基礎的紐帯についてのシュリックの要求と融和させる見方である。

私はこれ以降、シュリック、ノイラート、ヘンペル、カルナップの考え方に多々かつ明白に依拠しながらも、私自身の立場を叙述する。この立場はまた、クワイン自身のそれではないものの彼の影響を強く帯びている。

文ないし信念と実在を対比するということの理解可能性を認めなかった点で、ノイラートは正しかった。われわれは実験もし観察もするが、これは比喩的な意味あいを別とすれば「対比」ではない。というのも、実験は、信念の追加、堅持、ないし放棄をわれわれにひきおこす（cause）という仕方でしか、認識論上の稔りを生じないからである。この因果的な関係は、確証したり反証したりという関係ではありえない。なぜなら、ここで原因になっているのは命題や信念ではなく、まさに世界ないしわれわれの感覚器官における一つの出来事だからである。こうした出来事はまた、むろん、われわれが何かを信じるということをひきおこさないかぎり、それだけでは証拠とはみなされえない。さらに、本来そこで証拠と呼ばれるべきなのは、信念のほうであって出来事ではない。

　ノイラートはまた、上記の状況にあっては、科学や常識における他の命題と同様にプロトコルも誤りでありうると認めたほうがいい、と述べた点でも正しかった。われわれは、改修が好結果をもたらすような箇所なら、どこでも改修するのである。ヘンペルが見てとったとおり、プロトコルのために残された認識論的な優位性などというものはない――他の言明と同様である。むろん、こういった論の進め方は、すべて後にクワインが分析的／総合的の区別を論難するさいに用いたものである。

　かくしてわれわれは、ノイラートが主張したように、信念の証拠となりうるのはもっぱら他の信念であるという状況に置かれていることになる。これは論理上の窮境であるばかりでなく、実践上の窮境でもある。なにしろ、自己保証的な信念がない以上、他の信念に確実な基礎を与える信念の集合もないのである。ならばわれわれは、「勝手なお伽話が歴史的報告と同じく真である」ことになってしまう、というシュリックの反論を、いかにして免れうるのだろうか。彼はこう論じている。「かくして、斉合説の論理的な不可能性はあきらかである……。というのも、それによってわれわれは他とあいいれないいくつもの整合的な言明の体系に到達しうるのだから[31]」。さまざまな体系に私が「到達」しうるということで、何が意味されているのかははっきりしない。私が自分の信念を案出することはないからである。

そのほとんどは、自発的にもったのでもない。とはいえ、シュリックの批判の要点は、自分の信念の大部分を真とみなすためのどんな理由が私にあるのか、という問いのかたちで生きているように思われる。

回答の鍵は、私の思うに、個々の条件下で特定の文を産出する（真とする）ようにわれわれは条件づけられている、そして、解釈を経なければ他人の言明は証拠として使えない、というカルナップの二つの示唆を一般化することで得られる。彼はもっぱらプロトコル文についてこう述べたのだが、同じことが言語全体について言われるべきなのである。

ノイラートが主張したように、本性上、言語は間主観的である。ある場合の他のだれかの言葉が何を意味するかは、つねに、原理上は公共的な手がかりから知られうる。「テーブルがある」「ここに緑色の紙が一枚ある」といった単純な文について、その意味するところをわれわれがどうやって見いだすかを考えてみよう。われわれの基礎的な証拠は、テーブルや緑色の紙をまのあたりにすることによって、話し手にこれらの文への同意が（目下の場合だけでなく一般に）ひきおこされるということ、そして、これらの対象の不在は話し手に同じ文への不同意を（一般に）ひきおこす、ということである。なお、同意と不同意ということで、私は、あからさまな発話行為としてのそれらではなく、あるときは発話のうちに、あるときは他の仕方であらわれる文への態度のことを考えている。さて目下の最大の要点は、他人の言葉を解釈するさいのわれわれの基本的方法論にしたがえば、話し手が真とする最も単純な文はほとんどいつも真であるということが必然的に成り立つ、ということである。話し手は、自分の信念と実在の対比という不可能な芸当をなしとげなくてもよい。いっぽう解釈者は、話し手が何を意味しているのか、さらにその話し手は何を信じているのかを見いだすために、世界と話し手との因果的相互作用を考慮しなければならない。個々の話し手にできるのは、新しい信念が迫ってきたときに、自分の信念体系をできるだけ合理的に調整して、その斉合性を確保すること以上ではない。だが、それらの信念はまったくのお伽話かもしれない、という心配は無用である。なぜなら、信念を表現する文、および信念そのものは、それらをひきおこした公共的な事物や出来事についてのものとして理解されるのが適切なのであり、それゆえおおむね実状を捉えた（veridical）ものであらざるをえないからである。各人はこのことを、発話と信念の本性を知っているからには、やはり知っている。もちろん、それによって自分の信念ないし文のうちどれが真であるかが分かるわけではない。しかし、自らを取り巻く世界に関する自分の像が全体として他人の持つそれと似ていること、そして大筋において適切なものであるということは保証されるのである。

世界についてのわれわれの知識を支えうる基礎的な証拠のようなものの探索を放棄した点で、ノイラート、カルナップ、そしてヘンペルは正しかった、と私は思う。そうしたものは手に入らないし、必要でもない。彼らが理解しきれなかったのは、おそらく、なぜそれが必要でないか、である。それが必要でないのは、われわれの発言や信念と世界とのあいだの因果関係が、われわれの言語と信念の解釈をもたらすものでもあるから、である。このやや特別な意味合いにおいては、「経験」は全知識の源泉である。だがいまやわれわれは、外部的出来事と日常的信念とを結ぶ心的ないし推論的な架け橋を探し求めようという気になることはない。架け橋ならもう既にある――感覚器官を含む因果的な架け橋が。間違いは、ノイラートが見てとったように、この因果的な架け橋を、センスデータ、未解釈の所与、あるいは書きとめ不可能な文でできたありもしない橋板による認識論的な架け橋に変えようとしたことにあったのである。

もちろん、信念にはきわめて高度の確かさを有するものもあるし、場合によっては信念の内容によってその真理性の保証がもたらされることもある。自分の現在の命題的態度についての信念がそれである。しかし、そうした信念のもつ相対的な確かさは、それを経験的知識の基礎にふさわしいものにするわけではない。その確かさは、むしろ解釈の本性に由来するものである。解釈を行うとき、われわれは、信念、疑い、欲求といったものの自己帰属を特権的なものとして扱わざるをえない。そうすることが、人のそれ以外の発言や考えを解釈するうえで本質的な一段階をなしているのである。解釈の基礎は、知識の基礎ではない。解釈の本性を理解することが、その本質上実状を捉えているという信念の本性を理解することにつながる、ということはありうるにしても。

原注

（1）Carl Hempel, 'Empiricist Criteria of Cognitive Significance: Problems and Changes', in *Aspects of Scientific Explanation* 参照。
（2）Otto Neurath, 'Protocol Sentences', Ayer (ed.), *Logical Positivism*, p. 204, p. 206〔邦訳、一七六頁、一七八～九頁〕より。以下、*Logical Positivism* は*LP*と記す。
（3）Moritz Schlick, 'The Foundation of Knowledge', *LP* p. 215.
（4）Carl Hempel, 'On the Logical Positivist's Theory of Truth', *Analysis* 2, p. 58, p. 59.
（5）Moritz Schlick, 'The Foundation of Knowledge', *LP* p. 213.
（6）Carl Hempel, 'The Empiricist Criterion of Meaning', *LP* pp. 108–10
（7）Carl Hempel, 'On the Logical Positivist's Theory of Truth', p. 51.
（8）'Studies in the Logic of Confirmation', in *Aspects of Scientific Explanation* の注（49）。
（9）Moritz Schlick, 'Positivism and Realism', *LP* pp. 92–3.
（10）Moritz Schlick, 'The Foundation of Knowledge', *LP* p. 215.

（11）Ibid., p. 210.
（12）Ibid., p. 220.
（13）Carl Hempel, ‘Studies in the Logic of Confirmation’, in *Aspects of Scientific Explanation*, p. 14.
（14）Ibid. pp. 21–2.
（15）Moritz Schlick, ‘Meaning and Verification’, p. 148.
（16）Moritz Schlick, ‘The Turning Point in Philosophy’, *LP* p. 56.
（17）Moritz Schlick, ‘Positivism and Realism’, *LP* p. 84.
（18）Carl Hempel, ‘Studies in the Logic of Confirmation’, in *Aspects of Scientific Explanation*, p. 42.
（19）Moritz Schlick, ‘The Foundation of Knowledge’, *LP* p. 213. 以下の七つの引用は*LP* pp. 218–25からのものである。
（20）Carl Hempel, ‘On the Logical Positivist’s Theory of Truth’, p. 57.
（21）Otto Neurath, ‘Protocol Sentences’, *LP* p. 205.〔邦訳、一七七頁〕
（22）Ibid., p. 207.
（23）Moritz Schlick, ‘The Foundation of Knowledge’, *LP* p. 215.
（24）Carl Hempel, ‘On the Logical Positivist’s Theory of Truth’, p. 57.
（25）Moritz Schlick, ‘The Foundation of Knowledge’, *LP* p. 219.
（26）ここで私はMoritz Schlick, ‘Positivism and Realism’, *LP* p. 93を敷衍している。
（27）Ibid., p. 93.
（28）Carl Hempel, ‘On the Logical Positivist’s Theory of Truth’, p. 57.
（29）Ibid., p. 58.
（30）Rudolf Carnap, ‘Psychology in Physical Language’, *LP* p. 195.
（31）Moritz Schlick, ‘The Foundation of Knowledge’, *LP* p. 216.

訳注

［1］原文ではもちろん 'English' である。

第12論文

認識論と真理

1988

知られている事柄が真でなければならないことは誰もが認めるが、その点を別とすれば、真理の認識論上の身分についてはほとんど合意点がない。ここ数十年のあいだ、多くの哲学者は、真理は認識論的な概念だと主張してきた。このテーゼがはっきりとは主張されていないときでさえ、このテーゼを含意するような見解が取られていることは多い。真理の斉合説はふつう認識論的な動機に駆られている。その点は真理についてのプラグマティックな特徴づけ、ダメットとクリスピン・ライトの反実在論、真理は科学が最終的に信じるところのものだとするパースの考え、真理とは科学の成功を説明するものだというリチャード・ボイドの主張、そしてヒラリー・パトナムの内部的実在論に共通である。クワインもまた、すくなくとも時折、真理が世界についての理論の内部で生じる事柄であり、そのかぎりでわれわれの認識論的なスタンスに依存することを主張している。おそらく、真理についての相対主義はいつも、認識論のウィルスに感染した徴候である。すくなくとも、それはクワインやグッドマンやパトナムの場合に当てはまると思われる。

見かけ上、これらの見解すべてに対立しているのは、真理が、二、三の特殊な事例を除けば、われわれの信念とはまったく独立だという直観的な考えである。ときとしてこの考えは、われわれの信念は実在が――つまりは実在についての真理が――非常に異なったものである場合であっても現にあるとおりのものでありうる、というふうに言い表される。この直観からすれば、真理は「根本的に非認識論的」（ヒラリー・パトナムは「超越論的実在論」をそのように呼んでいる）であり、あるいは、「証拠超越的」（マイケル・ダメット）である。

真理に関するこれら二つの見解について手短な記述を求めるとすれば、「主観的（subjective）」と「客観的（objective）」という言葉がまずは思い浮かぶだろう。認識論との本質的なつながりという主張は、有限的な合理的生物によって検証されうるものへの真理の依存性を持ち出すのに対し、その種の依存性を否定すれば真理は客観的なものとなる。おそらく、「内在的（immanent）」と「超越的（transcendent）」という言葉も、これと同じ基本的区分を暗示するだろう。そして、真理の問題は実在の本性についての問いと不可分であるため、これと密接に関連した区別を立てるために「反実在論（antirealism）」と「実在論（realism）」という言葉もよく使われてきた。理由は話が進むにつれてあきらかになるものと思うが、私は「主観的」と「客観的」という言葉を優遇する。とはいえ、この争点に関わる論客の中には、この用語法を偏向的とみなす向きもあるだろうことは私も承知している。

この講演では真理概念への一つのアプローチを略述する。そのアプローチは、私見では、真理に関する右の二つの見解のあいだの論争の基盤を突き崩すものである。私が目指すのは二つの見解の調停ではない。私はむしろ、二つの見解が明瞭な内容をもつのかどうかという点に疑問を呈したいのであり、そうすることでまた、「正しい」真理論の探究を放棄する余地を確保しておきたいのである。どちらの見解も強力な直観に見合うものであることはまちがいないが、しかし、それらが根本的にまちがっていることは、どちらの見解も懐疑論を招くという事実が、すくなくとも示唆している。主観的な諸理論は、観念論や、経験主義の多くの形態が懐疑論的であるのと同じ意味で、懐疑論的である。それらが懐疑論的なのは、実在を不可知なものとするためではなく、実在を、われわれが存在すると信じる事柄に満たないものへと還元するためである。他方、客観的な諸理論は、「証拠超越的」なものについてのわれわれの知識ばかりでなく、われわれが知っているつもりでいる他のすべての事柄をも、疑問視するものだと思われる。というのも、この種の理論は、信念と真理とのあいだのいかなるつながりも否定するからである。

最初に、タルスキ流の真理の定義を取り上げ、それが客観的か主観的か、どちらでもないか、という観点から考察を加えよう(1)。まずはっきりさせておく必要があるのは、タルスキが、真理の概念を定義してはおらず、真理の概念を定義する方法をあきらかにしてもいない、という点である。タルスキは、特定の言語に関して真理を定義し、特定の種類の他の言語に関する真理の定義法を示した。タルスキの基本的な洞察は、「『雪が白い』がLにおいて真であるのは雪が白いときであり、そのときにかぎる」という形の文が、引用された文がこの自明の真理を述べるのに使われている言語の文であるときには、真でなければならない、という一見些末な事実を活用する点にあった。Lのすべての文に関してT文を定理として含意するような「Lにおいて真である」の定義があれば、それによってLの真なる文が正確に選出される、という点にタルスキは気づいた。また、彼は次の点にも気づいた。つまり、真理述語の属する言語がLを一部として含んでいない場合でも、もしも〔定義によって〕定理として含意されるT文において、双条件文の右辺に、〔左辺で〕引用された当の文の代わりに、その訳文が配されているならば、定義の正しさには何ら遜色がないということである。労苦を要したのは、タルスキの課した制約を踏まえて正確な定義を与える仕事だった。（以上の概説はどれも完全に正確なものではないが、この点での不正確さは当面の議論とは関係しない。）

あきらかに、タルスキ流の定義はどれも真理の定義ではない。タルスキ流の定義はどれもがある特定の言語における真理の定義である。もしもわれわれが、タルスキの定義に含まれている真理の概念がどれも同じものだと考えるのだとすれば、その理由はひとえに、われわれがすでに、タルスキの業績とは独立に、当の概念を把握しているという点にこそある。[2] じっさい、この点はまったく明瞭である。タルスキが特定の言語に関する満足のいく真理定義に課した条件は、T文が明白な真理であることを前提しており、しかも、その認識は真理概念についてのわれわれの先行理解にもとづいている。T文の些末さは、それが真であることを保証するものであり、タルスキの仕事は、その保証を、彼の与える真理の「部分的定義」にまで波及させるものである。T文が些末な真理であるのは、そこで記述された文が、その真理条件を与える文と同一（あるいはその翻訳）であることを、われわれが知っている場合にかぎられる。とはいえ、われわれがどのような意味において、一般的な真理概念をたしかに把握していると言えるのかという点は、以上のことから十分にあきらかである。

タルスキの定義は「たんに翻訳的」あるいは「引用解除的（disquotational）」と呼ばれることがある。たしかに、ある言語に関する真理がその言語を含む言語において定義されるという特殊な事例では、タルスキの定義は引用解除的である。この種の事例では、T文は、引用符を取り去って、それと同じ真理値をもつことが証明可能な文を手に入れる方法をあきらかにするものである。しかし、周知のように、このような特徴が見られるのは、対象言語がメタ言語に含まれている場合にかぎられる。タルスキの真理定義が翻訳的だという考えは誤解にもとづく。ある言語Lを自分自身の言語に翻訳する方法が知られていたとしても、その人が自動的に真理定義を作り出せることにはならない。翻訳は言語と言語を関係づけるが、真理は、タルスキの限定版においてさえ、言語を世界と関係づける。

タルスキの定義はいくつかのステップを経て得られる。〔第一に、〕適格な表現（とりわけ閉鎖文）という概念が定義される。〔第二に、〕充足関係の回帰的定義がある（充足とは高度に一般化された指示の概念である）。〔第三に、〕真理が文と充足の概念をもとに定義される。〔最後に、〕回帰的な定義が明示的な定義へと変換される。当面の目的からはこの最後のステップのことは忘れておくのがいちばんである。すると残されるのは、そもそも正式な定義ではなく、充足という無定義の概念についての回帰的な特徴づけである。そして、真理は意味論的概念である充足にもとづいて定義されるのだから、特定の言語に関してさえ、真理が非意味論的に定義されたなどとはもはや言えない。そこで、この成果のことを、無定義の意味論的概念にもとづく公理化された理論と考えることにしよう。

どんな意味論的概念を基礎とみなすかは選択に委ねられている。真理が充足にもとづいて定義可能であることは、タルスキがあきらかにしたとおりだが、同じように、充足を、真理についての正確な説明を与えてくれる任意の概念と解することもできる。タルスキの業績は、見かけには反して、究極的には、どの意味論的概念が基本的かという問題に関しては中立的である。先に見たように、タルスキは、真理概念の把握を前提し、どうすればこの直観を特定の言語に関して詳細に具体化できるかをあきらかにした。その具体化のためには充足関係を導入する必要がある。それは言葉と事物を（やや間接的に）関係づけるものである。真理に関する説明は、言語における論理形式のパターン、あるいは本来の意味での文法を、したがってまた論理的依存関係のパターンを、なぞる形で行われる。こうした説明を与えるには、（十分な程度の表現力をもつどのような言語の場合でも、）文の諸部分に意味論的役割を割り当てることが不可欠である。

これとは異なる見方にも根強い伝統がある。この伝統では、無限な、あるいは際限なく大きな群れをなす文を理解できるようになるためには、それを作り上げている語を理解することが不可欠なのだとされる。それゆえ、文を理解するのに先立って語の意味論的性質を学ぶ必要があり、語の意味論的性質は、それによって文の意味論的性質が——とりわけ真理条件が——説明されるがゆえに、概念的に優位性をもつ。私の考えでは、この議論の出発点は自明な真理だが、結論はまちがっている。それゆえ、推論のどこかにまちがいがあるはずである。まちがいは、ひとたび理論ができ上がったときに適切となるような説明の順序を、その理論が正しい理由の説明と、混同している点にある。理論が正しいのは、それが正しいT文をもたらすからである。理論の正しさは、文に適用された真理概念に関するわれわれの把握に照らしてテストされる。T文は、指示や充足や、文以外の表現については、何も述べていない。だから理論の正しさのテストは、それらの概念に関するわれわれの直観とは独立である。しかし、いったん理論が得られると、文の真理を、その構造と、文の諸部分のもつ意味論的性質とにもとづいて説明できるようになる。興味深いことに、こうした事情は科学における理論の場合と類比的である。直接に観察されたものを組織化し説明するために、われわれは、観察されない、あるいは間接的に観察される対象や力を措定する。そして、理論のテストは直接に観察されるものによって行なわれる。

言語と真理について以上から得られた展望は次のようなものである。一番観察しやすいのは文とその使用であり、真理はわれわれがいちばんよく理解している意味論的概念である。それに比べると、指示やそれと関連する充足のような概念は理論的である（その点は語や述語や文結合子その他の概念の場合も同様である）。これらの概念の「正しさ」について問題となりうるのは、それらが文の真理条件と文の相互関係について満足のいく説明をもたらすかどうかということだけである。

以上の考察からすれば、言語理解における真理概念の中心性という点に焦点が絞られてくる。われわれがこの概念の内容を把握しているのでなければ、ある言語に関する真理理論が正しいかどうかという問いは意味をなさない。真理理論に先立って、あるいはそれとは独立に、何らかの指示関係についての説明を探し求めるべき理由はない。以上の考察からの主要な帰結はもう一つある。つまり、以上の考察を踏まえれば、タルスキ流の真理理論を真理についての説明と見なした場合に、そこに欠けているものが何なのかという点を、非常に明快に述べることができることである。

欠けているのは言語使用者とのつながりである。文を発話したりそのトークンを記したりすることで文を使用する生物が存在しなければ、文と見なされるものなど存在せず、したがってまた、真理の概念にも使い道がない。それゆえ、真理に関する完全な説明はどれも、真理を現実の言語的やり取りに関係づけなければならない。もっと正確に言おう。タルスキ流の真理理論がある言語に関して真であるのは、その言語の文が、理論の構築に先立って意味をもつ場合にかぎられるのだ、と（そうでなければ、理論は通常の意味での理論ではなく、可能な言語の記述となる）。あるいは、タルスキが好んだ形の定義に立ち返って、こう言ってもよい。つまり、その定義がある与えられた言語に関して正しいかどうかという問いが生じうるのは、その言語が当の定義とは独立の生命をもっている場合にかぎられる（そうでなければ、定義は単なる取り決めになる。それは、ある言語を特定するとは言えるが、その言語について真であるとは言えない）、と。それゆえ、正しさの問題が提起されうるとすれば、その理論は経験的に真または偽と見なされるのでなければならない。一つの例外は先に考察した事例である。そこでは、対象言語がメタ言語に含まれているものと想定されている。この場合には、唯一のテストは形式的であり、いかなる経験的問題もかかわっていない。しかし、どんな場合にこの想定が正当化されるかは問題である。私があなたの言語に関する真理理論をもっている場合なら、この想定があきらかに正しいのは、われわれの話す（あるいは話しうる）すべての文によってあなたと私が同じことを意味するという点が明白である場合にかぎられる。それが明白である場合などないように思うが、いずれにしろ、これが経験的な想定であることはまちがいない。私自身の言葉で述べられた私の真理理論が私自身の言語に関して正しいことを確認するときでさえ、必要なのは正しさの形式的テストだけだと言えるかどうかは問題である。とはいえ、本稿ではこの点には立ち入らない。

もしもわれわれが、ある真理理論をある話し手や話し手集団に関する真理とするものが何であるかを知っているならば、われわれは真理の概念を理解していると言って差し支えないだろう。そして、もしもわれわれが、そのような理論を真ならしめるものが何であるかを知っているならば、われわれは真理について、定義ではなくとも、明示的な説明を与えることができるだろう。真理理論の正しさのための究極の証拠（規準ではない）は、話し手による言語の使い方に関わる入手可能な事実にあると考えなければならない。ここで入手可能と言うのは、公共的に入手可能という意味である。つまり、たんに原理的にではなく、その言語の話し手や話し手集団を理解できる人ならば誰もが実際に入手できるという意味である。われわれはみな何らかの言語の何らかの話し手を現に理解しているから、われわれ誰もが、ある話し手の発話に真理条件を帰属させるための適切な証拠をもっているのでなければならない。それゆえ、われわれはみな、他人の発言行動に適用された真理概念をしっかり把握している。

はたして以上によって、真理が、客観主義者が主張するように根本的に非認識論的なのか、それとも主観主義者が主張するように基本的に認識論的なのかという問題は解決されただろうか。一見、解決したように思われるかもしれない。というのも、われわれが辿ってきた議論の歩みからすれば、ある言語に関する真理理論が正しいかどうかを決めるのは、その言語の使われ方だという結論になるからである。しかし、じつは問題は解決していない。なぜなら、客観主義者には次のように主張する余地があるからである。すなわち、――真理理論がある言語や話し手集団に関して真であるかどうかという問題はたしかに経験的だが、その理由はたんに、語が何を意味するかという問題が経験的だからにすぎない。真理をめぐる問題への答はまだ与えられていない。それを与えるのが当の真理理論であるにせよ、何か別のものであるにせよ――。

〔では、〕理論自身のうちに答えはあるだろうか。もしもタルスキ型の真理理論が対応説であるならば、そう言えるだろう。なぜならその場合、実質的に理論の形式は、真理を実在との対応として定義するものとなるからである。これは真理に関する古典的な形の客観主義にほかならない。後悔を込めて言うが、かつては私自身、タルスキが作り方を示した種類の理論が対応説の一種だと論じたことがある。私がその論拠としたのは、表現と世界内の対象とを関係づける指示や充足のような概念を持ち出さないでは、タルスキ型の理論を与えられないという点だった(3)。

いま思えば、この種の理論を対応説と呼ぶのは誤りだった。それが誤りだったと考えるのはなぜか、以下にその理由を説明しよう。対応説に関する通例の苦情は、自分の語や信念と世界との比較が何らかの形で可能だという言い分が、意味をなさないというものである。比較を試みても、結局はより多くの信念が得られるだけであるはずだ、というわけである。こうした苦情を口にしたのは、たとえばオットー・ノイラートである。彼はこの理由から真理の斉合説を採用した。カール・ヘンペルも同じ批判を表明し、「言明と事実との致命的な照合」[4]という言い方をしている。リチャード・ローティがデューイとともに再三力説したように、真理の対応説は真理の概念を無用にする。[5]私自身、同じようなことを述べたことがある。[6]

対応説へのこの苦情は、いま思えばまちがいだった。それがまちがいである一つの理由は、それが主観主義者への加担を前提とするものだからである。それが正当な苦情であるのは、真理が主観主義者のいう意味で認識論的な概念である場合にかぎられる。もしもこれが、対応説を退ける唯一の理由であるなら、客観主義者は、自分の立場は無傷のままだと答えるだけで済むだろう。客観主義者はいつも、真理がわれわれの信念や、真理を学ぶわれわれの能力とは独立だと主張してきたのである。

対応説への真の異論はもっと単純である。つまり、真なる文と対応すべきものが存在しない、というものである。この点はずいぶん以前にC・I・ルイスが指摘していた。ルイスは対応論者に、真なる文が対応する事実、あるいは実在ないし世界の一部が、どこにあるかを示してくれと求めたのである。文がたまたま個別的な対象を名指したり記述したりしている場合ならば、その対象の場所を示すことはできる。しかし、そのような場合でも、何らかの参照枠との関係を抜きにしては、場所を示すということが意味をなさない。それゆえ、おそらくその参照枠もまた、真なる文と対応するものの一部と見なされねばならない。こうした一連の思考を経て、ルイスは、もしも真なる文がそもそも何かに対応するとすれば、それは宇宙全体でなければならないと結論した。こうして、すべての真なる文は同じ事物に対応することになる。周知のように、フレーゲは、これとは独立に、これと非常によく似た推理を経て同じ結論に到達した。フレーゲの論証は、アロンゾ・チャーチが正しければ、形式化可能である。ある真なる文は指示対象の等しい単称名辞どうしを、あるいは論理的に同等な文どうしを置換しても、別のものに対応するものとなることはないという想定から出発して、われわれは、もしも真なる文が何かに対応するなら、それらはすべて同じ事物に対応するということを示すことができる。しかし、こうなると、対応の概念は完全に些末なものとなる。というのも、対応すべき事物が一つしかないのであれば、対応という関係には何も見るべきところはない。なぜなら、対応が問題になるすべての場合に、問題の関係は手短に一座述語「xは宇宙に対応する」で表現できることになるからである。同様に、「xは真に対応する（あるいは、真を名指す）」や「xは事実に対応する」は、「xは真である」と読むほうが誤解が少ないだろう。これはピーター・ストローソンが真理についてのJ・L・オースティンとの有名なやり取りの中で指摘した点である。ストローソンは、文の諸部分は世界の諸部分に対応する（つまり、指示する）ことがありうることを述べた上で、それ以外には、文をそこへと関係づけうるようなものは世界の中にはないことを付け加えている。続けて彼は、いみじくもこう主張している。すなわち、「われわれはたしかに、言明が事実に対応する（に適合する、によって裏づけられる、と一致する）とは言うが」、それはたんに「言明が真だという言い方の変種」にすぎない、と。[7]

　それゆえ、真理の対応説への正しい異論はけっして、対応説が真理をわれわれ人間が正当には望みえないものにしてしまうというものではない。真の異論はむしろ、対応説は真理の担い手（それを言明、文、発話のいずれと解するにせよ）がそれと対応すると言えるような存在者を提供できていないというものである。以前に私が行った言い方をすれば、「われわれの言明を真ならしめるものなど、そのような事物など、存在しない（Nothing, no *thing*, makes our statements true）」。私はこれが正しいことを確信しているが、これが正しいとすれば、次のような広く流布した想定も疑問視しなければならない。それは、文や、その話されたトークンや、文に類する存在者や、われわれの脳の内部の配置は、「表象」と呼ばれてしかるべきだという想定である。これを疑問視しなければならないのは、これらのものが表象するものなど存在しないからである。文を真ならしめる事実という存在者を放棄すれば、同時に表象も放棄しなければならない。なぜなら、両者の正当性はたがいに依存しあっているからである。

先に私は、自分がかつてタルスキ流の真理理論を対応説の一形態だと述べたことを後悔していると述べた。それはほんとうである。私がそんな言い方をした理由は、文や文の発話が何かに対応すると考える過ちをおかしていたためではない。しかし、私はまだ、真理が客観的だという考えの影響下にあった。つまり、真理は、したがってまた実在は、(特殊な事例を除けば)われわれが信じる事柄や、知りうる事柄とは独立だ、という考え方の影響下にあった。そのために私は、自分の見解を実在論の一種、つまり「外部世界」や意味や真理に関する実在論だと公言した。

こうした言い方が拙いのは、それが、採用されるべき明瞭な積極的テーゼが存在するという立場あるいは想定を、積極的に支持しているかのような印象を与えるためである。しかし、私が主張しえたこと、私の立場が実在論と真理に関して実際に含意していたことは、たかだか、主観主義が偽であるという否定的な主張だけだった。客観主義的な真理観は、いやしくも内容のあるものならば、対応にもとづくものでなければならない。つまり、命題的な性格をもつ存在者である文や信念や発話に関して言われる意味での対応にもとづくものでなければならない。しかし、この意味での対応は理解可能なものとは見なしえない。実在論が対応説の存在論的な形態にほかならないかぎり、私は実在論をも退けなければならない。自分の立場を実在論の一形態と呼んだとき、私はたんに、反実在論を退けることを考えていただけだった。つまり、私は、実在も真理もわれわれの認識能力に直接に依存するとする学説を退けようとしていたのである。しかし、再度明言しておかねばならないが、私は、実在するものや真なるものが「われわれの信念とは独立」だという客観主義者‐実在論者のスローガンを、受けいれても退けてもいない。この言い回しが、その提唱者の意図に沿う形で明瞭かつ積極的な意味をもつとすれば、その源は対応の観念でしかありえないが、しかし、対応の観念は退けねばならない。しかし、それを退けることは、信念と真理のあいだにあるつながりを否定することではない。すでに述べたように、発話の真理をその人間的な文脈と関係づけたければ、信念と真理のあいだには何らかのつながりがなければならない。問題はそれがどんなつながりなのかである。

いろいろな形の主観主義――つまり真理を認識論的概念とする見解――は、人間の思考や欲求や意図を、実にさまざまな形で真理と結びつける。そして、私はその種のすべての見解を正当に扱うなどと称することはできない。私にできるのはせいぜい、ちがいがあるにもかかわらず、これらの見解の多くを一括りにするのが意味のあることである理由を説明し、それらが満足の行くものではない理由を示すことである。

私は斉合説を主観主義に分類したが、この点には説明が必要である。私見では、純粋な形での真理の斉合説は、任意の整合的〔無矛盾〕な文集合に属するすべての文が真であることを主張するものである。このような理論を提唱した人がいるとは考えにくい。それは明白に偽だからである。斉合説を提案した人々、たとえばノイラートや（一時期の）カルナップは、文を真と見なすのに十分とされる整合性が、信念の集合の、あるいは真と見なされている文の集合の整合性であることを明言するのが常であった。私が斉合説を他の主観主義的見解と同類視したのはそのためである。それらの見解は、真理を信じられている事柄と直接に結びつける。しかし、さらに条件を付加しないかぎり、この見解は、シュリックが主張したとおり、誤りだと思われる（シュリックはそれを「とんでもないまちがい」[8]と呼んだ）。誰の目にも明白な反論は、たがいに整合しない多くの異なる整合的な信念集合がありうる、というものである。

ふつうは斉合説とは見なされず、また斉合説と呼ぶにはおそらくふさわしくない理論の中にも、これとほぼ同じような欠陥をもつものがある。クワインによれば、彼が観察文と呼ぶ一定の文の真理は、感覚入力に直接結びついているのだという。その他の文が経験的内容をもつのは、それが観察文とつながりをもち、また相互間で論理関係をもつからだというのである。こうしたその他の文（理論文と呼ぼう）の真理は、もっぱらそれが他の観察文にもとづいて観察文を説明したり予測したりするのに役立つ点に依存する。クワインは（適切にも）、すべての真なる観察文を等しく説明しうるが、しかしたがいに他には還元できないような二つの理論構造が存在しうることを主張している（どちらの理論も、他方の理論のリソースを使う形では定義できない述語をすくなくとも一つ含んでいる）。クワインはこうした事情について、その時々で二つの異なる考え方を取っている。一つの立場では、両方の理論が真なのだという。私はこの立場には異論はない。他方の見解によれば、話し手や思考者はある時点で一つの理論を運用し、その時点では、話し手や思考者にとって、その理論は真であり、他方の理論は偽である。その人が他方の理論に移行すると、その他方の理論が真になり、もう一つの理論が偽になる。クワインはときに、真理は「内在的」だと述べているが[9]、そのさいに念頭におかれているのはこの後者の立場だと思われる。こうした、真理の内在性あるいは相対性の考え方は、文の真理がその文を含む言語に相対的だという平凡な道理と混同されてはならない。クワインの言う二つの理論は、同じ言語に属し、同じ言語で述べられるものでありうる。［しかし、］（指標的要素を含まない）同じ文が、意味の変更なしに、一人の人にとって真であり、かつもう一人の人にとって偽であるというようなことがどうしてありうるのか、あるいはまた、ある時点でのある人にとっては真で、別の時点でのその人にとっては偽であるというようなことがどうしてありうるのか、理解に苦しむ。この困難は、真理概念に認識論的な考察を持ち込もうとすることに由来しているように思われる。

パトナムの「内部的実在論」もまた、真理を内在的なものとする。ただし、それはクワインのように、真理を理論に内在的とするのではなく、ある人が受けいれる言語と概念枠の総体に内在的とするものである。もちろん、この場合にもまた、このことがたんに、文や発話の真理が言語に相対的だというだけの意味ならば、それはおなじみの事柄であり、些末な意味で正しい。しかし、パトナムはそれ以上のことを念頭においていると見受けられる。たとえば、あなたの文と私の文がたがいに矛盾していながら、どちらの文も「当の話し手にとって」は真であることがありうる、といったことをである。この論点に説得力をもたせるには、それをどんな言語で述べたらいいものか、考えにくい。問題の源は、今度もまた、真理を接近可能なものにする必要があるという感じ方にある。パトナムはこの点をはっきり自覚している。彼は、真理とは理想化された形での正当化された主張可能性なのだと明言している。彼がこれを実在論の一形態と呼ぶのは、「条件が十分に良好である場合にどんな裁定が下されるかについては事の真相があり、われわれに分別があるならば、その意見についての裁定は『収斂』するだろう」からである。彼が付け加えて言うには、彼の見解は「人間的な種類の実在論である。それは、古典的な形而上学的実在論者の好むような、神の視点から正しく主張可能な事柄ではなく、われわれにとって正しく主張可能な事柄に関して、事の真相があるという信念である」[10]。しかし、ある人があることを主張するさいに理想的な形で正当化されていると言えるための条件がかりに明確に述べられたとすれば、次のいずれかであることが明白になるのではないだろうか。すなわち、その理想的な条件の下でも誤りが可能であること、もしくは、その条件があまりに理想的であって、人間の能力とのつながりという狙いを活かすものとはなっていないこと、である。また、パトナムが、代替案（「形而上学的実在論」つまりは対応説）が受けいれがたいという以外には自分の立場の論拠をもっていないように見える点も驚きである。彼はこの二つ以外の立場がありえないという点を論証していない。

パトナムは、真理が認識論的な身分をもつとする主要な点で、自己の立場がマイケル・ダメットの見解に近いと述べている。一つの違いは、真理が確定的に確認可能なものに制限されるという点を、パトナムがダメットほどには確信していない点である。それゆえ、パトナムは、二値原理を放棄すべきだとする点についても、ダメットの場合ほど断固としていない。パトナムがみずからの立場を実在論の一形態と呼び、他方、ダメットが自分の立場を反実在論と呼んでいるのも、おそらくはそのためである。パトナムはまた、真理を、正当化された主張可能性ではなしに、理想化された形での正当化された主張可能性と結びつけようとする点でも、自説がダメットとは異なると考えている。しかし、私見では、この点については、ダメットを仔細に読めば、ダメットがパトナムと大体同じ考えであることはあきらかである。クリスピン・ライトがそのような考えであることはまちがいない。もしもダメットがパトナムの理想的条件と似たものを主張しているのでなければ、思うに、パトナムがかつて定式化したダメット批判は当たっている。つまり、もしも真理がたんに正当化された主張可能性にもとづくのならば、真理は「消失（lost）」されうることになるが、それが正しいはずはない、という批判である。[11] ダメットは、真理が消失されえないという点に同意すると述べているが、どうして保証された主張可能性が、固定的な性質であると同時に、一定の条件が満たされていることを認識する人間的な話し手の現実の能力に依存するものでありうるのかについて、明瞭な考えを述べていない。現実の能力は変動し、人ごとに異なるが、真理はそうではない。

ダメットがこうした真理観を支持するのはなぜなのか。それには多くの理由があるが、その一つは次のようなものだと思われる。つまり、すでに見たように、タルスキ流の真理理論は、真理の定義ではなく、真理の完全な特徴づけでもない。タルスキ流の真理理論を人間による言語使用と関係づける何かが付け加えられないかぎり、その理論が話し手や話し手集団に当てはまるかどうかを見分けることはできない。ダメットの考えでは、タルスキ流の真理理論を人間による言語使用と関係づける方法（おそらく唯一の方法）は、真理を人間によって認識可能なものとすることである。人間による言語使用は、人々が言語を理解する仕方の関数でなければならない。それゆえ、もしも、言語を理解するとはどういうことかを説明するさいに、真理が一役買うとすれば、《ある人が、ある言明が真であることの「決定的証拠」をもつ》ということの実例に当たるようなものが、存在していなければならない。〔さて、〕以上のような考え方の趣旨はよく理解できるが、それを受けいれるのは困難である。これを退けるべき主たる理由はすでに述べたとおりである。それは、この考えは、空疎であるか、さもなければ、真理を消失されうる性質としてしまう、というものである。しかし、かりにダメットが正しいとした場合、それと引き換えに放棄されねばならない強力な直観が、他にもある。一つは真理と意味とのつながりである。ダメットの見解では、「この場所に都市建設が行われることはないだろう」といった文は、この文が真であるとはどういうことかについて何の考えもない場合でも理解可能である（なぜならこの文、あるいはその発話は、ダメットによれば、真理値をもたないからである）。もう一つは、真理と信念のつながりである。ダメットの考えでは、私は、この場所に都市建設が行われることはないだろうということを理解し信ずることができるのだとされるが、その場合の私の信念には真理値がないことになろう。

かりに、パトナムのいう超越論的実在論、つまり、真理は「根本的に非認識論的」であり、われわれの最もよく探究され確立された信念や理論はどれも偽でありうるという見解と、ダメットによる真理と保証された主張可能性との同一視の、どちらか一方を選ばなければならないとすれば、私はダメットに同調する方向に傾くだろう。なぜなら、前者の、本質的に対応説にほかならない見解は、私には理解不可能なのに対して、ダメットの見解はたんに偽であるだけだと思われるからである。

しかし、私見では、真理の根本的に非認識論的な性格と根本的に認識論的な性格ということにもとづいて説明される意味での実在論と反実在論とが、真理や意味の理論に実質を与える唯一の選択肢だと考えるべき理由はない。これまで論じてきた二つの方法のどちらとも異なるように思われる一つの方法を提案させていただきたい。第一に、私は、信念と真理と意味という諸概念のあいだに、不可避で明白なつながりがあるものと想定する。もしも私の文の一つsがPということを意味し、私がPということを信じているならば、私はsが真だと信じている。私の信念に内容を与え、私の文に意味を与えるのは、その信念や文が真であるために何が必要かについての私の知識である。信念と真理のあいだにはこのような関係があるから、信念は真理理論を人間の関心と結びつける人間的態度の役割を果たしうる。

先に述べたように、真理理論の正しさのための証拠は、T文のレベルで得られるのでなければならない。そして、それらのT文は、真理理論のテスト可能な予測を構成するものでもある。ある話し手がある一定の文を発話した場合に、その発話があるT文で述べられている条件の下で真であることの証拠となるのは、話し手がその文を真と見なす——そしてその文を自分の信念の表現と考える——原因となるような条件と関連する諸事実である。もちろん、話し手はときに、真ではない文を真と見なすこともある。それらの文はまちがった信念を表現している。それゆえ、信念と真理の関係は単純ではない。しかし、両者のあいだに関係があり、それが意味と真理にとって重要であることは、非常に単純な事例から、そしてまた、他の事例を理解するさいのこの関係の役割から、見て取ることができる。非常に単純な事例というのは、「それは本だ」とか「これは黄色い」といった文が、本や黄色い事物が目に付くところにあることに促されて真と見なされる、といった事例である。このような事例は、問題の文が真であるのが、本や黄色い事物がある場合にほかならないことの証拠である。その理由は、これらの文の意味を決定するものが、通常はこれらの文を真にするものでもある、という点にある。あきらかに、誤りの可能性を説明するには、この説明は多くの点でさらに練り直す必要がある。直接の観察からはもっとかけ離れた文についてもさらに多くが語られなければならない。何が観察される場合にも真と見なされるような文の真理条件に関しても対策が必要である。等々。これらの問題についての探究はすでに別のところで行った。当面の文脈で重要なのは、真理と意味をつなぐものが信念の役割だという点である。そして、この点にまちがいがなければ、真理は根本的に非認識論的でも、根本的に認識論的でもない。

私が推奨する真理論は、パトナムやダメットの意味でも、またパースやジェームズやデューイの意味でも、認識論的ではない。なぜなら、私のアプローチはけっして、真理一般を合理的生物によって確認されうる事柄と結びつけようとはしないからである。しかし、このアプローチは根本的に非認識論的でもない。なぜなら、私の見解からはけっして、われわれの最もよく確証され、広く受けいれられている信念が、どれも偽でありうるということは、帰結しないからである。われわれの信念に内容を与え、われわれの文に意味を与えるものが何であるかという点に綿密な注意を向けるならば、われわれの知覚的信念のほとんどが偽であることなど不可能であることが理解される。われわれが真と見なす事柄、われわれわれの信じる事柄が、われわれの意味する事柄を決定し、さらには間接的に、われわれの文がどんな場合に真であるかを決定する。われわれが信じていることで、われわれの文が真になるわけではないが、しかし、われわれが信じているという事実は、われわれの文が真であると推定すべき理由を作り出す。

さらに二つの所見と一つの結論を述べておこう。第一の所見として、文を真と見なすこと、あるいは文がある信念を表現していると解することは、言語の使用ではない。それゆえ、それは、人々がその発言によって意味する事柄に関する証拠を与えるものではありえないと思われるかもしれない。しかし、そのような結論は帰結しない。ある文を真と見なすことと、言語的（その他の）行動のあいだには、明白な関係がある。話し手の言語的行動から、その話し手がどんな場合に彼の文を真と見なすかを多くの場合に推測できるのでなければ、われわれは話し手の発言を解釈できないだろう。私は、主張という行為よりもむしろ、信念という態度が、真理への中心的な手がかりを与えると考えたが、それはけっして、現実の言語使用が重要でないとみなしてのことではない。むしろ、われわれが文を発話したり書き記したりするさいの意図と、われわれの言葉の意味する事柄の関係は、私の知るかぎり、けっして単純なものではない、というのが理由である。われわれの言語行為は、その基礎にある文への態度を明るみに出す。しかし、それはしばしば間接的になのである。

第二の所見は、真理概念への私のアプローチが、意味の問題への私のアプローチと同様、次のことを前提している、というものである。すなわち、われわれが求めているのは、《言語を理解するとはどういうことか》についての説明だ、ということである。この点では私はパトナム、クワイン、ダメットその他の人々に同意する。しかし、一つの重要な点で、クワインと私は、ダメットと、またおそらくはパトナムと、見解が異なる（ただし私はパトナムについてはそれほど確信がもてない）。いずれにせよ、ダメットは、《言語を理解するとはどういうことか》についての説明に、表現の意味を把握するとはどういうことかについての記述が必要だと考えている。私は、いまだ、このメタファーを理解できたという確信がもてない。そこで、私は代わりに、《ある人がある話し手の任意の発話を理解するために十分な事柄を知るとはどういうことか》という問いを立て（私の考えでは、その話し手の言語に関する真理理論がこの問いに答えを与える）、さらに、ある人がどのようにしてそのような理論が真であることを知るにいたるかについての説明を求めた。ダメットのアプローチは、言語を主観的な観点から、つまり話し手の観点から見る。私のアプローチは、言語を最初から社会的交流として見、それゆえに、ある人が共有された世界の文脈の中で他人について知りうる事柄に考察を集中させる。

先に約束した結論とは次のようなものである。タルスキが記述法を教えてくれた種類の構造に経験的内容を与えるというより以上のものを求める真理の特徴づけの試みはどれも、空疎であり、偽であり、混乱している。真理のことを、対応、斉合性、保証された主張可能性、理想的に正当化された主張可能性、しかるべき人々の会話において受けいれられている事柄、科学が最終的に主張する事柄、科学や日常的信念の成功を説明するもの、であるなどと言うべきではない。実在論と反実在論がこれらの真理観のどれかにもとづいているかぎり、われわれは、実在論と反実在論のどちらへの支持も取り下げるべきである。実在論は、根本的に非認識論的な対応を主張することで、われわれが理解しうる以上のものを真理に求めている。反実在論は、真理をわれわれの確認しうる事柄に制限することで、間主観的な尺度としての真理の役割を必要以上に小さく見積もっている。真理について真理を語りたければ、必要以上のことを言うべきではない。

原注

（1）Alfred Tarski, ‘The Concept of Truth in Formalized Languages’.

（2）私の知るかぎり、この点を最初に指摘したのはMax Black, ‘The Semantic Definition of Truth’である。また Michael Dummett, ‘Truth’, in *Truth and Other Enigmas* を見よ。

（3）タルスキは彼の真理定義が対応という観念を具体化するものと見なしていたように見受けられる。私は『真理と解釈（*Inquiries into Truth and Interpretation*）』の第三論文〔邦訳、第三章〕「事実との一致」の中で、うかつにも対応という言い方を受けいれた。

（4）Otto Neurath, ‘Protocol Sentences’; Carl Hempel, ‘On the Logical Positivist’s Theory of Truth’, p. 51.

（5）Richard Rorty, *Consequences of Pragmatism,* introd. および ‘Pragmatism, Davidson and Truth’.

（6）例えば本書の第10論文を見よ。

（7）Peter Strawson, ‘Truth’, pp. 194–5.

（8）Moritz Schlick, ‘The Foundations of Knowledge’.

（9）W. V. Quine, *Ontological Relativity and Other Essays*. 経験的に同等でありながら相互に還元不可能な理論に関するクワインの問題については、彼の ‘On Empirically Equivalent Systems of the World’, pp. 313–28, *Theories and Things*, pp. 29–30〔邦訳、一四二頁〕ならびに Hahn and Schilpp (eds.), *The Philosophy of W.V.Quine*, pp. 156–7でのクワインの説明を見よ。

（10）Hilary Putnam, *Realism and Reason*, p. xviii.〔邦訳、一八頁〕

（11）Hilary Putnam, ‘Reference and Understanding’ および ‘Reply to Dummett’s Comment’, in Margarit (ed.), *Meaning and Use*.

第13論文

認識論の外部化

1990

われわれは、自分が何を信じ、恐れ、欲し、重んじ、そして意図しているかを、他のだれにもできない仕方で知っている。われわれはまた、事物が自分にとってどのような様子であるか、すなわち、それらが自分にどう見えているか、自分にとってどのような触感か、自分にとってどのようなにおいや響きであるかを知っている。われわれがこうしたことを知るのは、自分を取り巻く世界についてそれで知ることが決してない仕方によってである。自分の心の内容について、ときに間違えることがわれわれにあろうとなかろうと、自分自身の感覚や思考について疑いをいだくことが、われわれにありえようとそうでなかろうと、そういった信念については、確実に一つ、真なることがある。すなわち、それらは全般的に誤りではありえない、ということである。ある思考や感覚を自分がもっているとわれわれが考えている場合、そこには、われわれは正しいということに、じゅうぶんな承認根拠があることになる。

第一人称の知識がもつこうした特殊な権威は、この知識を、他の知識、とりわけむろん「外部世界」

と他人の心についての知識に基礎を与えるという課題に、比類なくふさわしいものにしている、と多くの哲学者たちが思ってきた。そこでは、それら他の知識が基礎を必要とするのは、まさに、世界や他人の心に関するわれわれの信念は真であるということに承認根拠がないためだと考えられている。

私には、心とその本来の位置に関するこうした見取り図がわれわれを陥れる困難について、ここでおさらいするつもりもないし、その明白な欠陥を回避すべく提案されてきた巧妙だが説得力のない手立てについて、読者に念押しするつもりもない。本稿において、私は一つの代案を記述する。私が正しいと考える代案を、である。

クワインは、認識論は自然化さるべしとの提案を行った。[1]そこで彼が言わんとしたのは、知識の基礎を提供する、ないしはそれを正当化するといった企図を、哲学は放棄すべきであり、それにかわって、知識がいかにして獲得されるかを説明すべきである、ということであった。批判者たちは、認識論の伝統的な規範的課題を破棄することで、クワインは単に主題を変えているだけだ、と苦言を申し立てた。だが、クワインは彼らに同意するのではないか、主題変更も彼の意図のうちにあったことではないか、と私は思う。もちろん、記述することと正当化することとの違い、知識の発生に関する経験的説明と信念が知識とされるために充たすべき規範の陳述との違いは、決して明瞭ではない。それは、クワインの自然化された認識論が、懐疑論者への真剣な回答を企てはしないものの、あきらかにほとんど従来型の経験主義になっているという事実からも判ることだろう。[2]またそもそも、知識とは何かを定めることなく、知識ないしその諸源泉を記述することが、どうしてできるというのか。この問いへのクワインの回答は、科学および啓蒙された常識が述べるところを、われわれは、正当化しようとすることなく受け入れねばならない、というものである。しかしながら、そうした知識にわれわれがどうやって到達したのかについての彼の説明は、正当化の企てを構成すべく伝統的に採られてきた類の説明にほかならない。
私は、知識の本性に関するクワインの説明を受け入れない。それは、本質的には第一人称的でありデカルト的である。しかし私は、クワインに認識論への好ましい断固たる第三人称的アプローチをも見いだしており、認識論の自然化がそうしたアプローチを促進ないし許容する限りにおいては、よろこんで自然化された認識論の徒たることを自認したい。

少なくとも、自分の心の内容についてわれわれは正しいということには承認根拠があり、それゆえわれわれが正しい場合、われわれは知識をもっていることになる。しかし、そのような知識のどの項目をとっても、外部世界についてのわれわれの信念とは論理的に独立なので、科学および常識的諸信念の基礎は提供できない。これが、ヒュームのような懐疑論者たちの考え方であり、彼らは正しいと私は思う。自分の心の内容についての知識は、他の知識の基盤ではありえないのである。そうだとすると、世界についてのわれわれの諸信念は、知識とみなされるとしても、孤立しているはずである。しかし多くの哲学者が、世界についてのわれわれの信念がいずれも単独に見て偽でありうるなら、そうした信念のすべてが偽ではあるまいとする理由もない、ということは明白だと思ってきた。

この推論は間違っている。私のポケットにあるどの紙幣も最大のシリアルナンバーをもつものでありうるという事実から、私のポケットにある紙幣全てが最大のシリアルナンバーをもっていることもありうると結論したり、だれもが大統領に選ばれうるという事実から、全員が大統領に選ばれることもありうると結論したりするわけにはいかない。そして、世界についてわれわれがもつ信念のすべてが偽でありうるということも、あろうはずがないのである。いま私が、椅子の後ろにネズミが隠れるのを自分は見ている、と思うとしよう。あきらかに、この信念は間違いでありうる。では、この信念は、ネズミは小さな四足の哺乳類であるとか、椅子は座るための対象であるとかということを、私がじつは信じていない場合にも、誤ったものになっているだろうか。おそらくそうだろう。ある特称的な偽なる信念をもつために、私がどういう他の真なる信念をもっていなければならないかを、正確に言うことはできそうにない。だが、いかなる種類の信念も、真であれ偽であれ、それが同定されるために、背景となる真なる諸信念に依拠している、ということはあきらかだと思われる。というのも、ある概念――たとえばネズミや椅子のそれ――が、どのような信念に登場しようとも同じ概念であり続ける、などということはありえないからである。この結論を回避すべく、ネズミは小さな四足の動物だといった信念は、その概念のみによって真――つまり分析的に真――であり、それゆえじつは世界についての信念ではないのだ、と論じることも可能ではある。そのうえで、世界についての信念は全てが偽かもしれない、とさらに述べることも、あるいはできるだろう。ただしこうした路線は、私のように、分析的真理と総合的真理の間に明確な一線が引けるとは考えない者には、採ることができない。しかしまた、たとえ疑いなく分析的な真理があったとしても、それが、多様な経験的基準によって概念が個別化される幾多の事例を消し去る役目を果たすとは考えにくい。

かくして、経験的信念の全体論的性格ゆえに、世界についてのわれわれの信念が全て偽となることは不可能である。しかしながら、このテーゼに至る推論を振り返ってみると、それが厄介な限界をもっていることに気づかされる。この推論が示しているのは、われわれが個々の対象について特称的な偽（あるいは真）なる信念をもつことは、そうした対象の本性についての多くの真なる信念をもつことなしには不可能だということである。だがそこには、何が世界に存在しているかについてのわれわれの特称的信念が全て誤っている可能性は残されており、そしてこれは、全く包括的とまではいかなくとも、かなり過激な懐疑論をなすといえよう。

だが、そんなことがありうるだろうか。ネズミが何であり椅子が何であるかを私が知っているとしよう。この場合、私はどのようにして、ネズミが椅子の陰に隠れたのを見たという偽なる信念をもつに至ったのだろうか。おそらく、自分が見たもの、ないし体験したものが、ネズミと椅子をまのあたりにすること（および、消え去るということ）についての私の規準を満たしていたがゆえに、私はそうした解釈をしたのだろう。しかし、今しがたわれわれの判定したところでは、かかる規準に関して私が全般的に間違っていることはありえない。それゆえ、私の間違いは次のようにしか生じえない。すなわち、私がまのあたりにした光景は私の信念を正当化するものだったが、それでも信念は偽であった、という具合にである。たしかに、そうしたことも生じうる。だが、どうしたらそれが常に生じうるのかは——また、どうしたら頻繁に生じうるのかさえ——さっぱり分からない。というのも、私がまのあたりにする光景が、真ではない信念ばかりを正当化するということが、どうしてありえようか。

この議論では、懐疑論者はまだ納得してくれまい。私は、この議論をより説得力あるものにしようと思う。論点先取になるが、他人の住む外部世界を前提する想定を、しばし許されたい。すなわち、ある話し手と、彼の言葉を理解しようとしている別のだれかがいる、と仮定しよう。ネズミが良好な光のもとで近くに現れ、話し手がネズミのほうを向いている等々、といった状況が生じる度に、話し手は解釈者に「ラトン」という同じ表現らしく聞こえる音声を発する。光が乏しかったり話し手が不注意だったりすると、話し手の反応はネズミの現れとさほどよく結びつかない。有能な解釈者なら、そう解釈することが多くの証拠に反していないかぎり、話し手はその言葉によってネズミをまのあたりにしているということを意味しており、またそう信じている、とみなすことであろう。この解釈を促すのは、明らかにどの場合にも、ネズミをまのあたりにすることが原因で、同じ表現「ラトン」を話し手が意図的かつ肯定的に発話している、という事実である。もちろん、解釈者が間違っていることもありうる。話し手の意図を、あるいは、話し手の反応の規則的かつ排他的な本当の原因を、彼は取り違えるかもしれない。たとえば、リスが原因で同じ反応が話し手に起きるとしたら、解釈者は誤っていたことになる。その場合ネズミは「ラトン」という発話の規則的かつ排他的な原因ではないからである。だが、解釈者がこれらの（また挙げられるべき他の）間違いを何ら犯していないとすれば、彼の解釈は正しい。

巧みに作られた機械ネズミを見て、話し手が「ラトン」という声を発するとしよう。解釈者は、この話し手の言葉と概念は機械ネズミも含むものであるのか、それとも、これは話し手の側の間違いであるのかを判定しなければならない。この判定が、解釈者の力量を超えることはない。たとえば彼は、機械仕掛けを話し手に見せて、その反応に注目するかもしれない。慎重な解釈者であるには、最終的な解釈図式に到達するまでに、他の多くの対象のクラスに対して、話し手がどう反応するかを調べねばならないだろう。

たしかに問題は微妙で複雑である。だが、最も単純な事例においては言葉と思考はそれが生じた原因を指示する、という基本的な直観をわれわれが堅持するかぎり、あきらかに、世界に何が存在しているかに関するわれわれの最も平易な諸信念がほとんどにおいて偽になることはありえない、といえる。なぜなら、われわれは最初に概念を形成し、しかる後にそれらにあてはまるものを見いだすわけではなく、基礎的な事例においては、概念の内容をその適用が決定するからである。そして、ゼロから出発する——ある話し手の用いる言語を既に理解している、というわけではない——解釈者に、ある者の諸信念が何に関するものかであるかを独立に見いだし、しかるのちにそれらが真かどうかを問う、といったことはできない。なぜなら、ある信念の通常の原因である状況が、その真となる条件を決定するからである。

なお、上に述べたことが直接にあてはまるのは、一部の信念についてのみである。グアナコがどんな姿をしたものであるかを本で学んだ人の場合、グアナコを見たのが原因で「グアナコだ」という発話に同意したことはかつてないが、それでも、グアナコを実際に見ればそれに同意するように（たぶん、グアナコの画像を見ていたために）なっている、ということがありうる。また、より厄介な事例としては、グアナコがどんなものであるかを、そして、リャマとそれは違うということをも、もっともな意味において知っていながら、リャマをまのあたりにしつつ「グアナコだ」と言われると、規則的に同意がひきおこされる人を考えることができる。このいずれの事例においても、グアナコをまのあたりにしているという信念の内容は、グアナコに接したことによってではなく、リャマ、動物、ラクダ、家畜といった他の言葉と概念を習得したことによって決定されている。しかしながら、そこに至る流れのどこかで、われわれは、思考と言語を世界に繋ぎ止める、直接に事物と接する場面に出くわすはずである。

心的状態の同定について私がここで提起している一般的アプローチは、今日ときに外部主義ないし（タイラー・バージによって）反個体主義と呼ばれる見解と共通したところをもつ。だが、重要な面において、外部主義のもっとも知られたヴァージョンとは異なってもいる。それゆえここで、外部主義の私によるヴァージョンを、外部主義の他の形態、とりわけヒラリー・パトナムとタイラー・バージのものから区別しておきたい。

第一人称の権威――一般にだれでも、自分の考えていることは、証拠に訴えたり頼ったりすることなく知っている、つまり、自分の心中のことについては、他人の心中のことはだれもそれで知りえないようなある仕方で知っている、という事実——に話を戻そう。広く受容されている見方によれば、ある人の命題的態度の内容は、当人の関知しないこともありうる要因によって部分的に決定されている、とするのが外部主義であり、これは第一人称の権威とは調停不可能であるという。たとえばパトナムは、(ある形態の)外部主義が真であるがゆえに意味は「頭の中になどない」と断定し、さらに同じことが思考一般にあてはまると主張している。[3] 他にも同じ結論に至った人々はいる。[4] だがこの結論は、少なくとも私が記述した類の外部主義においては導かれない。これについては他所で詳しく論じているが、[5] その論証は次のように要約できる。解釈者は、他人の思考の内容を決定する外部的諸要因が何であるかを発見するか、もしくは間接的な証拠に基づいて正しく推測するかしなければならない。しかし、そうした要因は、ある人の思考の内容と、自分がもっているとその人の信じている思考の内容を(これらは同じ一つの思考なので)決定するものである以上、他人の思考について発生しうる類の誤りが自分自身の思考の内容について生じる余地はない。

私は、パトナムの推奨する外部主義の主要な形態[6]が第一人称の権威を脅かすとは思わないが、別の理由で、彼のテーゼを全面的には歓迎できない。パトナムの外部主義は、主として「水」や「ヒョウ」といった自然種語にあてはまる。私がH_2Oを体験する中で「水」という語を学んだとしたら、以降この語は同じ微視的構造の物質だけを指示するのでなければならない、というのがその考え方である。この語の私による使用の通常の原因が、その意味するものを決定するということには、先述のとおり私も同意する。けれども、私の「水」という語の指示を決定するしかるべき類似性が、どうして必然的に微視的構造の等しさだということになるのか、私には理解しかねる(しかるべき類似性を支配するのは何であるかに関する私の考えについては、まもなく述べる)。私はまた、外部主義を語の一つないし少数のカテゴリーに限定する理由はないと思う。私の考えでは、世界との紐帯が、私の述べるような因果連関から生じるということは、言語と思考のきわめて一般的な特徴なのである。

　タイラー・バージが擁護している外部主義には、二つの形態がある。早い時期の諸論文[7]で彼が専念しているのは、ある人が用いる言葉の意味とその人の思考の内容は、部分的に、その人の属する共同体の言語的実践に――一個体としては当該の実践を誤解している場合においてすら――依存している、という考え方である。後の諸論文[8]は、とりわけ知覚との関連において、発話と思考の内容が個体の因果的来歴に依存する、そのあり方を強調するものとなっている。外部主義のこの二つの品種を、それぞれ、社会的外部主義、知覚的外部主義と呼ぶことにしよう。バージも論じているように、これらはいずれも他方を含意しないという意味において、ほぼ独立したものであると私は思う。

　社会的外部主義を支持する議論については、私は納得できない。その理由は三つある。

　第一に、ある者の話と思考を、他の者たちが同じ言葉で意味するところによって理解し解釈すべきだとすることを、われわれの直観が強く支持しているというのは、偽であるように私には思われる。というのも、一つには、どの集団が規範を決定しているとすべきかの判定が問題となるからだ。しかしより重要なのは、われわれが話し手を最もよく理解するのは、彼がそう解釈されることを意図しているような仕方で、われわれが解釈を行うときだ、ということである。そうしたほうが、同じ語を「正しく」用いる他のだれかが意味し考えていることを、彼も意味し考えているのだとみなす場合より、彼の行動をはるかにうまく説明できるだろう。

　第二に、バージの社会的外部主義は、話し手の意味することを彼が関知しないこともありうるエリートの慣用と結びつけるため、第一人称の権威との間に衝突を生じることになると思われる。

第三に、事実上けっして生じない条件下でわれわれが言いそうなことを明るみに出すかのように装う思考実験に対して、私は一般に不信をいだいている。外部主義の私によるヴァージョンが依拠しているのは、私の考えでは、われわれが現に実践していることがらである(9)。

バージの知覚的外部主義に話を移そう。彼は重要な論点を二つ与えている。第一に、われわれはたとえば、自分が牛を見ているという知覚的知識を、何らかの仕方(牛のようにペイントされた馬、ホログラム等)で自分が欺かれてはいないということを確かめることなくもつことができるという。われわれがそうした知覚的知識をもつという場合、われわれの思考の内容は、部分的にはその思考の原因によって決定されているのである。バージはこう述べている。

何かを水と思うには……人は、水と――あるいは少なくとも、水についての正確な理論化がそこから可能な他の特定の物質と――何らかの因果関係をもたねばならない。通常の場合、人は水を見たり触ったりする。何かを水と思うことが、どのような類の条件によって可能になるのかを例示するのは、こうした関係である。……水は液体だと思うために、人は、その思考が考えられるときに成立しているべき複雑な諸条件を、知っている必要はない(10)。

これは水だという思考の内容は、この思考が真である場合、水が原因でこの思考が生じているという事実によって決まるのか、あるいはその場合も、この思考が偽である場合と同じく、通常の事例によって、すなわち、思考者の環境との因果的接触の全般的方向性によってその内容が決まるのか、それは、この一節からは判断しがたい。これら二つの見解をともに受容したり結びつけたりすることに、明白な困難があるようには思われないものの、実際に水をまのあたりにすることが、これは水だという思考の原因となっている際に果たしているその役割と、私の水に対する関わりの来歴が、自分は水を見ているという偽なる思考を、なおも水についての思考たらしめる際に果たしている役割は、むろん、区別されねばならない。外部主義にとって本質的なテーゼは、明らかに後者である。バージはその点をこう述べている。「そうした状態の本性は、その人と……環境との通常の関係によって部分的に決定される。誤りは、通常の相互作用を背景にして決定される」[11]。

私は、知覚的知識をもつのに、それを可能にする条件が成立していることを独立に知っている必要はないとする認識論上の見解にも共感するし、またむろん、われわれの思考と発言の内容は部分的に環境との因果的相互作用の来歴によって決定されるという見解(目下の文脈ではこちらのほうが重要である)にも共感する。

こうした点への同意は、私のような者にはごく自然なことである。そう、私はざっと三十年にわたって、最初期にわれわれが学ぶ最も基本的な文(「ママ」「わんわん」「赤」「火」「ガヴァガイ」など)の内容は、世界における何が原因でわれわれがそれらを真とするかということによって決定されるのでなければならない、と主張してきた。ここにおいてこそ——と、私はずっと申し立ててきたのだが——言語と世界の紐帯が確立され、また意味への中心的制約が定まるのである。そして、思考と言語の間に密接な繋がりを認めるなら、類比的な見方が諸態度の内容についても成り立つ。

かくしてバージと私は、知覚的外部主義について本質的に一致しているのだが、しかし、これと密接に関連するある問題について、われわれは見解を異にしている。それは、私が本稿の起点とした問い、すなわち、外部主義はある種の懐疑論に対する回答を提供するだろうか、という問いに関する問題である。バージは、「反個体主義と権威ある自己知から、懐疑論への容易な反論が出てくることはない」[12]と言う。あるいみではこれに私は同意するが、それは単に、どういう第一人称の権威がこれに関係するのかが、私には分からないからである。だが、もし知覚的外部主義を受け入れるなら、デカルト、ヒューム、ラッセルほか幾多の人たちが回答を要すると考えてきた類の、感覚についての包括的懐疑論に対する容易な反論がまさにあると思われる。バージは言う。

ほとんどの知覚的諸表象は、環境との規則的な相互作用を通じて形成され、その内容を獲得する。それらが表象するのは、「通常」のある複雑な意味において、通常それらが起因し、かつあてはまるところのものである。物理的環境との規則的な相互作用の結果としてその知覚的表象を説明できるような存在者に、体系的な知覚上の誤りを帰することは意味をなさないのであり……[13]

ここには単なる外部主義以上の仮定があるように見えるのかもしれない。だが、そこはどうなのか私には分からない。バージは標準的な水槽の中の脳（brain-in-the-vat）によく似た事例を検討し、そうした脳が環境について（長い間）根本的には欺かれえないのはなぜであるかを示している。私はそうした論証を是認するし、そもそも自分でもよく用いてきた。もし何かが体系的にある経験（あるいは言語的反応）の原因となっているなら、そのときの思考と発話は、その何かについてのものである。体系的な誤りは、これによって排除される。もし、何もその経験の体系的な原因になっていないとしたら、間違いがそれについて生じるための内容もないのである。私自身が書いたものから引用してみよう。「感覚についての包括的な懐疑論を阻むのは、私の見解によれば、最も平易かつ方法論的に最も基礎的な事例における信念の対象を、われわれはその信念の原因とみなさざるをえない、という事実である」[14]。知覚的外部主義を受け入れているだれもが、牛、人、水、星、そしてチューインガムといったものが存在するかどうかについて、彼自身が体系的には欺かれえないことを知っている。なぜそうなのかを知ることで、彼は、水や牛を自分は見ているという彼の信念が正当化される状況があることを、承認しなければならない。そうした状況で彼の信念が正しい場合、自分が水や牛を見ていることを、彼は知っている。

　私は、バージが提唱する社会的外部主義を退けた。すると私は、心的なものについての外部主義において、社会的要因は何の役割も果たさないと考えているのだろうか。けっしてそうではない。ただし私としては、社会的要因を知覚的外部主義と直結する仕方で導入することで、人々とそれ以外の自然との相互交渉を含む因果的連関の中に、社会の役割を位置づけてみたい。

　バージと私は、一定の心的諸状態の原因が、それら諸状態の内容に深く関係しているとする点で一致している。またわれわれは、ある種の事象を特に重要とする点でも一致している。例えば、一定の心的状態が牛を見ることを原因として生じてきたという事実によって、牛をまのあたりにしていない時でも「牛がいる」と考えることが可能になっている、といったことがそれである。だが、ここで問題がもちあがる。こうした基礎的な思考の内容を決定するのは（また、それを表現するために用いる言葉によってわれわれが意味するのは）、類似した思考の典型的な原因だったところのものである。しかし、何が典型的な原因だったのか。ここには、多くの選択肢がある。たとえば全ての牛に対して生じた出来事だとか、あるいは思考する者にとって牛よりも空間的に近接した出来事だとか。バージはあるところで、「自然な」原因に先行する原因や、「自然な」原因と心的結果を仲介する原因（「たとえば網膜に当たる光の配置」）は、内容の記述を「完全に明確化されたことがかつてないほど複雑に[15]」するだろう、と述べている。だが、だれにとっての複雑性なのか。だれによる明確化なのか。むろん、すべてのそうした網膜に当たる光の配置は、何かを共有してはいる。他の原因の諸クラスについても、それはいえる。これらのクラス分けが複雑で（むろん、よくあるごまかしを別として）明確化しがたいのは、われわれ人間にとって、である。多少とも自然に、あるいは最小限の学習によって、牛の現れを一クラスにしているのは、われわれである。なお、そうだとしても、論点を完全なものにするには、また別のクラス分けが必要になってくる。なぜなら、しかるべき原因のクラスは、反応の類似性によって定義されることになるのだから。だれかの言語その他による反応の原因をわれわれが一つに括るのは、そうした反応は類似しているとわれわれが感じるからなのである。では何がそれをしかるべき類似性たらしめているのか。答えはまたしてもはっきりしている。それらの反応が自然かつ簡単に一クラスをなすと感じるのはわれわれなのであって、そうなるのは、われわれに備わった構造ゆえである（これには進化が関わっている）。もしそうでなかったら、われわれは、自分が反応しているのと同じ対象や出来事（つまり原因）に他者も反応していると主張する理由をもたなかっただろう。植物ですら、互いに類似しているとわれわれが感じる対象や出来事に対して、或る程度において互いに類似しているとわれわれが感じる仕方で反応しなかったなら、この世界で生き残れなかったかもしれない。このことは、あきらかに動物については真である。むろんそれはまた、動物がわれわれに似たものであればそうであるほど、よりはっきりしてくる。

　かくして、思考の対象の同定は社会的な基礎によるといえる。ある生物が別の生物を観察するということがなければ、しかるべき対象を公共空間に位置づける三角測量は成立しえないのである。私が言っているのは、別の生物を観察しているある生物は、双方に客観性の概念をもたらす、ということではない。両者間で相互作用し、また環境と相互作用する二個以上の生物が居合わせることは、そうした概念の必要条件にとどまる。コミュニケーションだけが客観性の概念を提供しうる。なぜなら、客観性の概念、共通された世界を占める対象と出来事という概念、その性質と存在がわれわれの思考から独立している対象と出来事という概念をもつためには、思考と世界を自分は他者と共有しているという事実に、われわれが気づいているということが必要だからである。

　こうした理由によって、心的状態の内容に関する問題を、単一の生物の観点から解くことはできない。この点はおそらく、日常的な事物について話したり考えたりすることを、人が他人からどのように学ぶかについて考えてみると、もっともよく分かるだろう。非常に単純化してしまえば、そうした学習の基本的な面は次のように記述できる。学習者は、自覚があるにせよ無いにせよ、教師が一クラスにまとめる状況において、教師が適切と感じる仕方で音声を発したり他の反応をしたりすれば、褒美を与えられる。学習者はその後、彼が本能的に一クラスにまとめる状況では類似した音声を発するように仕向けられる。むろん訂正も可能である。第一段階が成就されるのは、教師にとって類似していると感じられる状況に対して、教師にとって類似していると感じられる音声で、学習者が反応する限りにおいて、である。ここで教師は二つのものごと、すなわち外的状況と学習者の反応に対して反応している。学習者も二つのものごと、すなわち外的状況と教師の反応に対して反応している。これら全ての関係は因果的である。こうして、共有された対象と出来事についてのコミュニケーションを可能にする本質的な三角関係《トライアングル》が形成される。しかしまた、学習者の言葉と思考が、その名に値するほど複雑になったとき、それらの内容を決定しているのも、この三角関係である。学習者の態度の内容を決定する際に教師が果たす役割は、因果関係の「決定」にはとどまらない。というのも、学習者の反応の原因がもつ特定の側面を、学習者の思考にそれがもつ内容を与える側面たらしめているのは、学習者の思考の原因であるということに加えて、原因のその側面が教師と学習者に共有されているという事実だからである。こうした共有がなければ、内容を固定する原因として、ほかではなくある原因を選択する根拠はなかっただろう。コミュニケーションを行わない生物もまた、客観的世界に反応しているように思われるかもしれない。だが、そうした生物に、われわれの世界についての思考を（また他のいかなる世界についての思考をも）帰属することは正当化されない。

上記のことは、私を第一人称の権威の件に立ち戻らせる。最初に述べたように、第一人称の権威には密接に結びついた二つの特徴がある。一つは、それが推論や証拠に基づかない知識をもたらすという事実であり、もう一つは、自分自身の心の知り方と他人の心の知り方との非対称性である。驚いたことに、たとえば、バージによる第一人称の権威についての説明は、ある人が心に思っていること――同じそのこと――を、かなり違った仕方によってであれ、他のだれかもまた知りうるという事実に、対処できていない。彼の説明から抜け落ちているこの部分は、私の思うに、他の人々との相互作用が心的状態の内容を部分的に決定するその仕方を、われわれが認識することで埋められる。自分自身の心のあり方についての知識は個人的である。だが、その状態を個別化するものが、同時に、その状態を他人にアクセスできるようにする。というのも、その状態は三つの要素――すなわち、思考する者、彼とコミュニケーションを行う他者、そして彼ら共有のものであることを彼らが知っている客観的世界――の間の因果的相互交渉によって個別化されるからである。

原注

（1）W. V. Quine, 'Epistemology Naturalized', in *Ontological Relativity and Other Essays*.
（2）クワインの認識論に関するこのような特徴づけに関しては本書の第10論文、および私の 'Meaning, Truth and Evidence' を参照のこと。
（3）Hilary Putnam, 'The Meaning of "Meaning"', p. 227.〔邦訳、一六七頁〕
（4）例えばJohn Searle, *Intentionality*およびAndrew Woodfield, 'Introduction', in Woodfield (ed.), *Thought and Object*, p. viii を参照。
（5）本書第2論文にて。
（6）ここで私が念頭に置いているのは、「言語的分業」によって促される類ではなく、双子地球の事例が示唆する類の外部主義である。
（7）Tyler Burge, 'Individualism and the Mental', 'Other Bodies', 'Two Thought Experiments Reviewed' および 'Individualism and Psychology'.
（8）例えば 'Cartesian Error and the Objectivity of Perception', 'Intellectual Norms and Foundations of Mind' および 'Individualism and Self-Knowledge'.
（9）本書の第2論文を参照。
（10）Tyler Burge, 'Individualism and Self-Knowledge', pp. 653–4.
（11）'Cartesian Error and the Objectivity of Perception', p. 125.
（12）'Individualism and Self-Knowledge', p. 655n.
（13）'Cartesian Error and the Objectivity of Perception', p. 131.
（14）本書第10論文。
（15）'Cartesian Error and the Objectivity of Perception', pp. 126–7.

第14論文

三種類の知識

1991

たいていの場合、私は自分が何を考え、欲し、意図しているか、また私の感覚がどのようなものであるかを知っている。それに加えて、私は自分を取り巻く世界について、世界内の対象の位置や大きさや因果的性質について、たいへん多くのことを知っている。さらに、私は他の人々の心の中で起こっている事柄を知っていることもある。これら三つの種類の経験的知識にはそれぞれ独自の特徴がある。自分自身の心の内容に関する知識は、一般には証拠や調査には頼ることなく知られる。例外もあるが、しかし、例外的事例に信頼がおかれるのは、それが無媒介の知識と両立しうる場合にかぎられることを考えれば、無媒介の自己知識が原初的であることはあきらかである。他方、私の外部の世界に関する私の知識は、私の感覚器官の働きに依存し、感官へのこうした因果的依存のゆえに、自然的世界に関する私の信念は、私自身の心の状態に関する信念の場合にはめったに生じない種類の不確かさを帯びざるをえない。世界の中で何が起こっているかに関する私の単純な知覚の多くは、もはやそれ以上の証拠には拠らない。私の知覚的信念は、私の周囲の対象や出来事から直接端的にひき起こされる。しかし他人の心の命題的内容についての私の知識がこの意味で直接的であることはない。私が他人の考えることや評価することを知りうるのは、私が他人の行動に目をとめうるかぎりにおいてである。

もちろん三種類の知識はどれも同じ実在の諸側面に関わっている。ちがいは実在に対する接近の様式にある。

三種類の経験的知識のあいだの関係、とりわけ概念的優先関係は、ながらく哲学者の認識論的問題の一つとしてリストアップされてきた。そして、それが本稿における私の主題である。三種類の知識の相互関係の問題に関するおなじみのアプローチの多くは、自己知識を——おそらくはその直接性と相対的な確実性とを理由に——原初的と見なし、そこから外部世界に関する知識を引き出し、最後に他人の心に関する知識を行動の観察にもとづける。言うまでもなく、導出はこれとは別の方向をとることもありうる。外部世界に関する知識（すくなくともその一部）を基礎と見なし、他の形態の知識をそこへと関係づける、あるいは還元する代替策もある。このような還元提案の洗練と、その失敗の証明が、デカルト以来、今日にいたる哲学の歴史の大きな部分をなしている。最近の哲学ではこうした問題が無視されがちだが、それは問題が解決されたと見なされているからではなく、手ごわいと見なされているからである。またもちろん、問題自体が幻想ではないかという物欲しげな期待もある。

しかし、それが幻想であるはずはない。三種類の知識はどれも他の一つないし二つには還元できない、という見方を受けいれるべき強力な理由がある。本稿でも後にこの点について私なりの論拠を示す。しかし、効果的な還元法がまず見つからないだろうことは、私見では、通常の還元プログラムがほとんどすべての論者によって退けられていることからあきらかである。懐疑論にはさまざまな形態があるが、それらはみな、三種類の知識がどう見ても統合されえないことへの嫌々ながらの賛辞である。一つの形の懐疑論は、外部世界に関する知識が、われわれ自身の心に関する知識にもとづいては説明しがたいことから生じる。もう一つの形の懐疑論は、他人の心に関する知識が、外部から観察できる事柄には尽くされないことを認めるものである。心身問題の扱いにくさもこうした賛辞の一つである。

驚くべきことに、哲学者たちは、外部世界に関する信念の正当化可能性に関して懐疑論を取る論者さえも含めて、他人の心の問題を扱うときにはそうした懐疑をほとんど度外視している。これが驚くべきことであるのは、後者の問題が生じるのは、行動ひいては外部世界に関する知識が可能である場合にかぎられるからである。二つの問題が別個に扱われる結果として、不幸にも、二つの問題が共通の仮定に依拠しているという点があいまいにされてきた。それはつまり、ある人が世界に関して何を信じているかについての知識は、それらの信念の真理性とは論理的に独立だという仮定である。この仮定はたしかに成り立つと思われる。なぜなら、当然ながら、ある人の信念と主観的経験の総体は、それらの信念のどれが偽であることとも、論理的に整合するからである。それゆえ、自分の心の内容に関する知識をどれだけ寄せ集めても、外部世界に関する信念の真理は保証されない。心的なものの論理的独立性は別の方向にも同じように働く。つまり、外部世界に関する知識をどれだけ寄せ集めても、そこからは、心の働きに関する知識は帰結しない。心と自然のあいだに論理的ないし認識論的な障壁があるとすれば、それは内から外を見る妨げになるだけでなく、外から内をのぞき込む妨げにもなる。

ときとして、こんな考え方が取られる。すなわち、心の中に何があるかを知る問題を、外部にあるものに関する知識の問題と切り離すならば、他人の心に関する問題は、次の点が認識されれば解消されるというのである。つまり、心的な状態や出来事の概念の内には、一定の形の行動をはじめとする外部的な信号が、その心的な状態や出来事が存在している証拠とみなされるということが、内容の一部として含まれている、という点である。たしかに、行動によって裏づけられることは、心的な状態や出来事の概念の内容の一部である。しかし、あきらかでないのは、このことがどんな意味で懐疑論者への回答になるのかである。なぜなら、行動が心の中にあるものに関する証拠になるという事実は、他人の心に関する間接的な知識と、自分自身の心に関する直接的な知識とのあいだの非対称については、何の説明も与えてくれないからである。先の解決案では、証拠となる行動は、他人への心的状態の帰属を正当化するのに十分だとされるが、それと同時に、そうした証拠が、同じ状態の自己帰属の場合には一般に的外れであることも認められている。しかし、この驚くべき非対称について説明が与えられないかぎり、われわれは、じつは二種類の概念があるのだと結論せざるをえない。つまり、他人に当てはまる心的概念と、われわれ自身に当てはまる心的概念とである。もしも、他人の心的状態はもっぱら行動をはじめとする外的な表出をとおして知られ、他方、そのことが自分自身の心の状態には当てはまらないのだとすると、そもそも、自分自身の心的状態が他人のそれと類似していると考えるべき理由はどこにあるのか。また次の点も問題となろう。つまり、もしも他人の心に関する知識の問題へのこのような解決が満足の行くものだとすると、外部世界に関する知識の問題についても、これと類比的な仕方での解決を受けいれていけない理由があるのか、という点である。しかし、全般的な懐疑論に対するこのような回答が受けいれがたいものであることは、広く認められているところである。では、われわれが二つの問題を区別するのは、次のような仮定によるのだろうか。つまり、われわれは外部世界には経験を通じて接するほかはないが、しかし、われわれは自分自身の経験には接することができるから、それを踏まえて他人の経験を推測するのは正当だ、という仮定に。しかし、この仮定は論点先取をおかすものである。なぜなら、そこでは、他人の心的状態と呼ばれるものが、われわれが自分の心的状態として同定するものと類似したものだという点が、論証抜きに前提されているからである。

私が以上の問題と困難についておさらいをしたのは、何より、三種類のたがいに還元不可能な経験的知識が存在するという事実があきらかに奇妙であることを強調したいからである。三種類の知り方すべてを許容するだけでなく、三つのあいだの相互関係をも説明してくれるような全般的見取り図が必要である。そのような全般的見取り図がなければ、同じ世界が三つの異なる仕方でわれわれに知られるという点が深遠な謎のままになるだろう。また第二に、通常は別々に扱われる諸問題がどの程度の相互関連をもつかという点をよく理解しておくことは極めて重要である。三つの基本的な問題がある。つまり、いかにして心は自然の世界について知りうるのか。ある心が別の心について知ることがいかにして可能か。そして、自分自身の心の内容を観察にも証拠にもよらずに知ることがいかにして可能か。以下に論ずるように、これらの問題を二つに縮減しうるとか、それぞれが別個に扱われうるとかと考えるのは誤りである。

三種類の知識のあいだの関係について見取り図を手に入れたければ、それらがたがいに還元不可能であることを示すだけでなく、それらがたがいに還元不可能である理由を理解する必要がある。そのためにはまた、各々の形態の知識が演じている概念的役割の明確化、および三種類の知識のそれぞれが不可欠である——三つすべてがなければやっていけない——理由の解明が必要である。当然ながら、三種類の経験的知識がどれも不可欠だという私の見方が正しければ、感官に関する懐疑論と他人の心に関する懐疑論は退けねばならない。なぜなら、外部世界に関するデカルト的あるいはヒューム的な懐疑論者は、外部世界に関する知識がなくてもすむこと——自分の心に関する知識だけで十分であり、おそらくはそことは可能なのでなければならない。

一見したかぎりでは、他人や自分の心的状態に関する信念を表す形の言葉がなくてもとくに支障はないと考える向きもあろう。私もそうした状況は想像可能だと考えるが、しかし、私が関わっている問題は、第一義的には認識論的なものであって、言語論的なものではない。認識論的な問題というのはつまり、自分自身の心も他人の心も含めて、心に関する知識がなくてもすむものなのかどうか、ということである。以下に論ずるように、心に関する知識をなしですませることはできない。自然的な世界についての自分の考えを表現し、ひいては伝える方法は、われわれには不可欠のものである。しかし、自然的な世界についての自分の考えを表現し、また伝えることができるのだとすれば、そこから、《言葉で考えを帰属させることもできる》という状態への移行は、比較的単純である。そのような移行が行われないとすれば、驚くべきことだろう。われわれ自身の考えの場合で言えば、両者のあいだの隔たりは、「雪は白い」と主張することと、「私は雪が白いと思う」と主張することとのあいだの違いにすぎない。これらの主張の真理条件は同じではないが、最初の主張を理解する人はみな、第二の主張の真理条件を知っている（たとえその真理条件をもつような文を使いこなせなくても）。なぜなら、発話を理解できる人は、主張を認知することができ、さらにまた、《主張を行う人は自分の語る事柄を信じていること》を自称している》ということを知っているからである。同様に、雪は白いとジョーンズに言う人は、「ジョーンズは雪が白いと思っている」の真理条件を知っている（たとえ彼が日本語を知らず、また信念を表明する方法を知らないとしても)。

信念は知識の条件である。しかし、信念をもつには、世界の諸側面を識別したり、異なる状況で異なる行動をするだけでは不十分である。そうしたことならカタツムリや巻貝にもできる。信念をもつにはさらに、真なる信念と偽なる信念のコントラストの理解、現象と実在の、また単なる見かけと存在とのあいだのコントラストの理解が必要である。もちろん、たとえばヒマワリが人工光線の方を向けば、われわれはヒマワリがそれを太陽と取り違えるまちがいをおかしたと言える。だがわれわれは、ヒマワリが《自分はまちがいをおかした》と考えるとは思わない。だからわれわれはヒマワリには信念を帰属させない。世界について——あるいは他の何ごとについてであれ——信念をもつ人は、客観的真理の概念、つまり自分の考えとは独立に存立している事柄という概念を把握しているのでなければならない。それゆえ、われわれは真理概念の源を問題にしなければならない。

この問題に対する唯一可能な回答にたどりつくための指針を示してくれたのは、ウィトゲンシュタインである(彼が取り組んでいた問題がわれわれの問題ほど一般的であったかどうか、また彼が哲学的な問題に答えがあることを信じていたかどうかには疑問が残るとしても)。客観的真理の概念の源は、人と人とのあいだのコミュニケーションにある。思考はコミュニケーションに依存する。このことは、われわれが、思想にとって言語が不可欠であることを認め、かつウィトゲンシュタインにならって、私的言語が存在しえないという点に同意するならば、そこからただちに帰結する。(1) 私的言語に対する中心的な反論は、言語が共有されていなければ、正しい言語使用とまちがった言語使用の区別がつかない、というものである。他人とのコミュニケーションこそが客観的なチェックを与えるのである。言葉の正しい使用に関するチェックを提供できるのはコミュニケーションだけだとすれば、他の領域においても、客観性の尺度を提供できるのはコミュニケーションだけである。いずれにしろ、以下ではそのように論ずる。事実であると考えられている事柄と事実である事柄とをある生物が区別している、と認定すべき根拠をわれわれがもちうるのは、その生物が、共有された言語によってもたらされるような尺度をもっている場合にかぎられる。そして、この区別がなければ、明瞭な意味において思考と言えるようなものは存在しない。

コミュニケーションにおいて話し手とその解釈者とが共有しなければならないのは、話し手がその発言によって意味した事柄についての理解である。こうした理解はいかにして可能になるのか。かりにわれわれが、言語のそもそもの発生経緯を説明できるならば、あるいはせめて、周囲の他人がすでに言語を習得していることを前提とした上で、ある個人が初めて言語を学ぶ仕方を説明できるならば、右の問題に答える助けになるかもしれない。しかし、こうした点についての知識や説明がない場合には、われわれが取りうる代替策は、熟達した解釈者（適当な概念装備と自分自身の言語をもつ者）が耳慣れない言語の話し手を理解するにいたる経緯を問うことである。この問への答えは、コミュニケーションの本質的な特徴を明るみに出してくれるはずであり、また間接的には、言語への最初の参入が何によって可能になるかについても光を投じてくれるはずである。

バイリンガルによる通訳もないまま果敢に解釈に取り組む人が目指すのは、話し手の発話に命題的内容を割り当てることである。実質的に、彼は話し手の文の各々に自分の言語の文を割り当てる。その割り当て方が正しいかぎりで、解釈者の文は話し手の文の真理条件を与え、ひいては、話し手の発話の解釈の基礎をもたらす。このようにして得られる成果は、話し手の文や、ひいては話し手が現実に行った発話および潜在的に行いうる発話についての、解釈者による、真理の回帰的特徴づけと見なすことができる。

解釈者は他人の命題的態度を直接に観察することはできない。信念や欲求や意図（そこには発話の意味を部分的に決定する意図も含まれる）は裸眼には見えない。けれども解釈者は、発話をはじめ、これらの態度の外的な表われの場に居合わせることはできる。われわれはみな、そのような表れから、話し手が何を考え、意味しているかを発見することができるから、証拠と態度とのあいだには何らかの理解可能な関係があるのでなければならない。われわれはどのようにして〔証拠と態度とのあいだの〕溝を埋めるのだろうか。私が知っている方法はただ一つである。すなわち、解釈者は、自分が知覚している対象や出来事に対して人が一定の種類の態度を取っていることを、十分に頻繁に知覚できるということである。〔ところで、〕もしも解釈者が、このように他人の態度を直接に個別化できるなら、問題は解決するだろう。しかし、その解決はもっぱら、解釈者が読心家だという仮定にもとづいている〔これでは論点先取である〕。しかし、解釈者が、何らかの非内容特定的（nonindividuating）な態度を探り当てうるという仮定ならば、論点先取にはなるまい。ここで私が念頭においている特別な種類の態度の実例は、あるときにある文を真であると見なすとか、文が真であってほしいと欲するとか、ある文よりも別の文が真であってほしいと望むといった種類の態度である。これらの態度が認知されうるという想定は、態度への内容付与の問題に関して論点先取をおかすものではない。なぜなら、たとえば真と見なすというような、話し手と発話とのあいだの関係は、文の意味を知らないでもその存立が知られうる外延的な関係だからである。これらの態度が非内容特定的だというのは、これらの態度が、心理的性格をもってはいるが、多様な発話が表現する多様な命題的内容の違いを問題にしないからである。

クワインは『ことばと対象（*Word and Object*）』で、《促された同意》という非内容特定的な態度を援用した。ある人がある発話に同意する、あるいはある文を真と見なすのは、一つには彼の信念のゆえにであり、また一つには、その発話や文が彼の言語においてもつ意味のゆえにである。それゆえ、クワインの問題は、この二つの要因を、両者の影響を受けた証拠を基礎にして分離することにあった。分離が成功すれば、その結果は話し手の信念と意味の両方に関する理論となる。なぜなら、その理論は話し手の発話の解釈をもたらさなければならないが、話し手がその発話に同意していることと、話し手が行なったその発話の意味とが分かれれば、われわれは話し手が何を信じているかも知ったことになるからである。

意味と信念とを分離する手続きには、話し手が解釈可能であるかぎり適用可能でなければならない二つの重要な原則が関与している。齊合性の原則と対応の原則とである。齊合性の原則は、話し手の思考にある程度の論理的整合性を見いだすようにと解釈者を促す。対応の原則は、話し手が応対している世界の特徴が、同じような状況におかれた場合に自分（解釈者）が応対するだろう特徴と同じものだと理解するように解釈者を促す。どちらの原則も善意の原則と呼ばれてよい（現に呼ばれてきた）。一方の原則は話し手にいくらかの論理的真理を付与し、他方の原則は話し手に、世界に関するある程度の真なる信念（と解釈者が解するもの）を付与する。うまくいった解釈においては、解釈される側の人は基本的に合理的であるのがつねである。正しい解釈というものの本性からの帰結として、《整合性》と《事実との対応》という人々が共有している尺度は、話し手とその解釈者の両方に、また彼らの発話と信念の両方に当てはまる。

ここで二つの問題が立ちはだかる。第一に、人々が共有している尺度はなぜ客観的尺度でなければならないのか。つまり、人々の同意するものがなぜ真でなければならないのか。第二に、たとえコミュニケーションが真理という客観的な尺度を前提とするとしても、なぜそれが、そうした尺度が確立されうる唯一の方法でなければならないのか。

これらの問いに対する回答は以下のとおりである。すべての生物は、世界の諸対象や諸側面を分類する。というのはつまり、ある一群の刺激を、別の一群の刺激よりもたがいによく似たものとして扱う、という意味である。このような分類活動の規準となるのは、反応の類似性である。あきらかに、このような行動パターンを説明する理由は、進化やその後の学習にある。しかし、それらをパターンと呼ぶことができるのは、どのような観点からなのか。ある生物が刺激を似たものとして、つまりあるクラスに属するものとして扱っていると言えるための基礎となる規準は、それらの刺激に対するその生物の反応の類似性である。しかし、反応の類似性の規準となるものは何なのか。この規準は、当の生物の反応から来るものではありえない。それは、当の生物の反応に対する観察者の反応からこそ出てくる。そして、観察者が、他の生物の反応を、観察者の世界の対象や出来事と対応づける場合に限って、その生物が、他のいかなる対象や出来事でもなく、まさにそれらの対象や出来事に反応していると言うことがそもそも根拠をもちうるのである。耳慣れない言語の話し手の言語行動を解釈する者のはしくれとして、われわれは話し手の言語行為をひとまとめにする。「ママ」「雪」「テーブル」は、一語文として繰り返されるときには、われわれが発音に慣れているかぎり、それぞれ同じように聞こえる。話し手の発話と対応づけうる種類の対象や出来事が世界の中に見つかれば、われわれはすでに、最も単純な言語行動の解釈に近づいていることになる。

誰かに言語を教えるような場合には状況はもっと複雑になるが、しかし、それが人々に共有された状況だという点もまたいっそう明瞭になる。基本と思われるのは次のような事情、すなわち、観察者（あるいは教師）が情報提供者（学習者）の言語行動の中に、周囲の出来事や対象と対応づけうるようなある規則性を見いだす（教え込む）、という事情である。もちろん、この程度のことは、観察される者の側に発達した思考がない場合でも起こりうる。しかしそれは、観察された人に思考と意味を帰属させるための不可欠の基礎である。なぜなら、二つの生物を結びつけ、その双方を世界の共通の特徴と結びつける三角形が形成されない間は、ある生物が刺激の識別にさいして、体表の刺激を識別しているのか、もっと内部の、あるいは外部の刺激を識別しているのかという問いに対して、いかなる答えもありえないからである。共通の刺激に対する反応がこのように共有されているのでなければ、思考と発話が特定の内容を――つまりは、そもそも内容を――もつこともないだろう。二つの視点があって初めて、思考の原因に場所が与えられ、ひいては、思考の内容が定まる。それはある種の三角測量と見ることができる。つまり、二人の人物の各々は、一定方向から流れ込む感覚刺激に別様に反応している。刺激が流れ込んでくるさいの通路を外部へと引き延ばすと、その交点が共通の原因である。二人の人がおたがいの反応（言語の場合なら、言語的反応）に気づくとするなら、各人は、それらの観察された反応を、自分が世界から得た刺激と結びつけることができる。こうして共通の原因が特定される。これによって、思考と発言に内容を与える三角形が完成する。しかし三角測量のためには二人が必要である。

他人とのコミュニケーションによって基盤が固められていない間は、自分の思想や言葉がある命題的な内容をもつという発言には、実質が伴わない。とすれば、他人の心に関する知識がすべての思想とすべての知識にとって不可欠なのはあきらかである。しかし、他人の心に関する知識が可能なのは、われわれが世界について知識をもっている場合にかぎられる。なぜなら思考にとって不可欠な三角測量のためには、コミュニケーションの参加者は、自分たちが共通世界の中に位置していることを知っていなければならないからである。それゆえ、他人の心の知識と世界の知識は相互依存的であり、どちらも他方なしには不可能である。エヤーの次の発言はあきらかに正しい。「……真と偽、確かさと不確かさは、言語の使用とともに初めて完全な形で登場する」[2]。

われわれ自身の心の命題的内容についての知識は、他の形態の知識がなければ不可能である。なぜなら、コミュニケーションなしには命題的内容は存在しないからである。またわれわれは、自分が何を考えているかを知っているのでなければ、他人に思考を帰属させることができない。なぜなら、他人に思考を帰属させることは、他人の言語的その他の行動を、われわれ自身の命題ないし有意味な文と、対応づけることにほかならないからである。こうして、自分自身の心に関する知識と他人の心に関する知識は相互依存的である。

いまや、われわれの世界像がその主要な特徴に関しておおむね正確であることが、何によって保証されるのかもあきらかだろう。その理由は、われわれの最も基礎的な言語的反応の原因である刺激が、同時に、それらの言語的反応の意味を、そしてまた、それに伴う信念の内容を、決定するという点にある。正しい解釈というものの本性からして、次の二つの点は保証されている。すなわち、われわれの最も単純な知覚的信念の多くが真であること、そしてまた、それらの信念の本性が他人にも知られていることである。もちろん、これ以外の信念との関係によって内容が与えられるような信念も多いし、また、誤解を招くような感覚によってひき起こされた信念も多い。われわれの周囲の世界に関するどの特定の信念（あるいはその集合）も、偽である可能性がある。しかし、世界やその中でのわれわれの位置に関するわれわれの全般的な像がまちがっていることはありえない。なぜなら、この像こそが、われわれの信念の残りの部分に形を与え、真であれ偽であれ、それらを理解可能なものとするのだからである。

こうして、《われわれの信じている事柄が真であることと、われわれが何を信じているかということとは、論理的に独立である》という想定は、多義的であることが分かる。たしかに特定のどの信念も偽である可能性がある。しかしわれわれの信念の枠を組み立てている十分なだけの信念は、残りの信念に内容を与えるためには真でなければならない。自分の心に関する知識と、自然の世界に関する知識とのあいだの概念的連関は、定義によるものではなく、全体論的である。同じことは、行動に関する知識と、他人の心に関する知識とのあいだの概念的連関についても言える。

それゆえ、三種類の知識のあいだには、論理的にも認識論的にも、いかなる「障壁」もない。だがその一方で、各々が他に依存する、まさにその様式から、なぜ各々が除去されたり、他へと還元されたりできないかがあきらかになる。

すでに述べたように、話し手を理解しようとしている解釈者は、自分自身の文を、話し手の発話や心の状態と対応づけようとしているのだと考えることができる。解釈者が手にしうる証拠の総体は、問題の話し手に関する真理の理論をただ一つに決定するものではない。その理由は、けっしてたんに、実際に入手できる証拠が有限なのに理論の方は無限のテスト可能な帰結をもつということには尽きない。すべての可能な証拠を合わせても、受けいれうる理論を一つには絞れない、という理由もあるのである。すでにわれわれ自身の文の集合によって表現される構造が極めて豊かなものであることを考えれば、そしてまた、この集合に属する個々の文と世界とのあいだのつながりの本性を考えるならば、われわれ自身の文を他人の文や思考と対応づける方法が――重要な事柄すべてを把捉してくれるような方法だけにかぎっても――多数存在するとしても、驚くには当たらない。

この辺の事情は、対象に数を割り当てることで重さや温度を測る場合と似ている。測定にまったく誤りがなく、しかも可能なかぎりのすべての観察が行われたとしても、その対象の重さの正しい記録となるような数の割り当てはただ一つではない。そうした割り当てが一つ与えられれば、そこに登場するすべての数に任意の正の定数をかけることで、もう一つの割り当て法を手に入れることができる。通常の温度（絶対温度ではなく）の場合なら、すべての正しい数の割り当ては、一次変換によって他の正しい割り当てへと変換できる。行為者の解釈に関しては多くの等しく妥当な方法があるから、その気になれば次のように言うこともできる。つまり、解釈や翻訳は不確定であり、人が自分の言葉で意味する事柄に関しては事の真相はないのだ、と。それと同様に、重さや温度の不確定性という言い方をすることもできる。けれどもわれわれは普通、さまざまな割り当てに共通の不変項を明確化することで、実質(the positive)を際立たせる。なぜなら経験的に有意義なのはその不変項だからである。その不変項こそ、事の真相である。翻訳や心的状態の内容に関しても同じような見方を取ることができる(3)。

かつて私は、翻訳の不確定性が、心的概念と物理的概念とを連結する厳密な法則が存在しないと考えるべき理由を提供すると考え、そのためにまた、翻訳の不確定性は、心的な概念が法則論的にすら物理的概念に還元できないという主張の裏づけになると考えていた。それは誤りだった。不確定性は両方の領域に現れる。けれども、心的な領域における不確定性の一つの源は、経験的真理と、意味に由来する真理とのあいだの境界線が、一般には、行動面での根拠にもとづく形ではっきりと定義できない点にある。そして、話し手が意味する事柄に関しては、行動面での根拠の他には何も根拠がない。心的概念と物理的概念とのあいだの還元不可能な相違はこの点からあきらかになる。心的概念は、すくなくともそれが志向的な性格をもつかぎり、解釈者に次の点の考慮を求める。つまり、問題の生物を理解可能なものとして、つまり理性を備えた生物として解釈するには、どんな方法が最善なのか、という点である。

その結果、解釈者は、意味と意見とを分離するさいに、部分的には規範的根拠にもとづいて、《自分の目から見て、どうすれば理解可能性が最大になるか》を決定しなければならない。このような努力のさいに、もちろん解釈者は、自分自身のもつ合理性の尺度より他には依拠しうる合理性の尺度をもたない。世界を物理学者として理解しようとするときにも、われわれは不可避的に自分自身の規範を用いるが、しかし、現象の中に合理性を見いだそうとすることはない。

心的な概念に含まれた規範的要素は、どのようなわけで、物理的概念への還元の妨げになるのか。おそらく、定義による還元が問題外であることは、誰の目にもあきらかだろう。しかし、心的な出来事・状態と、進歩した物理学の語彙で記述された出来事・状態とを連結する法則（厳密な法則）が存在しえないのは、なぜなのか。この点について二十年前に論文を書いたときには、実質的に私はこう言った。われわれが厳密な連結法則を期待しうるのは、法則によって連結される概念が同種の規準にもとづく場合にかぎられる。それゆえ厳密な法則によって規範的な概念と非規範的な概念とが連結されることはない、と。(4) この回答はいまでも一応正しいものだと思う。しかしそれが決定的なものでないことについては、もっともな批判が行なわれてきた。ここで、さらにいくつかの考察を付け加えておきたい。

一つの考察はこうである。厳密な法則は因果的な概念を用いていないのに対して、すべてではないにしろほとんどの心的概念は、因果的な性格を拭いがたい。たとえば行為は何らかの記述の下で意図的でなければならないが、行為が意図的なのは、それが信念や欲求といった心的要因によってひき起こされている（caused）場合にかぎられる。信念と欲求は、部分的には、しかるべき条件が整えられたときにそれらがひき起こし（cause）がちな種類の行為によって同定される。常識的な説明の中に登場する概念のほとんどはこのような意味で因果的である。「事故の原因は道路の滑りやすさにあった」「あるものが滑りやすいのは、それが適当な条件の下で適当な対象を滑らせる（causes...to slip）ときである」。われわれは、飛行機の翼が曲がっても破損にはいたらない理由を説明するために、翼が弾性のある素材から作られていることに注意を促すが、「素材に弾性があるというのは、その素材が、適当な条件の下では変形の後で原型に戻る原因となるような性質をもっている場合である」。このような説明を厳密な形に言い換えることはできない。それには二つの理由がある。第一に、われわれは、適当な状況とはどんな状況なのかを、詳しく特定することができない。第二に、因果関係を持ち出すことは、完全な説明においては明言されるはずの事柄に関して、明言を避けることである。厳密で例外のない法則を定式化するために必要とされる対象・状態・出来事の記述は、因果的概念を含まない。（これはけっして、非因果的な概念しか含まない法則は因果法則でないということではない。）

弾性や滑りやすさや展性や可溶性といった因果的概念の場合には、われわれは、当否は別として、それらによって説明されないままに残されたものは、いずれ科学が進歩すれば説明できるようになる（あるいは、すでに説明されている）と考えがちである。われわれが弾性の概念を捨て、それを、飛行機の翼が一定の力を受けた場合に原型に戻る原因となるような素材の微視構造に関する詳しい記述と置き換えたとしても、われわれは話題を変更したことにはならないだろう。［しかし］心的な概念や説明の場合は事情が異なる。心的な概念や説明において因果関係が持ち出されるのは、心的な概念や説明の眼目が、因果関係の概念そのものと同様、いっしょになってある出来事をひき起こした状況の総体の中から、特定の説明関心に見合う要因だけを選び出す点にあるためである。たとえば行動を説明するときには、われわれは行為者の理由を知りたいと思う。それは、行為者の理由を知ることで、われわれが、その行為のどの側面が行為者の関心事であったのかを知ることができるからである。しかし、《行為者が一定の理由をもつときにはつねに彼は一定の行為を行なう》ということを請け合うような厳密な法則が存在すると考えるのは、馬鹿げたことだろう。

心的概念の規範的性質と因果的性質とは関係しあっている。心理的説明から規範的な要素を取り去ってしまうと、心理的説明本来の目的が果たせなくなってしまう。われわれは行為や信念変化について、本人の理由がどのようなものであるかという点にたいへん強い関心を寄せているため、この点についての説明が物理学の法則と完全には折り合いがつかないようなものであっても、それで満足してしまう。他方、物理学は、できるかぎり完全で正確な法則を目的としている。心的概念に含まれる因果的要素は、それらの概念に正確さが欠けていることの、埋め合わせの助けになっている。意図的行為の概念の内には、それが信念と欲求によってひき起こされ、説明されるものであることが含まれている。そして、信念や欲求の概念の内には、それが一定種類の行動をひき起こし、その説明となるものであることが、含まれている。

心的な概念と進歩した物理学の概念とのあいだの違いについて私が述べた事柄の多くは、生物学や地質学や気象学といった科学部門に属する概念を〔物理学の概念に比して〕際だたせる特徴でもある。それゆえ、たとえ私の言うとおりに、心的概念が、その規範的・因果的性格のゆえに、進歩した物理学の諸概念とは定義の点でも法則の点でも異なるとしても、この区別の根底には何かもっと基礎的で根本的な理由がなければならないと思われる。私見では、そのような理由が存在する。

われわれ自身の心の内容に関する知識はたいていの場合些末なものとならざるをえない。その理由は、特別な場合を除けば〔われわれ自身の心の内容については〕解釈の問題が生じないからである。私の心の命題的内容を問われれば、私は私自身の文を使用せざるをえない。回答は普通、馬鹿馬鹿しいほどに明白である。私の文「雪は白い」が真であるのは、雪は白いという私の考えの場合と同様、雪が白いときであり、そのときにかぎられる。先に論じたように、私が他人の心の内容を知りうるのは、おおむね真であるような世界観が〔自他のあいだで〕共有されている場合にかぎられる。しかし、この種の〔他人の心の内容についての〕知識は、必然的に間接的である点で、私が私自身についてもっている知識とは異なる。必然的に間接的だというのはつまり、他人の心の内容についての知識の拠り所となるのは、何より、問題の人の発言その他の行動のあいだに——またそれらと共通の環境内の出来事とのあいだに——観察される相関関係だということである。

他人の心に関する私の知識と、共通の物理的世界についての私の知識とのあいだの根本的な相違は、これとは別の源に発する。コミュニケーション、およびその前提となる他人の心に関する知識は、われわれの客観性概念、つまり偽なる信念と真なる信念とは異なるという認識の、基礎である。われわれはこの尺度が正しいかどうかを調べるためにこの尺度の外に出るわけにはいかない。それはちょうど、フランスのセーブルにある国際重量標準事務局にあるプラチナ・イリジウムの標準分銅が一キログラムであるかどうかを調べようがないのと同様である。(この比較は、セーブルの標準分銅がキログラムの定義であった当時には妥当なものだった。)もちろん、実在に関して人々が共有している尺度の通用範囲を広げ、より確かなものとするために、われわれとは異なる尺度をもつ人々に目を向けることもできるが、それによって得られるものは、現在の尺度と本質的に異なるものではなく、現在の尺度の修正版にすぎない。

先に私は、対象のさまざまな重さや温度を記録するために数を割り当てる方法と、他人の思考や発話の内容を同定するためにわれわれ自身の文を使う方法とのあいだの類比に言及した。しかしこの類比は完全には成り立たない。物差しとなるものの性格が、二つの場合では異なるからである。自然の構造を数で表すことができるのは、数がどのような性質をもち、また自然の中にどのような種類の構造があるからなのか、——こうした点についてわれわれが合意にいたる拠り所になるのは、他人との言語的な相互行為である。しかし、他人の思考や意味を表すために使われる文や思考の構造に関しては、われわれが右と同じような形で合意にいたることはありえない。なぜなら、そのような合意にいたろうと企てても、われわれはただ、すべての合意がそこに依存する、まさにその解釈の過程に連れ戻されるだけだからである。

私の考えでは、心を理解することと、世界を物理的なものとして理解することとのあいだの違いは、究極的にはまさにこの点に発している。心の共同体は知識の基礎である。それは万物の尺度を提供する。この尺度の適切性を問題視したり、より根本的な尺度を求めたりしても、意味をなさない。

われわれはすべての思考が客観的側面をもたざるをえないという点について長々と述べてきた。では主観的側面については、どんな問題が残されているだろうか。あきらかに、われわれはけっして、自己知識と他人の心の知識とのあいだの違いを抹消したわけではない。依然として前者は直接的であり、後者は間接的である。客観性自体についても、われわれはその起源を複数の観点の交差に求めた。それは各人にとって、世界に対する彼自身の反応と、他人の反応とのあいだの関係である。これらの相違は本物である。われわれは自分の思考を他人にはできない仕方で知っており、その意味でわれわれの思考は「内的」「主観的」である。しかし、思考の所有は必然的に個人的だが、思考に内容を与えるものはそうではない。われわれが形成し抱く思考は、われわれが他人とともに住む世界、しかもそのことをわれわれが自覚している世界の中に、概念的に位置づけられている。われわれ自身の心的状態に関する思考さえもが、同じ概念的空間を占めており、同じ公共的な地図の中に位置づけられている。

哲学的な主観性概念には、歴史の重荷と、心と意味の本性に関する一連の仮定の重荷が負わされている。それらの仮定により、発話の意味や思考の内容は、外部的実在の問題とは切り離され、また、「私の」世界は、他人に現れる世界と切り離されてきた。〔心と意味の本性に関する〕このおなじみの考え方からすれば、主観的なものは客観的なものに先行し、また、主観的な世界の存在は、外部的な実在に関する知識に先行する。あきらかに、思考と意味に関して私が本稿で述べた見取り図においては、そのような先行関係が成り立つ余地はない。なぜならそこでは、自己知識の基礎が、他人の心や世界に関する知識に求められているからである。こうして、主観性と呼ばれうるもの——それが何であれ——にとっては、客観的なものと間主観的なものとが不可欠であり、これらによって、主観性が形成されるための文脈が構成される。コリングウッドはその点を簡潔に言い表している。

> 自分自身が一個の人格であることを子どもが発見するとき、子どもは同時に、自分自身が人格の世界のメンバーであることを発見するのでもある。……私自身が一個の人格だという発見は、私が話せること、ひいては一個のペルソナないし話し手であることの発見である。話をするとき、私は話し手であると同時に聞き手でもある。そして、私自身が一個の人格だという発見は、同時に、私をとりまく他の人格たちを発見することでもあるのだから、それは私以外の話し手や聞き手を発見することでもある(5)。

あるいはこう思われるかもしれない。もしも、世界について全般的な見方を共有することが思考の条件であるなら、人々や諸文化のあいだで知性や想像力の性格が大きく異なるという点が、見失われてしまうだろう、と。私の論述がそのような印象を与えたとすれば、おそらくそれは、私が、初歩的と思われる事柄、しかも初歩的であるがゆえに見落とされがちだと思われる事柄に、論述を集中させた結果だろう。つまり、他の個人を理解するにはどの程度の共同性が必要かということ、そしてまた、そうした理解が、すべての思考の基礎である真理と実在の概念に、どの程度の基礎を与えるかということに。しかし、私はけっして、われわれが、物理学や道徳に関する意見がわれわれとは非常に大きく異なる人々を、理解できないと言うつもりはない。また、理解というのは程度問題でもある。つまり、他人がわれわれの知らないことを知っていたり、そもそもわれわれの知りえないことを知っていたりすることもある。まちがいなく言えるのは、われわれの概念の明瞭性と有効性が、他人理解の深まりと歩みを共にしていることである。対話の結果われわれがどこまでたどり着くか、またたどり着けるかについては、明確な限度はない。

一部の哲学者は、もしもわれわれのすべての（すくなくとも命題的な）知識が客観的であるなら、実在のある本質的な側面、つまりわれわれの個人的でプライベートな見方が見失われるのではないかと危惧している。それは私の考えでは杞憂である。私が正しければ、われわれの命題的知識の基礎は、非個人的なもの（the impersonal）にではなく、人々が共有しているもの（the interpersonal）にある。たとえば、われわれが、他人と共有している自然的な世界に目を向けるとき、われわれは自分自身との接触を見失うわけではなく、むしろ、自分が心の社会の一員であることを承認しているのである。もしも、他人が何を考えているかが分からなければ、私は、自分自身の思考をもつことも、したがってまた自分の思考の内容を知ることもできないだろう。もしも私が、自分が何を考えているかを知らないならば、私には他人の考えを推定する能力がないことになるだろう。他人の心を推定できるためには、私は他人と同じ世界に住んでいなければならず、その世界の主立った特徴（価値をも含めた）に対する反応を共有していなければならない。それゆえ、世界について客観的な見方をしても、自分自身との接触が見失われる恐れはない。三種類の知識は三脚を成している。足が一本でもなくなれば他の二本も立ってはいられない。

原注

（1）もちろん、公共的に習得された言語にもとづくプライベートなコードは存在しうる。ウィトゲンシュタインが私的言語に関する彼のテーゼのおよぶ範囲がどの程度のものと解釈されることを意図していたのかは私には分からない。ことによれば、彼は、彼の議論は必然的に私的であるような概念だけに当てはまるものと意図していたのかもしれない。しかし、私は、『ウィトゲンシュタインのパラドックス（*Wittgenstein on Rules and Private Language*）』におけるクリプキと同様、私的言語論は広く言語全般に当てはまるものと考え、したがってまた（私としては）命題的な思考にも当てはまるものと考える。しかし、私は、コミュニケーションが客観性の源泉だという考えは受けいれるが、コミュニケーションが、話し手が同じ言葉を用いて同じ思考を表現することに依存するとは考えない。

（2）A. J. Ayer, *The Problem of Knowledge*, p. 54.〔邦訳、七一頁〕

（3）私はここでクワインの翻訳の不確定性テーゼを受けいれており、それを思考の解釈全般へと拡張している。測定との類比は私によるものである。

（4）『行為と出来事（*Essays on Actions and Events*）』の第十一論文〔邦訳、第八章〕「心的出来事」において。

（5）R. G. Collingwood, *The Principle of Art*, p. 248.〔邦訳、二七二～三頁〕

解説　外部主義と反還元主義

清塚邦彦

1

本書はデイヴィドソンの第三論文集であり、一九八〇年代以後に発表された論文の中から十四編を収録している。「序論」の言葉に従えば、本書の主題は「三種類の命題的知識とその相互関係」である。三種類の知識というのは、それぞれ、自分の心、他人の心、共有された世界に関わる知識を指し、それぞれ比喩的に、「第一人称の知識」、「第二人称の知識」、「第三人称の知識」と呼ばれる。本書はこの三種類の知識の区分に対応して三部に分けられ、各部は「主観的」、「間主観的」、「客観的」と題されている。このような体裁に即して言えば、本書は多様な知識の問題を主題としたデイヴィドソン流の認識論の書である、とまずは言うことができる。

とはいえ、本書における議論の進展を導いているのは、必ずしも、「知識」とは何かという問いではない。むしろ、議論は終始、「解釈」への問いに貫かれている。その点を踏まえれば、本書は第二論文集『真理と解釈（*Inquiries into Truth and Interpretation*）』の続編として——第二論文集で提示された意味と解釈の理論がもつ認識論的な含意の究明として——特徴付けるほうが内容に即しているとも言える。すでに第二論文集でも、その後半部分（特に第四部、第五部）に収められた諸論文では、意味と解釈の理論のいわば応用編として、枠と内容の二元論への批判、哲学的懐疑論への批判、指示や言語規則等の諸概念への批判的考察、といった多彩な論述が展開されていた。本書は、それらの論述の発展形態にあたる。懐疑論批判等々のすでに第二論文集でも提示されていた論点は、本書でも様々に変奏あるいは深化され、またその拠り所が改めて問い返され、さらには、それら様々な考察の相互関連について考察が深められている。

しかし、このように本書の議論を第二論文集の続編として位置づけるだけでは、まだ、本書の独自の存在意義を十分に特徴づけたことにはならないだろう。第二論文集と密接なつながりを持ちながらも、なおかつ、本書に所収の一連の論文全体にまとまりを与えているような独自な論点、あるいは視点があるとしたら、それはどのようなものなのか。こうした疑問への答を敢えて一言で要約するなら、「外部主義」という言葉がいちばん適任だろう。外部主義的な考え方は、すでに第二論文集でも見え隠れしているが、八〇年代に入って以後、本書の第10論文を皮切りとして、デイヴィドソンの著作の中では外部主義的な視点が次第に表面に現れ、その様々な含意が徐々に明確な像を結ぶにいたる。本書の諸論文は、その漸進的な過程の様々な段階を印づけるものと見ることができるのである。さらに、外部主義という論点が表面化するためのデイヴィドソンに特有の土壌として、次の点にも注意しなければならない。すなわち、すでに第一論文集『行為と出来事（*Essays on Actions and Events*）』の中で心の哲学の文脈で提示されていた還元主義への批判というテーマが、本書では、意味と解釈をめぐる問題圏の中で、より具体的な形で姿を現しはじめた、という事情である。そこで、以下では、外部主義という立場の明確化に伴う解釈理論の微妙な変容、そしてその背景としての反還元主義、という二重の視点に沿って、本書におけるデイヴィドソンの議論の筋道を解説することとしたい。

2

言語哲学や心の哲学の分野で「外部主義（externalism）」が語られるとき、そこで問題となっているのは、発言の意味内容や、信念その他の命題的態度の内容が、話し手や信じ手の外部に位置するような対象や出来事との関係によって決定される、という事態である。このことが注目を集める発端となったのは、固有名や自然種語による指示のメカニズムについての考察だった。一九七〇年代に、クリプキやパトナム[1]は、固有名や自然種語による指示が、使用者が心の中で抱いている記述的な知識によって決定されるのではなく、むしろ、当の言葉が導入されてから現在に至るまでの使用経歴の連鎖によって決定されることを指摘し、加えてまた、当の使用者は必ずしもその使用経歴を知っている必要はないのだと主張した。だが、発話された文中の固有名や自然種語が何を指示するかは、発話の意味内容の重要な一部である。それゆえ、固有名や自然種語を含む発言の意味内容は、部分的には、話し手の外部に位置する要因（しかも、話し手が必ずしも知らない要因）によって決定されるということになる。

ところで、われわれは、自分の信念その他の命題的態度の内容を述べる際に、固有名や自然種語を含む文を用いることがよくある。その種の事例にいましがたの考察を適用するなら、その種の文によって表現されているわれわれの信念その他の態度の内容もまた、外部的な要因によって決定されるという理屈になる。

こうした、意味と内容の外部的決定という論点が広く知られる上で大きく貢献したのは、パトナムの双子地球（Twin Earth）の思考実験である。それをどのように評価するかという点は、本書でも重要な検討課題の一つとなっている（特に第2論文、第4論文、第13論文）。とはいえ、デイヴィドソン自身が外部主義を提唱する論拠は、パトナム流の思考実験ではなく、また、自然種語や固有名や指標語といった特定の語彙の振る舞いに関する考察でもない。むしろ、彼の場合の外部主義は、クワインの「根本的翻訳（radical translation）」の議論を踏襲した、「根本的解釈（radical interpretation）」をめぐる考察を出発点としている点に特色がある。図式的な言い方をすれば、デイヴィドソンの外部主義は、クワインが根本的翻訳についての考察を通じて力説した《言語の公共性・社会性》という論点からの、一つの自然な帰結である。

厄介なことに、デイヴィドソンにきっかけを与えたクワイン自身は、外部主義には否定的である。とはいえ、その点をめぐる複雑な事情については次節に譲るとして、まずは、デイヴィドソンがクワインから引き継いだ言語観がどのようなものであったかを、少し丁寧に確認しておきたい。

最初に、先に言語の社会性・公共性を強調する言語観と呼んだものを、クワイン自身の言葉を借りて、次のようにパラフレーズしておこう。

「われわれが言語を学ぶのは、他の人々の言語行動を観察することによってであり、また自分自身のおぼつかない言語行動を人目にさらし、勇気づけてもらったり訂正してもらったりすることによってである。〔言語習得に関しては〕われわれは観察可能な状況における隠しだてのない行動に全面的に依存している。……言語的意味の内には観察可能な状況における隠しだてのない行動から探り出せるより以上のものは何も含まれていない(2)」。

ここで表明されているのは、言語理解を説明する際に、公共の場では確認できないような、言語使用者の内面への言及を原則として回避しようという立場である（見出しを付ければ、「心理主義批判」ということになる）。そして、内面に代って重視されるのが、言語使用とそれを取り巻く状況との間の相関関係についての考察である。しかし、その種の相関関係は、具体的にはどんな形で特定されるのか。こうした疑問について原理的な考察を展開するための舞台設定に当たるのが、未知の言語の翻訳に取り組む言語学者の事例（先述の根本的翻訳の事例）である。クワインによれば、その種の事例において言語学者の助けとなるのは、次のようなテスト法である。

現地語の文と思われるものを、様々な場面で提示し、それに対する同意・不同意の反応を調べる。

このテスト法の狙いは、どのような場面で提示されても同意・不同意の反応に変化がないような文と、そうではなく、場面に応じて反応にばらつきがあるような文とを見分け、さらには、後者のような文が、どのような場面では同意を受け、どのような場面では不同意の反応を招くかを、見極めることにある。抽象的に言っても分かりにくいので、具体例を挙げよう。例えば、問題の文が、日本語の「太陽は東から昇って西に沈む」に相当するような内容の文である場合には、それがどのような場面で提示されても、それに対する現地人の反応は、原則として常に同意であるものと予想される。逆にまた、「太陽は西から昇って東に沈む」に相当する文の場合ならば、現地人の反応は常に一律に不同意であろうと予想される。このように、反応が常に一様であるような文は、「持続文（standing sentences）」と呼ばれる（反応が一様と言っても、その程度はまちまちだろうが、中でも一様性の度合いの高い部類の文は、「永久文

(eternal sentences)」と呼ばれる)。

他方、「目の前にウサギがいる」に相当するような文の場合には、先のテストがどのような場面で行なわれるかに応じて、被験者の反応は同意または不同意(あるいはどちらでもない)というふうに分かれてくる。そして、どの場面でどのような反応が得られるかを慎重に調べれば、テストされている文がどのようなパタンの状況と内容的なつながりをもつかを確かめることができる。この種の文が、「場面文(occasion sentences)」である(また、中でも場面への依存性が高いものが、「観察文(observation sentences)」である)。

クワインが有名な根本的翻訳の思考実験の中で、言語理解の基底的な部分として位置づけているのは、この種の場面文(とりわけ観察文)の翻訳である。というのも、場面文の場合には、どのような場面でその文への同意(あるいは不同意)が促されるかを調べることで、同じ場面で同意(あるいは不同意)が促されるようなわれわれの言語の文と対応づけることができるからである。例えば有名な「Gavagai」の例を考えよう。いま、言語学者の調査により、現地人は、ウサギを目の当たりにしたときには「Gavagai」と発話することが多く、また、自ら発話しない場合でも、他人から「Gavagai?」と尋ねられると同意の素振りを示すことが確認されたとしよう。こうした場合、言語学者は、「Gavagai」への同意・不同意の原因となるのがどのような状況であるかを観察し、かつ、その同じ状況において自分ならばどのような文への同意が促されるかを考察することで、「Gavagai」に「ウサギだ」あるいは「ウサギがいる」といった訳文を割り当てる。

さて、以上はクワインの言語論のさわりの部分だが、ここまでの考察に関しては、デイヴィドソンはクワインの論点に基本的に賛同していると見てよい(3)。どちらも、言語の公共性・社会性を重んじ、またどちらも、文への同意・不同意の反応を調べるテストを言語理解の基本戦略とみなし、さらに、観察文を言語理解のモデルケースとみなしている。しかし、ここから先、どのように論を運ぶかに関しては、二人の間で大きな見解の相違が生じてくる。クワインの場合の事情については後で改めて触れるとして、ここではデイヴィドソンの場合の事情を簡単に確認しておこう。

本書のデイヴィドソンが注目するのは、以上の考察において、観察文の意味が、当の文への同意を促す原因との関係づけによって決定されているという点である。言語理解のモデルケースとみなされている観察文一般に関して、意味の外部的決定という事情が認められること、それが、デイヴィドソン流の外部主義の、最も基本的な論点である。

この論点は、第二論文集に所収の根本的解釈をめぐる一連の論文にも、潜在的には含まれていたと言える。また、概念枠という概念を批判した有名な論文に出てくる枠と内容の二元論への批判論も、その一つの変奏と見ることができる（この点については本書の第3論文での説明が興味深い）。とはいえ、この点が外部主義として明確に主張されるようになるのは、論文「真理と知識の斉合説」以後、本書に所収の一連の論文においてである。そして、外部主義の立場が表面化する一つのきっかけの役割を果たしたと思われるのは、発話の意味や態度の内容の特定に貢献する外部的な原因が、「共通の原因（common cause）」という性格を持つという論点である。(4)

この論点の趣旨を理解するには、先の「Gavagai」の例を簡単に振り返ってみるのがよい。「Gavagai」を翻訳するために言語学者が注目したのは、現地人がこの文に同意する（この文を真とみなす）原因となるのが、どのような対象や出来事であるかという点である。しかし、言語学者が考慮したのは、現地人の同意・不同意の原因ばかりではない。それと並行して、言語学者は、自分ならばそれと同じような対象や出来事に直面したときに、自国語のどのような文への同意（あるいは不同意）を促されるか、を考える。翻訳が確定するのは、このような二重の因果関係の考察を介してである。つまり一方には外部の対象や出来事を起点として、「Gavagai」への現地人の同意（あるいは不同意）が促される、という因果関係があり、他方には、同種類の対象や出来事を起点として、「ウサギだ」へのわれわれの同意が促される、という因果関係がある。このような二重の因果関係を考え合わせることで、われわれは、「Gavagai」を「ウサギだ」と訳す。それを媒介しているのは、二つの因果系列の交点に位置する「共通の原因」である。人の発言の意味を理解するとは、少なくとも観察文というモデルケースに即して言えば、こうした共通の原因を割り出すことにほかならない。本書のデイヴィドソンは、こうした「共通の原因」を割り出す作業のことを、比喩的に、「三角測量（triangulation）」と呼んでいる。[5]

意味や内容の特定がこのように外部的な「共通の原因」を割り出す「三角測量」であることが明瞭になるのにつれて、解釈の問題をめぐるデイヴィドソンの論調にも、微妙な変化が生じている。変化は様々な局面に及ぶが、ここでは、本書の稜線を形作っている幾つかの特徴的な変化に触れておきたい。

注目すべき変化の一つは、本書において、デイヴィドソンの解釈理論が「表象主義（representationalism）」への批判という性格を強めていることである（特に第2〜第4論文、第12論文）。ここで表象主義と呼ぶのは、大まかに言えば、発言が意味を持ったり、信念その他の態度が一定の内容を持ったりするということを、話し手や信じ手が心の中に一定の内容を抱くこととして理解する考え方のことであり、さらに言えば、自分自身の発言や態度の意味・内容を理解するということの実質を、こうした内的な対象をある特殊な（誤りの可能性をまぬがれた）仕方で知ることだ、とみなすような考え方である。デイヴィドソンにとって、先ほど触れた意味と内容の外部的決定という事態は、このような表象主義の考え方の破綻を意味している。発話や態度が意味や内容を持つことは、デイヴィドソンの理解では、話し手や信じ手の内面の問題ではなく、あくまで、話し手・解釈者・共通の世界という三者のおりなす関係の問題なのである。

本書の第1論文をはじめ、随所で繰り返されている第一人称の権威をめぐる論議は、こうした表象主義批判への付録として位置づけることができる。自分自身の心の内容についての知識を、内的な対象についての誤謬を免れた知識として考えることを放棄した場合、はたして依然として、第一人称の知識が特別な権威を持つとみなすことができるのかどうか、というのがデイヴィドソンの解明課題である。論議は多岐にわたるが、デイヴィドソンの積極的な主張自体は、ある意味ではとても単純である。つまり、若干カント風の物言いをすれば、第一人称の知識に権威を認めることは、解釈の可能性の条件の一つだ、というものである。それがどのような意味において解釈の可能性の一部なのかという点については、デイヴィドソンの論述は多分に解釈の余地を残している(6)。しかし、第一人称の権威の問題を、内的な対象に関する特殊な知識の問題とは区別しようとする姿勢自体は、きわめて明瞭である。

このように内的な対象についての特殊な知識の想定を忌避する姿勢は、いわゆる《知識の基礎》をめぐる論議においても鮮明である。第10論文「真理と知識の斉合説」は、一方における発話や態度と、他方における外部的な対象や出来事(「共通の原因」)のあいだに、何らかの認識論的な仲介者――感覚所与であれ、現れであれ、刺激意味であれ――を想定するような、心理主義者からクワインにいたる多様な見解に対する、総括的な批判である。デイヴィドソンによれば、この種の内的な仲介者の存在を想定しても、それらは、発言や態度の意味や内容の決定には何ら寄与することがなく、また、発言や態度が裏付けられることもない(デイヴィドソンの言い方では、信念を裏付けうるのは他の信念だけであり、命題的内容をもたないセンスデータや刺激過程が、命題的内容を持つ知覚的信念の証拠になることはありえない）。さらに言えば、この種の仲介者の存在を想定し、それについての知識こそが確実だとするような知識観は、伝統的な懐疑論の温床ともなる、というのがデイヴィドソンの診断である。

懐疑論に触れたついでに、本書における外部主義が、第二論文集においても試みられていた懐疑論への一連の批判論に、新たな論点を加えているという点にも触れておこう。すでに第二論文集でも、善意の原則の重要性を強調する議論がそれ自体として反懐疑論的な含みを伴っていたのに加え、信念の全体性という論点を強調する形の議論（論文「思考と語り」）、「全知の解釈者」を引き合いに出す議論（論文「形而上学における真理の方法」）等、手を変え品を変え懐疑論批判が試みられており、それらは本書でも繰り返されているが、本書ではそれらに加えて、外部主義に依拠したより直截な議論が見られるようになった。それは、思考内容や意味内容が外部的な対象や出来事との関係によって決定されるという事実自体が、懐疑の芽を摘むのだとする議論である。その最も典型的な表現は、次のようなものである。

「最も基礎的な事例において、言葉と思考が、必然的に、通常それらの原因となるような種類の対象や出来事についてのものであるのだとすれば、その種の対象や出来事の存在の独立性についてデカルト的な懐疑が生じる余地はないことになる」（第3論文）。

この論点を付加することが、懐疑論をめぐる論議にどのような影響を及ぼすかの見極めは、本書を評価する際の一つの重要な着眼点になる(7)。

もう一つ、本書の随所で繰り返されている特徴的な議論として人目を引くのは、三角測量をめぐる考察が、言語、規則、思考といった一連の概念と、どのような依存関係を持つかについての検討作業である。これはとりわけ、第2部に所収の三つの論文において著しい。その中で繰り返し持ち出されるのは、例えば次のような論点である。

三角測量の成立は、客観性（客観的真理）の概念、つまり信念と真理の落差という概念が成立するための必要条件である。

三角測量の基線（相手と自分を結ぶ線）が言語によって十分に太くなっていてはじめて、思考と言えるものが成立する。

これらの論点は、第7、第9論文では、言語と思考の関係を究明する文脈で、また第8論文ではさらに私的言語（批判）論を換骨奪胎する議論の文脈で登場し、さらに別の論文では、自他の心の内容についての知識が他の知識に対して持つ役割を強調する文脈の中で登場する。

以上のように、外部主義の立場をきっかけとして本書のデイヴィドソンが提示している論点は多岐にわたるが、こうした多彩な議論に共通しているのは、デイヴィドソンの関心が終始、さまざまな種類の知識の間の相互依存関係に焦点を置いていることである。この関連で興味深いのは、デイヴィドソンが、自らの認識論的な考察を、デカルトに由来する伝統的な認識論と対比しているくだりである（序論ほか）。

デカルト以来の伝統では、デイヴィドソンが取り上げる三種類の知識のあいだに、認識論上の身分に関して明瞭な序列関係が想定されていた。デカルトの主張では、認識論の出発点となるのは疑う余地のない確実な知識であり、その実質はデイヴィドソンの言う「第一人称の知識」に求められる。そして、第一人称の知識を踏まえつつ、懐疑論者の議論に抗する形で第三人称の知識の導出が企てられ、さらにその上で第二人称の知識の正当化が行われる、という順序で議論が進められる。つまり、伝統的な認識論では、三種類の知識のあいだに、知識としての素性の確かさの点で第一人称を頂点とし第二人称を底辺とする序列関係が想定されており、第三人称や第二人称の知識は、それらが最終的に第一人称の知識へと還元可能である限りにおいて確実性を分け与えられるものと想定されていた。

他方、「共通の原因」や「三角測量」をめぐる先ほどの考察は、三種類の知識について、もっと複雑な相互関係を示唆する。意味や内容が外部の対象との関係によって決定されるということは、自他の心の内容についての第一、第二人称の知識が、第三人称の知識を前提していることを含意する。しかしまた、自他の心が関わる外部的な対象が、自他の心が関わる主題としての身分を持つのは、それが、第一、第二人称の知識を前提した「三角測量」によって、「共通の原因」として特定される限りにおいてである。デイヴィドソンが、本書の序論で、「知識は全体論的に出現する」と述べているのは、こうした相互依存関係を踏まえてのことである。本書の一連の論点は、大局的に見れば、こうした相互依存関係のより詳細な究明に関わるものという性格を持つのである。

以上、外部主義を起点とした本書の一連の特徴的な論点を急ぎ足で概観してみた。しかし、以上の概説では、起点となる外部主義のそもそもの動機については、まだ十分な説明を与えていない。たしかに、外部主義は、先述のように、言語の社会性・公共性を重視する立場からの一つの自然な帰結だとは言える。しかし、それは必ずしも、唯一可能な帰結というわけではない。現に、クワインは、デイヴィドソンと出発点を共有しながらも、外部主義は受け入れず、内部主義の一形態に固執している。そこで、先に中断したクワインについての説明の続きをもう少し辿ってみることで、デイヴィドソンの外部主義の由来をより明確にしておこう。先取りして言えば、その中で浮かび上がってくるのは、デイヴィドソンの根強い反還元主義の立場である。節を改めて、その点を考えてみよう。

3

再び、先のウサギと「Gavagai」の事例に立ち返ろう。クワインはこの種の事例についてより正確な記述を与える段になると、ウサギのような常識的な対象やそれを取り巻く出来事への言及を避け、むしろ、それらの対象や出来事を見るときにわれわれの体表（感覚受容器）で起こる刺激過程を問題にする。それは、いわゆる「翻訳の不確定性（Indeterminacy of Translation）」を考慮してのことである。もちろん、先に述べたように、われわれは、「Gavagai」への現地人の同意・不同意を促すのがどのような対象や出来事であるかを特定することができれば、それを媒介項として、「Gavagai」を例えば「ウサギだ」へと翻訳してよい。しかし、このように、同意・不同意の反応を媒介項として文レベルでの翻訳を行なうことは、各文を単語へと分解し、そのそれぞれが何を意味するかを特定することとは、まったく別の作業であることをクワインは強調する。前者が確定したとしても、後者は依然として不確定だというのである。その点を際だたせるために、クワインは「Gavagai」についてのいくつもの奇妙な翻訳案を示唆する。ここでは、単純化のため、「Gavagai」に関する次のような二つの仮説だけを考えてみよう。

(1) 原地人の発話「Gavagai」は、「Gava（＝「ウサギ」）」と「gai（＝「目の前にいる」）から構成されている。

(2) 「Gavagai」は、「Gav（ウサギの諸部分の総称）」と「a（諸部分が一まとまりになっていることを表す接尾辞）」と「gai（＝「目の前にいる」）」とから構成されている。

「Gavagai」は、前者の仮説を取れば「ウサギが目の前にいる」と訳され、後者の仮説を取れば、「分離されていない一まとまりのウサギ部分が目の前にいる」と訳されることになる。これは大きな違いである。どちらの仮説を取るかに応じて、現地語の単語やその指示についての理解は大きく変り、また、現地人に帰される存在論の内訳も大きく変る（(1)を採用すれば、現地人にはウサギ個体を基本とする存在論が帰され、(2)が採用される場合には、ウサギ部分を基本とする存在論が帰されることになる）。しかし、ここがクワインの議論の要点だが、原地人に対して「Gavagai」への同意を促すような状況は、われわれに対して、「ウサギだ」への同意を促すような状況であると同時に、また「分離されていない一まとまりのウサギ部分が目の前にいる」への同意を促すような状況でもある。それゆえ、どちらの翻訳も、われわれや現地人がどのような場面でどのような文に同意・不同意を示すかに関わる経験的なデータには、適っている。そして、われわれが翻訳に際して依拠しうる経験的データは、それ以外にはない、というのがクワインの不確定性テーゼの一つのポイントである。（また、同じく重要なポイントとなるのは、先ほどの二通りの（また、もっと多くの）仮説のどれを取るかに応じて、非観察文の意味と真偽の評価には大きな食い違いが生じることが予想されることである。）

ここでは単純化のために二つの仮説を挙げたが、クワインによれば、経験的なデータと両立する分析仮説は、原理的には他にも無数に存在する。それに応じて、「Gavagai」は、ウサギの時間スライス（ウサギ個体を一定の期間毎に区切ったもの）を主題とする文として翻訳することもできれば、ウサギ融合体（存在するすべてのウサギの総体を一個の存在者とみなしたもの）を主題とする文、等々として翻訳することもできるのだとされる。

こうした不確定性を加味すれば、先の「Gavagai」の事例を、単純に《「Gavagai」とウサギの事例》というふうに捉えることはできない。問題の事例は、同じく正当に、《「Gavagai」とウサギ部分の事例》と呼ばれることもでき、他にも無数の呼び方が可能であることになる。要するに、「Gavagai」と対応づけられるべき世界の側の対応者をどのように言い表すかは、どのような翻訳法を取るかに相対的である。しかし、このような不確定性、相対性を力説する一方で、クワインは、問題とされている言語行動に関する、不確定でも相対的でもない、客観的な記述法をも提供している。それは、文に対する同意・不同意の反応を、ウサギその他の外部的な対象や出来事と関連づけるような記述ではなく、むしろ、被験者の体表（感覚受容器）における刺激過程と関連づけるような記述法である。ウサギが目の前にいるときには被験者はいつも「Gavagai」に同意する、という言い方は、一定の翻訳法を前提した、いわば偏向的な語り口だが、被験者の体表で一定の刺激過程が起こったときにはいつも、被験者は「Gavagai」に同意する、という言い方ならば、特に一定の翻訳法を前提しない、客観的な語り口である。クワインにとって、多様な仮説が共通に依拠している経験的なデータとは、まさにこのような形で記述される事柄に他ならない。

明らかに、以上のようなクワインの議論は、先に見たデイヴィドソンの外部主義とは大きく異なる方向性を持つ。クワインが言語行動の実質を捉える際に依拠する体表の刺激過程は、心理的な意味での内面ではないものの、身体的な意味では体内に（そのいちばん外部に近い部分に）位置しているという意味では、デイヴィドソンが否定した内的な仲介者に相当する。また、それは一個人の内部に位置し、しかも本人によっても他人によってもリアルタイムでは把握されていない事柄であるがゆえに、デイヴィドソンが重視した「共通の」原因という条件には合わない。

こうした違いはどこからくるのか。その由来を一言で言えば、言語に寄せられた関心の性格の違いということになる。不確定性をめぐるクワインの議論全体を通じて特徴的なのは、その基本的な視座が、物理学者のそれを範としていることである。たしかに、同意や不同意という概念は心理的な概念である。しかし、クワインが同意や不同意ということで問題にしているのは、直接には、心的な態度としての同意・不同意であるというより、そのような態度に伴う特徴的な身振りといった、いわば物理的な外皮である（その点を際だたせるため、クワインはある箇所では「表層的な同意（surface assent）」という言い方をしている(8)）。そのような物理現象としての態度の外皮と、同じく物理現象である体表の刺激過程と、その両者の間の相関関係こそが、クワインにあっては、言語行動の実質だった。そして、クワインは、これについては客観的な（誰にも共通の尺度に従う）記述が可能だ、と考えていた。このような実質を踏まえた上で、自他の言葉の間にどのような対応関係が成り立つかを見極めること──それが、翻訳を論ずる際のクワインの基本姿勢である。

他方、デイヴィドソンは、言語の公共性・社会性という点についてはクワインの忠実な弟子だが、この節で紹介したような還元主義的な色彩の濃い形の物理主義に対しては、基本的に反対している。デイヴィドソンが心の哲学の分野で早くから提唱していた非法則論的一元論（anomalous monism）の立場をいまの場合に当てはめて言えば、次のようになる。すなわち、発話行為や命題的態度は物理現象の一種であり、物理学の言葉で記述・説明することができるが、しかし、そのような記述・説明は、それらを発話行為や命題的態度として記述・説明するものではない。そして、それらを発話行為として、あるいは命題的態度として記述する際のわれわれの語彙は、物理学の言葉には還元できない（われわれが同じ種類の発話行為とみなす一連の出来事すべてに共通に当てはまるような物理的な記述は存在しない）。

この点は、次のように言い換えた方が分かりやすいかもしれない。クワインは、翻訳の多様な可能性を力説する一方で、いかなる翻訳法とも独立に、言語行動の実質を中立的な言葉で捉えることができると考えていた。言語現象について、いかなる翻訳法とも相対的でない、絶対的な記述がありうるのだと。デイヴィドソンは、そのような中立的な記述の可能性を否定する。いかなる翻訳法とも相対的でないような記述は、そもそも、言語現象についての記述ではない。そこには確かに物理現象はあるかもしれないが、それを物理現象として記述しても、言語現象を捉えたことにはならない。言語行動を言語行動として捉えるためには、何らかの翻訳法に依拠することが不可欠である。あるいは少なくとも、それが合理的な行為者による行為の所産だという理解が不可欠である――。

こうした事情は、デイヴィドソンの解釈理論において、いわゆる「善意の原則」――被解釈者の信念と解釈者の信念とが大幅に一致していることになるような解釈を優遇するという原則――がクワインの場合以上に重要性を帯びてくることとも、深く関連している。

クワインの場合で言えば、善意の原則に類する考察が登場してくるのは、われわれが既成の翻訳法だけで満足し、原理的に可能な、他の無数の経験的に正しい翻訳法を無視しているのがなぜなのか（先の「Gavagai」で言えば、われわれが、ウサギ個体を基本とするような翻訳法だけで満足し、それ以外の翻訳の可能性は追求しないでいるのはなぜなのか）を説明する段階においてである。(9) クワインに言わせれば、それは、他の翻訳法が経験的に間違っているからではない。そうではなくて、われわれは、経験的には同等に正しい多くの翻訳法の中から、われわれの信念と合う使いやすいものだけを重視し、他には目を向けないのだ、というのがクワインの診断である。換言すれば、われわれは、善意の原則に類する認識論的な原則を、経験的な正しさの規準としてではなく、プラグマティックな選択の指針として採用しているのだ、ということになる。

デイヴィドソンの場合も、善意の原則に従って行なわれる解釈が、そのことをもって直ちに経験的に正しいとみなされる訳ではないという点は、クワインの場合と同様である。しかし、クワインの場合、翻訳は善意の原則の適用なしにも成立しうると考えられているのに対して、デイヴィドソンの場合、善意の原則の適用を伴わない解釈（翻訳）はありえないという点で、両者の間には大きな違いがある。[10] デイヴィドソンの場合、一つには、善意の原則は、解釈を進める上で、実際上不可欠である。言葉の意味も態度の内容も分からず、ただ行動面での手掛かりしかないような根本的な解釈の場面を考えた場合、自他の間で世界認識が大幅に一致しているという想定を立てない限り、解釈の進展は望めない。[11] しかし、より重要なのは、「善意の原則」の不可欠性という論点が、こうした実際上の必要性ということには留まらないより積極的な意味合いを持つことである。インクの染みや音声が、単に一定の物理現象であるだけでなく、一定の言語行動あるいは態度表明とみなされるのは、それらがおおむねわれわれと同様の認識能力と合理性を備えた行為者によるコミュニケーション行為の所産とみなされている限りにおいてである。われわれがこのような姿勢で、それ自体としては物理的な現象に臨む時に浮かび上がってくるような、物理的な秩序とは異なる秩序、——そこに、言語行動や命題的態度は属している。カント風の用語を借用すれば、「善意の原則」は、この種の心的な現象の領域に関して「構成的原理」の役割を果たしているのである。[12]

このように善意の原則が解釈の実践に欠かせないことが強調されるのに伴って、善意の原則と関連する一連の認識論的な問題についての考察は、デイヴィドソンにおいては、認識論的な考察であると同時に、解釈の本性に関わる考察——いわば、解釈の可能性の条件に関わる考察——という性格を帯びている。こうした事情を捉えて、すでに第二論文集のある箇所でも、「解釈の方法論は、意味という鏡を通して見られた認識論に他ならない」という言い方がなされていた。[13] 本書が認識論の書だと言えるのは、この、同時に解釈の方法論であるような認識論という意味においてである。（さらに別の視点から捉え直せば、経験の可能性の条件を探求したカントの哲学を「経験の形而上学」と呼んだペイトン[14]の呼称にならって、本書におけるデイヴィドソンの議論を、「解釈の形而上学」として括ることもできる。とはいえ、この点には深入りを控える。）

話がやや先走ったが、善意の原則との関連ではもう一点、触れておかねばならないことがある。善意の原則の不可欠性の意味合いをどう解するにせよ、それが解釈にとって不可欠とみなされている結果として、許容される「不確定性」の範囲が狭められるという点である。[15] それがどのように狭められるかを具体例を挙げて説明するのは困難だが、クワインの場合との原則的な違いは明瞭である。

クワインの場合、正しい翻訳に課された基本制約は、現地語の観察文に対する現地人の同意・不同意の反応が、われわれの観察文に対するわれわれの同意・不同意の反応と、一致する、というものだった。この一致が確保されている限り、非観察文の翻訳は、どのような形を取ることも許されていた。他方、デイヴィドソンの場合、善意の原則が解釈に不可欠の原則として位置づけられている結果、観察文ばかりでなく非観察文に関しても、現地人が真とみなす文は、概して、われわれが真とみなす内容を持つものとして解釈されねばならない。

さらに言えば、クワインは、例えば「Gavagai」に関して無数の正しい翻訳がありうるといった事情を指摘する際に、「話し手がどのような対象の存在を信じているのかを決定する方法がない(16)」とか、そもそもこの問題に関しては事の真相はない、といった言い方をよくする。(17) そのような、話し手の存在論の問題に関してどこかシニカルな言い方がクワインにおいて自然なのは、どのような翻訳法を採用するかの違いに関わりなく、言語行動の実質についてはすでに物理的なレベルにおいて最低限の把握ができている、という先述の物理主義的な言語理解があるからである。

他方、デイヴィドソンは、あちこちで不確定性テーゼへの賛同を表明してはいるものの、解釈相手の存在論の理解に関して、クワインのような突き放した態度には共鳴していない。仮に例えば「Gavagai」の発話に関して、正しい解釈が一意的には確定しないとしても、解釈者は、その中からどれか一つを正しい解釈として選び出さねばならない。そして、それを例えばウサギ個体と関連づけるような解釈が採用されたとすれば、解釈者は、相手の発言や命題的態度を、ウサギ個体と関係づける形で理解しなければならない。相手の発言や命題的態度についての最低限の理解は成り立っているが、それらがどんな対象と関わっているかは分からない、という態度は、デイヴィドソン流の、善意の原則に従う解釈者には、取りえないスタンスなのである。この辺りの事情は、例えば次の一節に最も率直な形で表明されている。


「クワインによれば、ある集団のメンバー達が円滑に会話しているのを外部から見ていながら、われわれの存在者を彼らの文の諸部分に写像する方法が見つからないということがありうるのだという。しかし、その場合、いったいわれわれは、自分が目撃しているものをどのようにして会話だと特定できるのだろうか。もしも、はっきりと目に見えるやり取りの結果、われわれが同定できる対象や出来事に関して、観察可能な操作が行なわれるならば、われわれはおそらく、それらの存在者を、異邦人の身ぶりや発言の諸側面に写像できるだろう。それができなければ、コミュニケーションの存在を明らかにする証拠などありえないだろう[18]」。

しかし、このように制限を付しながらも、なおかつデイヴィドソンが受け入れるのはどのような不確定性なのか。この点については、本書の第5論文が最も明快な解説であることを指摘しておくにとどめる。

以上の解説の結びとして、最後に、第二論文集の次の一節を思い起こしておきたい。

「われわれは、枠と世界の二元論を放棄することで、……馴染みの対象との直接の接触を取り戻す。われわれの文や意見はそれらの対象のふるまいに応じて真になったり偽になったりするのである[19]」。

これは、われわれの経験を、未解釈の所与に概念枠を適用した所産として捉えるいわゆる《枠と内容（世界）の二元論》への批判の総括部分に出てくる文句である。ここで「馴染みの対象との直接の接触」と呼ばれているものは、本書の言い方で置き換えれば、先に紹介した「共通の原因」にあたる。こうしたわれわれに馴染みの個体たちに依拠する形で言語行動を記述することの擁護は、第二論文集でも、善意の原則の重要性を力説する形で行なわれていた。しかし、善意の原則が重要視される背景にあるものが何であるかという点は、第二論文集では、まだ明瞭ではなかった。本書では、まず第10論文において、それが、――クワイン流の体表の刺激過程であれ、センスデータであれ――内的で非命題的な「認識論的な仲介者」を想定する立場への反発、という形で、より積極的な表現を得るに至った。デイヴィドソン自身が本書「序論」で述べているように、本書の多くの論文は、第10論文で着手された明確化の企ての再三にわたる練り直しという性格を持っている。それが最終的にどんな形を取るに至ったか（あるいは、取るべきであったか）については、おそらく見方が分かれるだろう。さしあたり私は、その要点を、言語の社会性・公共性の強調（心理主義批判、さらには外部主義）、ならびに、還元主義的な形の物理主義への反対、という二点に分けて解説してみた。私が理解する限りでは、それが、本書の議論の全体的な流れに関する最も自然な受け止め方であるように思われたからである。

4

最後に簡単な文献案内を添えておきたい。

まず、本書を訳す上で直接お世話になった四点に触れておかねばならない。

(1) Donald Davidson (Üebersetzt von Joachim Schulte), *Subjektiv, Intersubjectiv, Objectiv*, Shurkamp, 2004.

(2) ドナルド・デイヴィッドソン（丹治信春訳）「真理と知識の斉合説」『現代思想』一九八九年六月号一七二〜一八九頁

(3) D・デイヴィドソン（服部裕幸・柴田正良訳）『行為と出来事』勁草書房、一九九〇年

(4) D・デイヴィドソン（野本和幸・植木哲也・金子洋之・高橋要訳）『真理と解釈』勁草書房、一九九

(1)は、本書のドイツ語訳である。通読したわけではないが、原文のいくつかの訳しにくい箇所に関して参照し、裨益されるところがあった。(2)は、本書第10論文の邦訳である。たいへん優れた邦訳であり、専門用語の訳から、さりげない英語表現の訳し方といった語学的な問題に至るまで、非常に多くを教えられた。(ちなみに、本論文の表題にある coherence theory の訳語には苦慮し、あれこれ案を考えたが、最終的には、丹治氏の選択に従う結果となった。この選択の背景については、(2)に付された丹治氏の「訳注」も参照されたい。)(3)と(4)は、言うまでもなく、デイヴィドソンの第一、第二論文集の翻訳(抄訳)である。そこには、重要論文の翻訳が収められていることに加え、貴重な解説文、ならびにそれぞれの刊行時点までの文献紹介をみることができる。

デイヴィドソン自身の著作ということでいえば、本書の刊行後に、さらに三点が刊行されていることも、付け加えておかねばならない。

(5) Donald Davidson, *Problems of Rationality*, Oxford U.P., 2004.
(6) Donald Davidson, *Truth, Language, and History*, Oxford U.P., 2005.
(7) Donald Davidson, *Truth and Predication*, Oxford U.P., 2005.

(5)と(6)はすでに公刊された雑誌論文等を集めた第四、第五論文集に当たるものであり、(7)は、デューイ記念講演をはじめとする二系列の講演原稿をもとに再編成された単行本である。これらはいずれも死後の刊行であるから、本書は、生前に刊行された最後の論文集という位置を占める結果になった。(5)〜(7)にどのような論文が収められているかについては、洋書を扱っている書店のインターネット上の検索ページから調べてみれば容易に分かるので、ここでは省略する。ただ、(5)の巻末には長いインタヴュー記録が併録されており、デイヴィドソンの経歴を知る上でたいへん参考になる、という点だけは付記しておきたい。さらに、デイヴィドソンの経歴については、本書の序論でも触れられている(8)の巻頭に収められたデイヴィドソンの「知的自伝」もまた、欠かすことのできない基本資料である。

(8) Lewis Edwin Hahn (ed.), *The Philosophy of Donald Davidson*, Chicago and La Salle, Illinois: Open Court, 1999.

これは、L・E・ハーンの編集になる『Library of Living Philosophers』シリーズの一冊であり、デイヴィドソンの知的自伝、デイヴィドソンの哲学について他の有力な哲学者・研究者らが寄せた多数の論文、そのそれぞれに対する本人の応答、という構成で編まれた大部の論文集である。著名な哲学者とデイヴィドソンとのやりとりに興味がそそられるのに加え、一九九九年時点までの詳細な文献表が添えられていて参考になる。

次にデイヴィドソンの哲学全体についての入門書・解説書の類に目を向けると、日本語で読める便利な書物としてまず次の二点が思い浮かぶ。

(9) 森本浩一『デイヴィドソン――「言語」なんて存在するのだろうか』NHK出版、二〇〇四年

(10) Simon Evnine, *Donald Davidson*, Polity Press, 1991.〔サイモン・エヴニン（宮島昭二訳）『デイヴィドソ

ン——行為と言語の哲学』勁草書房、一九九六年）

哲学書をあまり読み慣れていない初心者には、(9)がお薦めである。直接にはデイヴィドソンの言語哲学上の一テーゼの解説を標的とした書物だが、それとの関連で、デイヴィドソンの哲学の他の諸側面についても分かりやすい解説が施されており、本書の議論を理解するための背景の解説としても有用である。また、デイヴィドソンの経歴についても、(5)のダイジェスト的な紹介がある。他方、(10)は、デイヴィドソンについてこれから専門的に研究したい人向け、あるいは、すでにデイヴィドソンやその周辺の人々の議論をある程度読んだが、頭が混乱するばかりで収拾がつかない人向けの、本格的な（それでいて非常に明快で見通しのよい）解説書である。翻訳の質も高いので、ていねいに読みさえすれば、いちいち原文と照合しないでも十分に理解できるものと思う。また、この邦訳書には、原書刊行後のデイヴィドソンの思想の展開に触れた「日本語版へのあとがき」も添えられており、その中で、本書でも重要な役割を演じる「三角測量」等の概念について手際のよい解説が加えられていることも、特記しておかねばならない。

ちなみに、デイヴィドソン哲学の解説ではないが、デイヴィドソンが第二論文集で提示した真理条件意味論のプログラムを詳細に展開するとどうなるかについて、日本語で（また日本語に即して）論じた入門書（というより、研究書）として、次も参考になる。

(11)　飯田隆『言語哲学大全Ⅳ　真理と意味』勁草書房、二〇〇二年

このほか、英語の文献では、デイヴィドソン哲学の全体像の紹介・解明を目的とした全般的な入門書・解説書として、私が気づいた限りでは、次のようなものがある。

⑿ Darrell Wheeler, *On Davidson*, Thomson (Wadsworth Philosophers Series), 2003.

⒀ Mrc Joseph, *Donald Davidson*, McGill-Queens U.P., 2004.

⒁ Kirk Ludwig (ed.), *Donald Davidson*, Cambridge U.P., 2003.

⒂ Ernie Lepore and Kirk Ludwig, *Donald Davidson: Meaning, Truth, Language, and Reality*, Oxford U.P., 2005.

この四点の配列は、分量順である(本のサイズが違うので単純な比較はできないが、参考までに本文の頁数を付記すると、⑿が九四頁、⒀が一九六頁、⒁が二〇六頁、⒂が四二四頁である)。大ざっぱな言い方になるが、この四点については、分量が増えるにつれて難易度も増すと言える。ちなみに、本解説を書く上で最も重宝したのは、⒂である。これは、デイヴィドソンの一連の論点やその相互関係について、それぞれ一章を割いて丁寧な解説・検討を行なった解説書である。通読すべきものというより、その都度関心のある論点が論じられている章だけを読んでみる、といった事典のような使い方に適している。この本は、デイヴィドソンを読む中で気になるいろいろな点について、疑問を解消してくれるわけではないが、しかし、頭の混乱を鎮め、考えを整理するために大いに役立つ。

その他、近年では、デイヴィドソンについて他の哲学者あるいは研究者の論文を集めた論文集は数多く存在しているが、それらについては前掲⑻の文献表をご覧いただくこととし、ここでは、⑻以後に刊行された次の一点だけを挙げておきたい。

(16) Peter Kotatko, Peter Pagin, and Babriel Segal (eds.), *Interpreting Davidson*, CSLI Publications: Stanford, 2001.

これは、編者の前書きによれば、一九九六年にチェコの温泉地カルロビ・バリで行なわれたデイヴィドソン哲学についてのシンポジウムの発表原稿を中核として編まれた論文集だが、ここで特に注意を喚起しておきたいのは、巻頭に載っているデイヴィドソン自身の論文"Externalisms"である。この論文は、本書に顕著な「外部主義」の考え方をデイヴィドソンみずからが主題的に取り上げ、整理したものとして、本書を理解する上でもたいへん参考になる。

以上、つたない解説と文献案内ながら、これから本書を読まれる方々、あるいは本書を読んだ上でさらに考察を展開しようとお望みの方々へのささやかな道標として、拙文がお役に立てば幸いである。

注

（1）Cf. S. Kripke, *Naming and Necessity*, Basil Blackwell & Harvard University Press, 1980.〔ソール・クリプキ（八木沢敬・野家啓一訳）『名指しと必然性』産業図書、一九八五年〕; H. Putnam, 'The Meaning of "Meaning"', in *Philosophical Papers, II : Mind, Language, and Reality*, Cambridge University Press, 1975.〔H・パットナム（大出晁監修・藤川吉美編訳）『精神と世界に関する方法』紀伊國屋書店、一九七五年の第四章「「意味」の意味」〕

（2）クワイン『真理を追って』（産業図書、一九九九年）五四～五頁。デイヴィドソン自身による類似の立場表明を二、三拾ってみると、「言葉の持つコミュニケーション内容には、言語行動によって伝えられる以上のものはありえないということ」（'Reply to W. V. Quine', in L. E. Hahn ed., *The Philosophy of Donald Davidson*（Open Court :

Chicago and La Salle, Illinois, 1999), p. 80)。「話し手の言語行動を目の当たりにすることで学ばれうることより以上の要素は意味には含まれていない、という考え」('Intellectual Autobiography', in Hahn, *loc. cit.*, p.41)。

（3）この点は、もう少し慎重な言い方をした方が良いかもしれない。たしかに、本書の第10論文や、第五論文集の第三論文「意味、真理、証拠」のように、経験主義への批判という論点が強調される文脈では、デイヴィドソンは、「観察文」というような呼び名には抵抗を示している。しかし、呼び名はどうあれ、周囲の状況と緊密なつながりを持つ一群の文が存在すること、そして、それらの文が、解釈の出発点になることに関しては、デイヴィドソンとクワインの間には合意が成り立っている。

（4）正確に言えば、「共通の原因」という言い方は第10論文には出てこない。しかし、言葉としては登場しなくとも、考え方自体がすでにそこで示唆されていることは、デイヴィドソン自身が第8論文の注（17）で確認しているとおりである。

（5）この言葉の初出が、本書に所収の論文の中で前掲の「真理と知識の斉合説」と並んで最も早い時期に執筆された論文「合理的動物」であることは、たんなる偶然ではない。

（6）第一人称の権威に関するデイヴィドソンの見解に関しては、本書の第1論文、第2論文に加えて、以下に紹介する文献⒂の第二十章が、頭を整理する上で参考になるほか、次のような研究書がある。Steve Edwards, *Externalism in the Philosophy of Mind*, Avebury, 1994.; Eivind Balsvik, *An Interpretation and Assesment of First-Person Authority in the Writings of Philosopher Donald Davidson*, The Edwin Mellen Press, 2003. このほか、自己知識の問題について、デイヴィドソンの議論に限らず、より広い視野から関連する論文を集めたアンソロジーとして、次のようなものが参考になる。Q. Cassam (ed.), *Self-Knowledge*, Oxford U.P., 1994; Peter Ludlow and Norah Martin (eds.), *Externalism and Self-Knowledge*, CSLI Publications: Stanford, 1998.; C. Wright, B. C. Smith, C. Macdonald (eds.), *Knowing Our Own Minds*, Oxford U.P., 1998.

（7）さらに言えば、本書のデイヴィドソンは、懐疑論に対する自らの批判論の立場を、真理論における実在論／反実在論の対立を相対化する第三の立場として位置づけている（第12論文）。デイヴィドソンは、真理概念を検証や証拠の概念に基づいて解明しようとするダメットやパトナムの立場には反対するが、同時にまた、真理がわれわれの認識とはまったく独立であることを強調するいわゆる「形而上学的実在論」にも反対する。「形而上学的実在論」は、われわれの信念が全面的に偽である可能性を容認するが、デイヴィドソンの懐疑論批判は、まさにそのような可能性を否定するものだからである。

（8）Cf. W. V. Quine, "Mind and Verbal Disposition", in S. Guttenplan ed., *Mind and Language*, Oxford U.P., 1975, pp. 83–95, esp. p. 91.

（9）Cf.クワイン『ことばと対象』第2章。

（10）クワインは、観察文の翻訳が確定することを認めるが、デイヴィドソンに言わせれば、それを認めることができるのは、われわれと被験者が共通の知覚能力を持っているという想定があってのことである。そして、その想定は、善意の原則の適用を待ってはじめて成り立つ。

（11）この点については、例えば、第二論文集所収の論文「根本的解釈」を参照。

（12）デイヴィドソン自身の関連発言として、ここでは一箇所だけを挙げておく。「一致を最大にするような仕方で解釈を行なえ、という方法論上の助言は、人間の知性についての、結局は偽であることが判明するかもしれないような、寛大な仮定に基づいていると考えられるべきではない。ある生物の発話その他のふるまいを、われわれの基準に照して、その大部分が整合的で真であるようなひとまとまりの信念をあらわすものとして解釈する方法を発見できなければ、その生物を合理的であるとか、信念をもつとか、あるいは何かを言っているとか見なす理由はないのである」（『真理と解釈』邦訳、第六章、一三八頁）。ちなみに、統制的／構成的というカント風の対比を持ち出すことについては、C・フックウェイ『クワイン』（勁草書房、一九九八年）の第十章を参考にした。

（13）Cf.デイヴィドソン『真理と解釈』の邦訳、第八章「思いと語り」、一八六頁。

（14）H. J. Paton, *Kant's Metaphysics of Experience*, London: George Allen & Unwin, 1936.

（15）本書第5論文では、「クワインが話題とし、私がその大部分を受けいれている不確定性」という言い方がなされている。

（16）この言い回しはW. V. Quine, 'Speaking of Objects', in his *Ontological Relativity and Other Essays*, Columbia U.P.: New

York, 1969, p. 11から引用した。文脈を含めてより丁寧に訳すと、「……われわれは、ある外国語におけるすべての可能な発話行為に関して必要十分な刺激条件を知っていながら、なおかつ、その言語の話し手がどんな対象の存在を信じているのかを決定できないということがありうる」。

（17）一例だけを挙げると、「われわれが行なっている対象化を異邦人の発言のうちに読み込むのが恣意的だという事情は、異邦人の心がうかがい知りがたいことの表れであるよりも、むしろ、うかがい知るべきものが存在しないことの表れである」(ibid., p. 5)。

（18）D. Davidson, 'Reply to W. V. Quine', in L. E. Hahn ed., *loc cit.*, p. 81.

（19）『真理と解釈』邦訳、二一二頁（原書 p. 198)。

あとがき

本書は、ドナルド・デイヴィドソン（Donald Davidson）著 *Subjective, Intersubjective, Objective*（Oxford University Press, 2001）の全訳である。翻訳は、序論、第1、第2、第5、第8、第10、第12、第14論文、および「収録論文の出典と謝辞」を清塚が、第3、第4、第6、第7論文を柏端が、残る第9、第11、第13論文を私（篠原）が担当している。ここで論じられている主題、提示されているヴィジョン、そして現代哲学におけるその意義については、清塚による解説論文をごらんいただきたい。

首都大学東京の丹治信春教授のご紹介で、この翻訳にとりまとめ役として私が携わることになったのは、二〇〇四年四月末のことである。私にとって、作業の手始めは清塚と柏端に翻訳の分担を頼んでみることだった。（まっさきにこの二人を私が選んだことについては、彼らのこれまでの業績を知る読者なら、どなたも納得されることと思う。）すぐに柏端からは「よろこんで」との返事を得たのだが、つづいて清塚から届いたのは、ちょっと意外な返事だった。慶應義塾大学の飯田隆教授と東北大学の野家啓一教授のお勧めがあって、彼は以前からこの翻訳を一人で進めており、しかも収録論文の半分ほどについてはもはや完成間近だというのである。こういうことを聞いて、「だったら、できかけてるその部分をそっくりこの企画に提供してください」とあっさり言えてしまうあつかましさを、私はもちあわせていた。いっぽう、そんな申し入れを快諾してしまうおおらかさを、清塚はもちあわせていた。本書の翻訳分担がなんともアンバランスなのは、こうした事情による。

翻訳に関する訳者間の相互検討は、主として電子メールのやりとりを通じて行ってきた。索引にあげられる類の語句については訳語を統一し、また文体と（漢字少なめの）文字づかいについても、一定の統一をはかっている。ただし、各訳者の考え方に従った言葉選びが行われている箇所も少なくない。検討を重ねたとはいえ、思わぬ誤解や誤訳を残しているかとも思う。お気づきの読者にはご教示いただければ幸いである。

スタートと同時に半分ほどがほぼ完成しているという幸運に恵まれて、当初、この企画はとんとん拍子に進むものと思われた。が、結局はずるずると長引いて、ようやく今、完成に辿り着こうとしている。こうも長引いた理由は、とりまとめ役である私がテキパキした人間ではなかった、ということにほぼ尽きる。恐縮するほかはない。

最初に翻訳を清塚にお勧めいただいた飯田、野家の両教授と、翻訳についていつもながらの的確な指示をしてくださった丹治教授に、深くお礼を申し上げたい。そして、鈍感な私をも焦らせる絶妙な催促メール——ついさきほども「切羽詰まっております」「至急」「重ねて重ねて何卒」とたたみかける一通が届いたばかりである——を駆使して、なかなか進まないこの翻訳作業を辛抱強く牽引してくださった担当編集者の小林公二氏に、心からお詫びとお礼を申し上げたい。

二〇〇七年三月三十日

訳者を代表して　篠原成彦

索引

あ行

アガシ（Agassi, J.） 21–2
アメリカ哲学会（American Philosophical Association） 245
誤り（誤謬）（error） 18, 32, 39–40, 52–4, 82, 84–5, 99, 150–1, 241–2, 310
一元論（monism） 62, 124–5
意図（intentions） 17–8, 182, 185, 187–8, 204–5
　——と意味（and meaning） 54, 182
　——と解釈（and interpretation） 181–2
意図的行為（intentional action） 163, 204–5
意味（meaning） 40–7, 52–6, 67–8, 135, 184, 231–2
　——と意図（and intention） 54, 182
　——と信念（and belief） 234–8, 241–3
　——と真理（and truth） 218–9, 230, 294, 295–7
　パトナムの——論（Putnam on） 40, 42–4
意味理論（meaning theories） 229–30
意味論的理論（semantic theory） 210, 211–215
因果的な概念（causal concepts） 123, 332–3
ウィーン学団（Vienna Circle） 255, 259, 264
ウィトゲンシュタイン, L.（Wittgenstein, L.） 8, 37, 38, 141, 175, 180, 183, 186–7, 208, 323
ウッドフィールド, A.（Woodfield, A.） 45, 59, 61, 85, 316
促された同意（prompted assent） 234–5, 325
エヴァンズ, G.（Evans, G.） 67, 69, 98–9
エヤー, A. J.（Ayer, A. J.） 20–1, 256, 329
驚き（surprise）：
　——と信念（and belief） 170–1
オルストン, W.（Alston, W.） 25–6

か行

懐疑（疑い）（doubts） 18, 81–2
懐疑論（skepticism） 81–2, 140, 223, 230, 232, 235, 237, 240, 248–9, 310–2
　他人の心に関する——（about other minds） 22–5, 28, 84, 226, 322
解釈（interpretation） 30–3, 54, 133–5, 141, 149–53, 180–2, 184–5, 238–41, 275, 304–5
　意図と——（intention and） 181–2
　根本的な——（radical） 235, 239–40
　——の不確定性（indeterminacy of） 122, 125–6, 331
概念（concepts） 37, 145, 200–2
　因果的な——（causal） 123, 332–3
　自己の——（of self） 143–54
　心的な——（mental） 331–5
　——の内容（contents of） 89–90, 123, 305

概念相対主義（conceptual relativism） 73–5
外部主義（externalism） 47, 56, 64, 79–81, 92, 306
社会的な――（social） 308–9, 312
知覚的な――（perceptual） 238, 308, 309–13
――と第一人称の権威（and first person authority） 306–7
科学主義（Scientism） 122–4
カプラン, D.（Kaplan, D.） 67, 98, 109
カルナップ, R.（Carnap, R.） 103, 252–3, 262, 266, 270–1, 273
感覚（sensations） 10, 17, 25
――と信念（and beliefs） 225–8, 231–2
――と知覚（and perceptions） 82–3
観察可能性の仮定（observability assumption） 163–4
観察文（observation sentences） 230, 236–7, 240, 250, 254, 257, 262, 263, 267–8, 291
間主観性（intersubjectivity）：
言語の――（of language） 273
――と客観性（and objectivity） 140–1, 153–4, 171–2
――と命題的態度（and propositional attitudes） 194–5
→三角測量の項目も見よ
カント, I.（Kant, I.） 74
客観性（objectivity） 141, 148, 207, 270, 313–4, 336
――と間主観性（and intersubjectivity） 140, 153–4, 171–2
――とコミュニケーション（and communication） 323–4, 326–9, 335
グッドマン, N.（Goodman, N.） 278
グライス, H. P.（Grice, H. P.） 182
クリプキ, S.（Kripke, S.） 98, 180, 183, 185, 187–8, 194, 196, 250, 339
クワイン, W. V. O.（Quine, W. V. O.） 66, 76–7, 98, 103, 113, 118, 123, 124–6, 129–30, 132–3, 136, 160, 179, 228, 229, 230–1, 234, 235–6, 239–40, 241, 244, 249, 271, 272, 278, 291, 301–2, 325–6
経験主義（empiricism） 25, 83, 120, 250, 280, 301
経験的知識（empirical knowledge） 252, 255–6, 258–9, 275
経験的内容（empirical content） 252–75
形而上学的実在論（metaphysical realism） 223, 292–3
決定理論（decision theory） 203, 221
言語（languages） 27, 297–8
私的――（private） 186–8, 194, 323–4
――と意味論的理論（and semantic theory） 210, 211–2
――と規則（and rules） 183–5
――と思考（and thoughts） 164–6, 168, 210, 323
――と真理（and truth） 281, 282–4, 294
――の間主観性（intersubjectivity of） 273
――の生産性（productivity of） 214–5
――の抽象性（abstract nature of） 176–8
メタ言語と――（metalanguage and） 136, 282, 285
言語習得（language learning） 79–81, 87, 145, 147–9 176, 183–4, 192, 314–5
言語を話すこと（language speaking） 177, 178–93
検証（verification）：

——の理論（theory of） 253–4
検証主義（verificationism） 120, 230
合成原理に基づく意味論（compositional semantics） 118
行動（behavior） 24, 91, 109, 203
——と志向（and intention） 138–9
——と信念（and beliefs） 202
——と知識（and knowledge） 318, 319
行動主義（behaviorism） 47, 120
合理性（rationality） 7, 150–1, 173, 201–2
——と動物（and animals） 156–74
——と命題的態度（and propositional attitudes） 156–62
心（minds）：
自分自身の——についての知識（knowledge of own） 35–71, 151–4
他人の——に関する知識（knowledge of other） 318–9, 320–1, 328–9, 335
——の内容（contents of） 72–94, 151–3, 317–9, 320–1, 328–9, 314–5
→心的状態の項目も見よ
コミュニケーション（communication） 11, 32–3, 70, 124, 182
——と客観性（and objectivity） 323–4, 326–9, 335
——と思考（and thought） 323–4
——の条件（conditions for） 91, 184–6, 240
コリングウッド, R. G.（Collingwood, R. G.） 337
根本的解釈（radical interpretation） 32–3

さ行

サール, J.（Searle, J.） 43, 45, 113–4, 316
三角測量（triangulation） 8, 11, 140–1, 145–8, 173, 188–94, 206–207, 313–5, 327–8
——と思考の出現（and emergence of thought） 206–9
刺激（stimuli）：
——に対する反応（response to） 172, 188–94, 327–8
——の三角測量（triangulation of） 140–1
自己（self）：
——の概念（concept of） 143–54
思考（thoughts） 38–9, 86, 92, 207–8
——と言語（and language） 164–6, 168, 210, 323
——とコミュニケーション（and communication） 323–4
——と心的対象（and mental object） 66–8, 95–119
——と信念（and belief） 162–3
——の出現（emergence of） 189–215
——の内容（contents of） 46, 47, 49, 50–2
指示（reference） 128
事物関与的——と言表関与的——（*de re* and *de dicto*） 98
——とT文（and T-sentences） 283
——の不可測性の理論（theory of inscrutability of） 133–5
指示の不可測性（inscrutability of reference）：
——テーゼ（thesis of） 133–6

自然科学（natural sciences） 123–4, 147, 199
→物理学の項目も見よ
実在論（realism） 121–2, 222–3, 289–90, 292–3, 298
形而上学的——（metaphysical） 222–3, 292–3
超越論的——（transcendental） 279, 295
——と反実在論（and antirealism） 121–2, 279, 289, 298
内部的——（internal） 222, 278, 292–3
シッファー, S.（Schiffer, S.） 118
社会的外部主義（social externalism） 308–309
社会的相互作用（social interaction）
——と思考の出現（and emergence of thought） 207–9
充足（satisfaction） 133, 222
タルスキの——関係（Tarski's relation of） 142, 176, 215, 282–3
シューメイカー, S.（Shoemaker, S.） 26–8
主観主義（subjectivism） 289–90
主観性（subjectivity） 109, 336–7
——の神話（myth of） 72–94
シュリック, M.（Schlich, M.） 252, 253, 255–6, 258–9, 260, 261–2, 266, 267–70
証拠（evidence） 255–60, 263, 272, 273, 295–6
心的状態（mental states） 42–3, 64–5, 74, 87–8, 91, 106, 108–14, 121, 319–21
狭い——（narrow） 87–8
——と第一人称の権威（and first person authority） 68, 114
——の内容（contents of） 43–4, 89–90, 314–5
→外部主義の項目も見よ
無意識の——（unconscious） 22
心的対象（mental objects） 65–8, 95–119
信念（beliefs） 16, 40, 47, 111, 137–8, 139, 271–3, 329–30
誤った——の可能性（false, possibility of） 302–6, 329–30
知覚的な——（perceptual） 82, 296, 317–8
——と意味（and meaning） 234–8, 241–3
動物と——（animals and） 159–61
——と驚き（and surprise） 170–1
——と感覚（and sensations） 225–7
——と真理（and truth） 162, 220–4, 232–3, 241–3, 273–4, 275, 279, 280, 289–90, 295–6, 303–4
——と知識（and knowledge） 218, 221, 225, 243, 265, 323
——と欲求（and desires） 202–3
——の内容（contents of） 106–7, 201–3, 207–9
——の条件（conditions for） 167–71
——の正当化（justification of） 224, 225–9, 240
——の命題的内容（propositional content of） 201–3, 207–9
信念文（belief sentences） 65, 98, 127–8, 130–1, 135–6
真理（truth） 172–3, 247–8, 254, 293–5
タルスキ流の——理論（Tarski-style theories of） 142, 245, 280–3, 284, 286, 294
——と意味（and meaning） 219, 230, 294, 297–8
——と言語（and language） 281, 283–5

——に関する客観的見解（objective view of） 207–8, 289
認識論と——（epistemology and） 278–99
——の概念（concept of） 122, 141, 172–3, 287, 297
——の斉合説（coherence theories of） 218–51, 260, 267, 278, 290
——の対応説（correspondence theories of） 83, 122, 222, 286–90
——の定義（definition of） 280–3
——の内在性（immanence of） 278, 291
パトナムの——論（Putnam on） 292–3
心理学（psychology） 48–9, 89–90, 123–4, 270
心理状態（psychological states） 42, 48, 87–8
狭い——（narrow） 42–5, 48, 57, 88
スティッチ, S.（Stitch, S.） 48–9, 67, 69, 94, 109
ストローソン, P.（Strawson, P.） 22–3, 288
スワンプマン（Swampman） 41–2
斉合性の原則（Principle of Coherence） 326
斉合説（coherence theories） 219–20, 246, 254, 258, 266–7
知識の——（of knowledge） 218–51, 260, 266–7
——と真理（and truth） 218–51, 260, 266–7
ノイラートと——（Neurath and） 260–264, 272
正当化された主張可能性（justified assertability） 293, 298
セラーズ, W.（Sellars, W.） 10, 34
善意の原則（principles of charity） 236–7, 326
全体論（holism） 114, 229
心的なものの——（of the mental） 200, 204–5
測定（測量）（measurement）：
基礎的な——の理論（theory of fundamental） 210–1, 212, 215
数的——（numerical） 104–5, 113, 128–9
素朴心理学（folk psychology） 48–9, 109

た行

第一人称の権威（first person authority） 16–34, 39, 43, 44–6, 48–9, 52, 56, 68, 88, 107, 129, 315
——と外部主義（and externalism） 62–3, 306–7, 310–1
——と心の内容（and contents of mind） 63
——と心的状態（and mental states） 68
——と反主観主義（and antisubjectivism） 85–7
——と不確定性（and indeterminacy） 135–6
——の存在（existence of） 46
——の範囲（extent of） 46
対応説（correspondence theories） 121–2, 142, 218
真理の——（of truth） 83, 222, 245–6, 286–90
対応の原則（Principle of Correspondence） 326
ダメット, M.（Dummett, M.） 116, 117, 128, 229, 278–9, 293–5, 296, 297–8, 299
タルスキ, A.（Tarski, A.） 142, 176, 211, 215, 245, 254
タルスキ流の真理理論（Tarski-style of theories of truth） 142, 245, 280–3, 284, 286, 294

知覚（perceptions） 9–10, 17
　——と感覚（and sensation） 82–3, 226, 258–9
知覚的外部主義（perceptual externalism） 308, 309–13
知識（knowledge） 17–8, 48–9
　外部世界の——（of external world） 75–7, 317–20, 328–9, 330
　経験的——（empirical） 83, 89 252, 254–6, 258–9, 260
　自己——（self- ） 35–71, 151–4, 300–1, 306–7, 317–8, 319–20, 329, 330, 334–5
　他人の心に関する——（of other minds） 35–7, 317–320, 328–9, 330, 335
　知覚的な——（perceptual） 309–10
　——と信念（and belief） 243–4, 265, 323
　——についての懐疑論（skepticism about） 81–2, 232, 319–22
　——の基礎（foundation for） 83–4, 265
　——の斉合説（coherence theories of） 218–251, 260, 266
　——の三つの種類（three varieties） 146–8, 317–39
　——の理論（theory of） 81–3, 265
　命題的な——（propositional） 338–9
チャーチ, A.（Church, A.） 287
チャーチランド, P.（Churchland, P.） 118
抽象的対象（abstract objects） 95–7, 176–8
超越論的実在論（transcendental realism） 279, 295
直示（ostention） 145–8, 150–1, 314
チョムスキー, N.（Chomsky, N.） 129, 197
T規約（タルスキ）（Convention T（Tarski）） 221–2
デカルト, R.（Descartes, R.） 42
デネット, D.（Dennett, D.） 47, 49, 67, 109, 126, 137–40
デューイ, J.（Dewey, J.） 287
デュエム, P.（Duhem, P.） 21
同一説（identity theories） 58–62
特権的な接近法の学説（privileged access doctrine） 19, 21–2

な行

内的対象（inner objects） 66, 115
　——と外的対象との関係（relationship to external objects） 116
内部的実在論（internal realism） 222, 278, 292–3
内包性（intensionality） 98, 163
認識論（epistemology） 9–11, 82–3, 228–9, 264–5
　自然化された——（naturalized） 76–7, 248–9, 301–2
　——の外部化（externalization of） 300–15
ネーゲル, T.（Nagel, T.） 144
ノイラート, O.（Neurath, O.） 10, 252–3, 255, 262–4, 266, 271–2, 286–7

は行

バージ, T.（Burge, T.） 43, 47, 50–4, 55–6, 59–61, 67, 70–1, 85, 306, 308–13, 315
パース, C. S.（Peirce, C. S.） 278

発話（utterances）　27, 110–6, 130–1, 134, 177
　——と信念（and beliefs）　111
　——の真理（truth of）　122
　——の命題的内容（propositional content of）　325
パトナム, H.（Putnam, H.）　10, 40, 42–5, 48, 49, 54–8, 61, 66, 67, 80, 85, 88, 106–7, 222, 244, 247–8, 250, 278, 292–3, 306–8
場面文（occasion sentences）　240–1
パルメニデス（Parmenides）　120
反個体主義（anti-individualism）　306, 308–13
反実在論（antirealism）　293–4
　ダメットと——（Dummett and）　128, 293
　——と実在論（and realism）　121, 279, 289–90, 298
　——と不確定性の主張（and indeterminism）　120–42
反主観主義（antisubjectivism）　85–6
非合理性（irrationality）　163
　　　→合理性の項目も見よ
非法則論的一元論（anomalous monism）　62, 124
ヒューム, D.（Hume, D.）　67, 74, 97, 225
表象（representiation）　83, 92, 289
フェレスダール, D.（Føllesdal, D.）　98
フォーダー, J.（Fodor, J.）　45, 48–9, 66, 67, 89, 108, 113–4, 126
不確定性（indeternaminacy）　130, 132–3, 331
　解釈の——（of interpretation）　122, 125–6, 331
　——と第一人称の権威（and first person authority）　135–7
　——と反実在論（and antirealism）　120–142
　——と命題的態度（and propositional attitudes）　122
　——のテーゼ（thesis of）　125–6, 135–6
　翻訳の——（of translation）　125–6, 130, 213, 231, 331
双子地球の問題（Twin Earth Problem）　41, 43–6, 48, 54–5, 56–7, 106–8
物理学（physics）　49, 60, 109, 122–5, 141, 199, 205, 331–4
　経験的内容と——（empirical content and）　252–275
ブラック, M.（Black, M,）　299
プラトン（Plato）　120, 247
フレーゲ, G.（Frege, G.）　46, 96, 287–8
ブレンターノ, F.（Brentano, F.）　116, 125
フロイト, S.（Freud, S.）　21–2
プロトコル文（protocol sentences）　252–258, 260–1, 262–4, 266, 268–71, 272–3
文（sentences）　141, 150, 178
　解釈と——（interpretation and）　236–7, 267–8
　真理と——（truth and）　283–4, 287–8, 290–3, 295–7
分析／総合の区別（analytic-synthetic distinction）　76, 133, 136–7, 229, 231, 272, 303
ベネット, J.（Bennett, J.）　174
ヘンペル, C.（Hempel, C.）　253–4, 256–7, 260, 266–7, 268, 270, 272, 287
ヘンリッヒ, D.（Henrich, D.）　143
ボイド, R.（Boyd, R.）　278
方法論的独我論（methodological solipsism）　48, 108–9, 253

保証された主張可能性（warranted assertability） 247, 293, 298
翻訳（translation） 281–2
根本的――（radical） 235, 239
――の不確定性（indeterminacy of） 113–4, 122, 125–6, 130, 213, 231, 331

ま行

マザウェル, R.（Motherwell, R.） 35, 38
マリノフスキ, B.（Malinowski, B.） 22
マルコム, N.（Malcolm, N.） 158–9, 164, 167–8
命題的態度（propositional attitudes） 42–3, 45, 48–9, 50–1, 164, 233–4. 325
合理性と――（rationality and） 156–62
――と意味（and meaning） 81
動物と――（animals and） 103, 166–7, 200–1
――と科学（and science） 122–4
――と間主観性（and intersubjectivity） 194–5
――と思考（and thoughts） 162, 167
――と第一人称の権威（and first person authority） 16–7, 22, 58, 62
――と不確定性（indeterminacy） 122, 125–6
――の主観性（subjectivity of） 109
――の所有者性（ownership of） 156–7, 166–7, 170
――の内容（content of） 56
――の本性（nature of） 106–7
→信念、欲求、意図、心的状態の項目も見よ
命題的態度の帰属（ascriptions of propositional attitudes）
第一人称的な――（first person） 17–20, 21, 23, 27–8
第三人称的な――（third person） 22, 24
――の間の非対称性（asymmetry between） 16, 19–20, 22–4, 25, 28–32, 39, 320
→命題的態度の項目も見よ

や行

ヤブロー, S.（Yablo, S.） 117
唯物論（materialism） 120
予測（predictions） 137–8, 295
欲求（desires） 17–8, 41, 139
――と信念（and beliefs） 202–4

ら行

ライト, C.（Wright, C.） 196, 278, 293
ライル, G.（Ryle, G.） 19–20, 36, 38
ラッセル, B.（Russell, B.） 40, 98–9
量化（quantification） 132, 214–5
理論文（theoretical sentences） 291
ルイス, C. I.（Lewis, C. I.） 75, 287

ルイス, D.（Lewis, D.）　195
ローティ, R.（Rorty, R.）　24, 224, 244–9, 287
論理実証主義（logical positivism）：
　――と文の経験的内容（and empirical content of sentences）　252–3, 265–6, 267

わ行

ワイス, D.（Weiss, D.）　168–70
枠組み／内容の二分法（scheme-content dichotomy）　75–9
ワラス, G.（Wallas, G.）　35, 38

参考文献

Agassi, Joseph, *Science in Flux* (Dordrecht: Reidel, 1975).

Alston, William, 'Varieties of Privileged Access', *American Philosophical Quarterly*, 9 (1971).

Avramides, Anita, 'Davidson and the New Sceptical Problem', in U. Zeglen (ed.), *Donald Davidson: Truth, Meaning and Knowledge* (London: Routledge, 1999).

Ayer, A. J., *The Problem of Knowledge* (London: Macmillan, 1956).〔A・J・エイヤー(神野慧一郎訳)『知識の哲学』白水社、1981年〕

Ayer, A. J. (ed.), *Logical Positivism* (New York : Free Press, 1959).

Ayer, A. J., 'Privacy', in *The Concept of a Person and Other Essays* (New York: Macmillan, 1963).

Bennett, Jonathan, *Linguistic Behavior* (Cambridge University Press, 1976).

Black, Max, 'The Semantic Definition of Truth', *Analysis*, 8 (1948).

Brentano, Franz, *Psychology from an Empirical Standpoint*, ed. O. Kraus, trans. A. Rancurello, D. B. Terrell, and L. L. McAlister (London: Humanities Press, 1973).

Burge, Tyler, 'Individualism and the Mental', in P. A. French, T. E. Uehling, and H. K. Wettstein (eds.), *Midwest Studies in Philosophy* (Minneapolis: University of Minnesota Press, 1979).〔タイラー・バージ(前田高弘訳)「個体主義と心的なもの」、信原幸弘編『シリーズ心の哲学III　翻訳篇』勁草書房、2004年、163–274頁〕

Burge, Tyler, 'Two Thought Experiments Reviewed', *Notre Dame Journal of Formal Logic*, 23 (1982).

Burge, Tyler, 'Other Bodies', in A. Woodfield (ed.), *Thought and Object* (Oxford University Press, 1982).

Burge, Tyler, 'Individualism and Psychology', *Philosophical Review*, 95 (1986).

Burge, Tyler, 'Cartesian Error and the Objectivity of Perception', in P. Petit and J. McDowell (eds.), *Subject, Thought, and Context* (Oxford University Press, 1986).

Burge, Tyler, 'Intellectual Norms and Foundations of Mind', *Journal of Philosophy*, 83 (1986).

Burge, Tyler, 'Perceptual Individualism and Authoritative Self-Knowledge', in R.

Grimm and D. Merrill (eds.), *Contents of Thought* (Tucson: University of Arizona Press, 1988).

BURGE, TYLER, 'Individualism and Self-Knowledge', *Journal of Philosophy*, 85 (1988).

CARNAP, RUDOLF, 'Psychology in Physical Language', *Erkenntnis*, 3 (1932–3).

CHAN, WAIPANG, FREDERICK PRETE, and MICHAEL H. DICKINSON, 'Visual Input to the Efferent Control System of a Fly's "Gyroscope"', *Science*, 280 (10 Apr. 1998).

CHOMSKY, NOAM, *Knowledge of Language : Its Nature, Origin and Use* (New York: Praeger, 1986).

CHOMSKY, NOAM, *Language and Problems of Knowledge* (Cambridge, Mass.: MIT Press, 1988).〔ノーム・チョムスキー(田窪行則＋郡司隆男訳)『言語と知識：マナグア講義録(言語学編)』産業図書、1989年〕

CHURCHLAND, PAUL, *Scientific Realism and the Plasticity of Mind* (Cambridge University Press, 1979).〔ポール・M・チャーチランド(村上陽一郎＋小林傳司＋信原幸弘訳)『心の可塑性と実在論』紀伊國屋書店、1986年〕

COLLINGWOOD, R. G., *The Principles of Art* (Oxford University Press, 1938).〔R. G.コリングウッド(近藤重明訳)『芸術の原理』勁草書房、1973年〕

DAVIDSON, DONALD, *Essays on Actions and Events* (Oxford University Press, 1980).〔D・デイヴィドソン(服部裕幸＋柴田正良訳)『行為と出来事』勁草書房、1990年〕

DAVIDSON, DONALD, *Inquiries into Truth and Interpretation* (Oxford University Press, 1980).〔D・デイヴィドソン(野本和幸ほか訳)『真理と解釈』勁草書房、1991年〕

DAVIDSON, DONALD, 'A Nice Derangement of Epitaphs', in R. Grandy and R. Warner, (eds.), *Philosophical Grounds of Rationality* (Oxford University Press, 1986).

DAVIDSON, DONALD, 'Meaning, Truth and Evidence', in R. Barrett and R. Gibson (eds.), *Perspectives on Quine* (Oxford: Blackwell, 1990).

DAVIDSON, DONALD, 'The Structure and Content of Truth', *Journal of Philosophy*, 87 (1990).

DAVIDSON, DONALD, 'Three Varieties of Knowledge', in A.R.Griffiths (ed.), *A. J. Ayer Memorial Essays* (Cambridge University Press, 1991).

DAVIDSON, DONALD, 'Pursuit of the Concept of Truth', in P. Leonardi and M.Santambrogio (eds.), *On Quine* (Cambridge University Press, 1995).

DAVIDSON, DONALD, 'Replies', *Critica*, 30 (1998).

DENNETT, DANIEL, 'Beyond Belief', in A.Woodfield (ed.), *Thought and Object* (Oxford University Press, 1982).

DENNETT, DANIEL, 'Real Patterns', *Journal of Philosophy*, 88 (1991).

DUMMETT, MICHAEL, *Truth and Other Enigmas* (London: Duckworth, 1978).〔抄訳、マイケル・ダメット（藤田晋吾訳）『真理という謎』勁草書房、1986年〕

DUMMETT, MICHAEL, *The Interpretation of Frege's Philosophy* (London: Duckworth, 1981).

EVANS, GARETH, *The Varieties of Reference* (Oxford University Press, 1982).

FODOR, JERRY, 'Methodological Solipsism Considered as a Research Strategy in Cognitive Psychology', *Behavioral and Brain Sciences*, 3 (1980).〔ジェリー・フォーダー（成定薫訳）「認知科学における研究戦略としてみた方法論的独我論」『現代思想』1990年7月号、110–119頁、8月号、150–167頁〕

FODOR, JERRY, 'Cognitive Science and the Twin Earth Problem', *Notre Dame Journal of Formal Logic*, 23 (1982).〔ジェリー・フォーダー（信原幸弘訳）「認知科学と双生地球問題」『現代思想』1989年6月号、220–245頁〕

FODOR, JERRY, *Psychosemantics* (Cambridge, Mass.: MIT Press, 1987).

FODOR, JERRY, *A Theory of Content* (Cambridge, Mass.: MIT Press, 1990).

FØLLESDAL, DAGFINN, 'Knowledge, Identity, and Existence', *Theoria*, 33 (1967).

GOODMAN, NELSON, *Fact, Fiction, and Forecast*, 4th edn. (Cambridge, Mass.: Harvard University Press, 1983).〔N・グッドマン（雨宮民雄訳）『事実・虚構・予言』勁草書房、1987年〕

GUHRAUER, G., *Gottfried Wilhelm Freiherr von Leibniz: Eine Biographie* (Hildesheim: Gb. Olms, 1966).

HAHN, LEWIS E. (ed.), *The Philosophy of Donald Davidson*, Library of Living Philosophers (Chicago: Open Court, 1999).

HAHN, LEWIS E., and P. A. SCHILPP (eds.), *The Philosophy of W. V. Quine*, Library of Living Philosophers (Chicago: Open Court, 1986).

HEMPEL, CARL, 'On the Logical Positivist's Theory of Truth', *Analysis,* 2 (1935).

HEMPEL, CARL, 'The Empiricist Criterion of Meaning', *Revue International de Philosophie*, 11 (1950).〔カール・G・ヘンペル（竹尾治一郎＋山川学訳）「意味の経験的基準における問題と変遷」、坂本百大編『現代哲学基本論文集 I』勁草書房、1986年、105–141頁〕

HEMPEL, CARL, *Aspects of Scientific Explanation* (New York: Free Press, 1965).〔カール・ヘンペル（長坂源一郎訳）『科学的説明の諸相』岩波書店、1973年〕

HENRICH, DIETER (ed.), *Kant oder Hegel?* (Stuttgart: Klett-Kotta, 1983).

JEFFREY, RICHARD, *The Logic of Decision* (University of Chicago Press, 1965).

KAPLAN, DAVID, 'Quantifying In', *Synthese*, 19 (1968).

KRIPKE, SAUL, 'Naming and Necessity', in D. Davidson and G. Harman (eds.),

Semantics of Natural Language (Dordrecht: Reidel, 1972).〔ソール・クリプキ（八木沢敬＋野家啓一訳）『名指しと必然性』産業図書、1985年〕

KRIPKE, SAUL, *Wittgenstein on Rules and Private Language* (Oxford: Blackwell, 1982).〔ソール・クリプキ（黒崎宏訳）『ウィトゲンシュタインのパラドックス』産業図書、1983年〕

LEPORE, ERNIE (ed.), *Truth and Interpretation: Perspectives on the Philosophy of Donald Davidson* (Oxford: Blackwell, 1986).

LEWIS, C. I., *Mind and the World Order* (New York: Scribner's, 1960).

LEWIS, DAVID, 'Languages and Language', in K. Gunderson (ed.), *Language, Mind and Knowledge* (Minneapolis: University of Minnesota Press, 1975).

MALACHOWSKI, ALAN (ed.), *Reading Rorty* (Oxford: Blackwell, 1990).

MALCOLM, NORMAN, 'Thoughtless Brutes', *Proceedings and Addresses of the American Philosophical Association*, 46 (1972–3).

MARGALIT, AVISHAI (ed.), *Meaning and Use* (Dordrecht: Reidel, 1979).

MATES, BENSON, *The Philosophy of Leibniz: Metaphysics and Language* (Oxford University Press, 1986).

NAGEL, THOMAS, 'The Objective Self', in C. Genet and S. Shoemaker (eds.), *Mind and Knowledge* (Oxford University Press, 1983).

NEURATH, OTTO, 'Protocol Sentences', *Erkenntnis*, 3 (1932–3).〔オットー・ノイラート（竹尾治一郎訳）「プロトコル言明」、坂本百大編『現代哲学基本論文集Ⅰ』勁草書房、1986年、165–184頁〕

PUTNAM, HILARY, 'The Meaning of "Meaning"', in *Philosophical Papers, II: Mind, Language, and Reality* (Cambridge University Press, 1975).〔H・パットナム（大出晁監修／藤川吉美編訳）『精神と世界に関する方法』紀伊國屋書店、1975年の第四章「「意味」の意味」〕

PUTNAM, HILARY, *Meaning and the Moral Sciences* (London: Routledge & Kegan Paul, 1978).〔H・パットナム（藤川吉美訳）『科学的認識の構造——意味と精神科学』晃洋書房、1984年〕

PUTNAM, HILARY, *Realism and Reason* (Cambridge University Press, 1983).〔ヒラリー・パトナム（飯田隆ほか訳）『実在論と理性』勁草書房、1992年〕

QUINE, W.V., 'Quantiners and Propositional Attitudes', *Journal of Philosophy*, 53 (1956).

QUINE, W.V., *Word and Object* (Cambridge, Mass.: MIT Press, 1960).〔W. V. O. クワイン（大出晁＋宮館恵訳）『ことばと対象』勁草書房、1984年〕

QUINE, W.V., *Ontological Relativity and Other Essays* (New York: Columbia University Press, 1969).

QUINE, W.V., *The Roots of Reference* (La Salle, Ill.: Open Court, 1974).

QUINE, W.V., 'The Nature of Natural Knowledge', in S.Guttenplan (ed.), *Mind and Language* (Oxford University Press, 1975).

QUINE, W.V., 'On Empirically Equivalent Systems of the World', *Erkenntnis,* 9 (1975).

QUINE, W.V., 'Intensions Revisited', in *Theories and Things* (Cambridge, Mass.: Harvard University Press, 1981).

QUINE, W.V., *Theories and Things* (Cambridge, Mass.: Harvard University Press, 1981).〔部分訳、W・V・クワイン（森田茂行訳）「経験的内容」『現代思想』1988年7月号、138–143頁〕

QUINE, W.V., 'Reply to Stroud', in P. A. French, T. E. Uehling, and H. K. Wettstein (eds.), *Midwest Studies in Philosophy* (Minneapolis: University of Minnesota Press, 1981).

QUINE, W.V., 'Events and Reification', in E. Lepore and B. McLaughlin (eds.), *Actions and Events: Perspectives on the Philosophy of Donald Davidson* (Cambridge: Blackwell, 1985).

QUINE, W.V., *Pursuit of Truth*, rev. edn. (Cambridge, Mass.: Harvard University Press, 1992).〔W・V・クワイン（伊藤春樹＋清塚邦彦訳）『真理を追って』産業図書、1999年〕

QUINE, W.V., *From Stimulus to Science* (Cambridge, Mass.: Harvard University Press, 1995).

QUINE, W. V. and NELSON GOODMAN, 'Steps toward a Constructive Nominalism', *Journal of Symbolic Logic*, 12 (1947), 97–122.

RAMSEY, FRANK, 'Truth and Probability', in *Philosophical Papers: F. P. Ramsey*, ed., D. H. Mellor (Cambridge University Press, 1990).〔F. P. ラムジー（伊藤邦武＋橋本康二訳）『ラムジー哲学論文集』勁草書房、1996年〕

RORTY, RICHARD, 'Incorrigibility as the Mark of the Mental', *Journal of Philosophy*, 67 (1970).

RORTY, RICHARD, *Philosophy and the Mirror of Nature* (Princeton University Press, 1979).〔リチャード・ローティ（野家啓一監訳）『哲学と自然の鏡』産業図書、1993年〕

RORTY, RICHARD, *Consequences of Pragmatism* (Minneapolis: University of Minnesota Press, 1982).〔リチャード・ローティ（室井尚ほか訳）『哲学の脱構築——プラグマティズムの帰結』お茶の水書房、1985年〕

RORTY, RICHARD, 'Pragmatism, Davidson and Truth', in E. Lepore (ed.), *Truth and Interpretation: Perspectives on the Philosophy of Donald Davidson* (Oxford:

Blackwell, 1986).〔R・ローティ（冨田恭彦訳）『連帯と自由の哲学』（岩波書店、1988年）の第VI章「プラグマティズム・デイヴィドソン・真理」〕

RYLE, GILBERT, *The Concept of Mind*（New York: Barnes & Noble, 1949).〔ギルバート・ライル（坂本百大＋宮下治子＋服部裕幸訳）『心の概念』みすず書房、1987年〕

SCHIFFER, STEPHEN, *Remnants of Meaning*（Cambridge, Mass.: MIT Press, 1987).

SCHLICK, MORITZ, 'The Turning Point in Philosophy', *Erkenntnis*, 1（1930–1).

SCHLICK, MORITZ, 'Positivism and Realism', *Erkenntnis*, 3（1932–3).

SCHLICK, MORITZ, 'The Foundation of Knowledge', *Erkenntnis*, 4（1934).

SCHLICK, MORITZ, 'Meaning and Verification', *Philosophical Review*, 4（1936).

SEARLE, JOHN, *Intentionality*（Cambridge University Press, 1983).〔ジョン・R・サール（坂本百大監訳）『志向性――心の哲学』誠信書房、1997年〕

SEARLE, JOHN, 'Indeterminacy and the First Person', *Journal of Philosophy*, 84（1987).

SELLARS, WILFRED, 'Empiricism and the Philosophy of Mind', in H. Feigl and M. Scriven（eds.), *Minnesota Studies in the Philosophy of Science*（Minneapolis: University of Minnesota Press, 1956).〔W・S・セラーズ（神野慧一郎＋土屋純一＋中才敏郎訳）『経験論と心の哲学』勁草書房、2006年、121–259頁; ウィルフリド・セラーズ（浜野研三訳）『経験論と心の哲学』岩波書店、2006年、3–140頁〕

SHOEMAKER, SIDNEY, *Self-Knowledge and Self-Identity*（Ithaca, NY: Cornell University Press, 1963).〔シドニー・シューメイカー（菅豊彦＋浜渦辰二訳）『自己知と自己同一性』勁草書房、1989年〕

STICH, STEPHEN, 'Autonomous Psychology and the Belief-Desire Thesis', *Monist*, 61（1978).

STICH, STEPHEN, *From Folk Psychology to Cognitive Science*（Cambridge, Mass.: MIT Press, 1983).

STRAWSON, PETER, *Individuals*（London: Methuen, 1959).〔P・F・ストローソン（中村秀吉訳）『個体と主語』みすず書房、1978年〕

STRAWSON, PETER, 'Truth', in *Logico-Linguistic Papers*（London: Methuen, 1971).

TARSKI, ALFRED, 'The Concept of Truth in Formalized Languages', in J. H. Woodger（ed.), *Logic, Semantics, Metamathematics*（Oxford University Press, 1956).

WALLAS, GRAHAM, *The Art of Thought*（New York: Harcourt Brace, 1926).

WEISS, DONALD, 'Professor Malcolm on Animal Intelligence', *Philosophical Review*, 84（1975).

WITTGENSTEIN, LUDWIG, *Philosophical Investigations*（New York: Macmillan,

1953).〔L・ウィトゲンシュタイン（藤本隆志訳）『哲学探究』ウィトゲンシュタイン全集 8、大修館書店、1976年; ルートヴィヒ・ウィトゲンシュタイン（黒崎宏訳）『『哲学的探求』読解』産業図書、1997年〕

Woodfield, Andrew (ed.), *Thought and Object* (Oxford University Press, 1982).

Wright, Crispin, 'Kripke's Account of the Argument against Private Language', *Journal of Philosophy*, 81 (1984), 759–78.〔クリスピン・ライト（松本洋之訳）「クリプキと反私的言語論」『現代思想』1985年12月臨時増刊号、44–63頁〕

著者略歴

ドナルド・デイヴィドソン *Donald Davidson*

1917年、マサチューセッツ州生まれ。1939年、ハーバード大学卒。1941年、同大学院で修士号取得。1942年から1945年まで兵役を務めたのち大学院に戻り、1949年にPh. D.を取得。クイーンズ大学を皮切りに、スタンフォード大学やプリンストン大学など多くの大学で教鞭を執り、1981年からはカリフォルニア大学バークレー校の哲学教授として20年以上勤める。2003年８月、逝去。現代の言語哲学や心の哲学において最も重要な哲学者といわれる。著書は、*Essays on Actions and Events*（邦訳、『行為と出来事』), *Inquiries into Truth and Interpretation*（邦訳、『真理と解釈』）など。

訳者略歴

清塚邦彦 *Kunihiko Kiyozuka*

1961年生。東北大学大学院文学研究科博士課程単位取得退学。博士（文学）。現在、山形大学人文社会科学部教授。専門は言語哲学、哲学的記号論。著書に『フィクションの哲学』など。訳書にポール・グライス『論理と会話』など。

柏端達也 *Tatsuya Kashiwabata*

1965年生。大阪大学大学院人間科学研究科博士課程単位取得退学。博士（人間科学）。現在、慶應義塾大学文学部教授。専門は行為論、形而上学。著書に『自己欺瞞と自己犠牲』など。編訳書に『現代形而上学論文集』（共編訳）。

篠原成彦 *Naruhiko Shinohara*

1961年生。九州大学大学院文学研究科博士課程単位取得退学。現在、信州大学人文学部教授。専門は言語哲学、心の哲学。論文に「自然主義とウィトゲンシュタイン：規則遵守の問題」（『哲学』44)、「投機としての自然主義」（『科学哲学』27）など。

「現代哲学への招待」は、日本哲学界の重鎮・丹治信春先生の監修で、丹治先生の折紙付きの哲学書を刊行してゆく〈ひらかれた〉シリーズです。Basics（優れた入門書）Great Works（現代の名著）Japanese Philosophers（気鋭の日本人哲学者）Anthology（アンソロジー）の４カテゴリーが、それぞれ、青、赤、紫、緑の色分けで示されています。

丹治信春＝1949年生まれ。東京大学大学院理学系研究科博士課程（科学史・科学基礎論）単位取得退学。博士（学術）。現在、東京都立大学名誉教授。専門は、科学哲学・言語哲学。

....

本書は、*Subjective, Intersubjective, Objective*（2001年、原文英語）の全訳であり、オックスフォード大学出版局との合意に基づき刊行された。

現代哲学への招待 Great Works

主観的、間主観的、客観的

2007年4月25日　第1刷発行
2024年5月30日　第4刷発行

著　者———ドナルド・デイヴィドソン
訳　者———清塚邦彦＋柏端達也＋篠原成彦
発行者———小林公二
発行所———株式会社 春秋社
〒101-0021東京都千代田区外神田2-18-6
電話03-3255-9611
振替00180-6-24861
https://www.shunjusha.co.jp/
印　刷———株式会社 シナノ
製　本———ナショナル製本 協同組合
装　丁———芦澤泰偉

ISBN978-4-393-32307-6
定価はカバー等に表示してあります

Invitation to
CONTEMPORARY
PHILOSOPHY

シリーズ「現代哲学への招待」監修者のことば

二〇世紀から今世紀にかけての、さまざまな分野における科学の進展と、驚くべき速度での技術の発展は、世界と人間についての多くの新しい知見をもたらすとともに、人間が生きてゆくということのありかたにも、大きな変化をもたらしてきました。そして現在も、もたらしつつあります。こうした大きな変化のなかで、世界と、そのなかでの人間の位置について、全体的な理解を得ようと努める哲学の営みもまた、変革をつづけています。人類史上はじめてというべき経験が次々と起こってくる現代において、最も基本的なレベルにおける理解を希求する哲学的思索の重要性は、ますます高まっていると思います。

シリーズ「現代哲学への招待」は、そうした現代の哲学的思索の姿を、幅広い読者に向けて提示してゆくことをめざしています。そのためにこのシリーズは、「現代哲学の古典」というべき名著から、一般読者向けの入門書まで、また、各分野での重要な論文を集めて編集した論文集や、わが国の気鋭の哲学者による著書など、さまざまな種類の本で構成し、多様な読者の期待に応えてゆきたいと考えています。

丹治信春